该书系昆明医科大学2024年度习近平新时代中国特色社会主义思想学习研究中心项目"民族地区医学院校马克思主义理论学科建设路径研究"（课题编号：KYDJZX24202）的阶段性研究成果；

2023年度云南省教育厅科学研究基金资助项目："红医精神"融入医科院校思政育人的探索与实践研究（课题编号：2023Y0711）的阶段性成果；

昆明医科大学2022年教研教改重点特色课题，（课题编号：2022-JY-Z-06）思想政治理论课实践教学及其多元化评价体系探索实践的阶段性成果；

昆明医科大学2022年度本科教学质量与教学改革工程一流课程项目"毛泽东思想和中国特色社会主义理论体系概论"（项目编号：2022JXZ021）的阶段性成果；

2023年度云南省教育厅科学研究基金资助项目"云南实施世界一流'健康生活目的地'战略的特殊困难及对策研究"（课题编号：2023Y0721）、2024年昆明医科大学习近平新时代中国特色社会主义思想研究专项"中国共产党人精神谱系融入医学生思想政治教育研究"（课题编号：KYDJZX24321）的阶段性研究成果。

昆医思政课内涵建设专项系列丛书

如何上好思政课
来自医科院校的实践

王砚蒙 刘翠英 王丽芳 ◎ 主编

光明日报出版社

图书在版编目（CIP）数据

如何上好思政课：来自医科院校的实践 / 王砚蒙，刘翠英，王丽芳主编．－－北京：光明日报出版社，2024.8. －－ ISBN 978－7－5194－8233－6

Ⅰ.G641

中国国家版本馆 CIP 数据核字第 202479QR45 号

如何上好思政课：来自医科院校的实践
RUHE SHANGHAO SIZHENGKE：LAIZI YIKE YUANXIAO DE SHIJIAN

主　　编：王砚蒙　刘翠英　王丽芳	
责任编辑：王　娟	责任校对：许　怡　王秀青
封面设计：中联华文	责任印制：曹　净

出版发行：光明日报出版社

地　　址：北京市西城区永安路 106 号，100050

电　　话：010-63169890（咨询），010-63131930（邮购）

传　　真：010-63131930

网　　址：http：//book.gmw.cn

E － mail：gmrbcbs@ gmw.cn

法律顾问：北京市兰台律师事务所龚柳方律师

印　　刷：三河市华东印刷有限公司

装　　订：三河市华东印刷有限公司

本书如有破损、缺页、装订错误，请与本社联系调换，电话：010-63131930

开　　本：170mm×240mm	
字　　数：253 千字	印　张：16.5
版　　次：2025 年 1 月第 1 版	印　次：2025 年 1 月第 1 次印刷
书　　号：ISBN 978－7－5194－8233－6	

定　　价：78.00 元

版权所有　　翻印必究

昆医思政课内涵建设专项系列丛书编辑委员会

顾　　　问：尹向阳　夏雪山

编委会主任：徐绍琼　徐庆生

编　　　委：王金德　刘翠英　栗　明　王砚蒙

　　　　　　陈志鹏　段　华　刘小勤　和　晶

　　　　　　袁泽民　郑海涛　陈金星　王　雷

　　　　　　韩艳伟　代　艳

主　　　编：徐庆生

副　主　编：刘翠英　王砚蒙

本书编委会

主　编：王砚蒙　刘翠英　王丽芳
副主编：徐庆生　栗　明　陈高朋　和　晶
　　　　梁晓红　王云洁　韩艳伟　邵庆龄

编委（按姓氏笔画排列）：

马开兰　马　强　马娇玲　王　芸　王丽芳
王云洁　王砚蒙　史　莉　代　艳　冯勇全
刘　烨　刘翠英　朱永强　李　萍　李晓萍
李贵梅　李梦瑶　陈金星　陈高朋　邵爱婷
邵庆龄　张　诤　张俊刚　张继慧　周晓婷
者丽艳　和　晶　郑海涛　赵　滢　段玉蓉
徐　旖　徐庆生　栗　明　梁晓红　禄开辉
韩艳伟

前　言

2019年习近平总书记发表"3·18"重要讲话以来，昆明医科大学马克思主义学院积极贯彻落实新时代思想政治理论课教学工作新要求，推进思政课改革创新。2019年，学院总结推进新时代思政课改革探索的实践经验，在学校的支持下，编辑出版了"推进思想政治理论课'八个统一'"教学实训指导丛书"。2020年，学校又设置思政课内涵建设专项，加大对思政课建设的支持。

学校设置思政课内涵建设专项以来，学院以此为契机，深化教学改革，推进内涵建设，在把握新时代思政课建设共性的同时，积极探索建设具有"云南味"和"医学味"的思政课。一是构建了以"习近平新时代中国特色社会主义思想概论"课为核心的思政课必修课和选修课课程群。严格按教育部要求，组织精兵强将开设好"习近平新时代中国特色社会主义思想概论"课，连续接受教育部教指委专家听课并获得好评。单设2学分开展思政课社会实践教学，做到思政课理论课堂和社会实践课堂相贯通。"形势与政策"课教学做到了学生大学期间全程联通。卓有成效地开展了"四史"、铸牢中华民族共同体意识等选修课程教学。二是着力加强教师队伍建设，努力建设政治强、情怀深、思维新、视野广、自律严、人格正的思政课教师队伍。按师生比1：350的要求配齐配强思政课教师队伍，优化教师队伍结构。积极组织教师参加各类培训，提高教师素质。组织教师参加教育部、省委教育工委各类课程培训、骨干培训；组织参加教育部"周末理论大讲堂"每周学习；利用社会教育资源培训平台，组织教师参加各类线上线下培训；定期组织校内"杏林思政论坛""青椒论坛""名师讲坛"，营造浓厚的学习培训氛围，助力教师学好"真经"、苦练"内功"；暑期坚持组织教师到教育部思政课教师研修基地开展研修，开阔视野。规范并严格落实集体备课制度、岗前培训制度、青年教师导师制度、教师听课制度、专家课堂督导制度，在教学实训中提高教师素质。三是着力开展教学研究，应对新时代思政课教学的新挑战。采用多种方式探索研究"习近平新时代中国特色社会主义思想概论"新课程的教学，提高教学水平。同时着力加强其他各思政课程中融入习近平新时代中国特色社会主义思想的教研力度，突出用习近平新时代中国特色社会主义思想铸魂育人。立足云南改革发展实际和医学生特点，在各思政课教学中，注重融入云南元素和医学思政教育元素，处理好医科院校思政课教学中的共性和个性问题，增强思政课教学的"云南味"和"医学味"，增强昆明医科大学思政课教学的标识度，提高思政课对医学生的吸引力。近三年来，教师开展各类教研教改课题20余项，整体推进思政课教学改革的教研成果获得学校教研教改课题一等奖，并获得学校教研重点项目立项资助。四是着力推进课堂教学改革创新。积极推进一课一品，搞活课堂教学，努力建设思政"金课"。严把课前、课中、课后各环节，确保课堂教学质量。推进现代网络技术在课堂教学中的运用，同时探索推进线上和线下相结合的教学改革。结合时政回应舆情，提高思政课教学"亮剑"能力和水平，及时把习近平总书记考察云南重要讲话精神、意识形态专项工作、民族宗教观、打黑除恶等融入思政课教学，回应学生对社会热点的关切。五是加强科研和学科建设，提高马克思主义理论学科建设水平。凝练学科方向、打造学科团队，卓有成效地推进马克思主义理论一级学科硕士点增列工作。六是以党建引领思政课高质量发展。强化在马克思主义学院抓党建就是抓业务、抓业务必须抓党建的工作理念，深入推进一流党建创建。强化党建和业务相融的工作理念，做到党建工作和思政课建设、马克思主义理论学科建设等业务工作同部署同推进。通过抓党建提高教师推进思政课改革建设的政治站位和思想政治素质，提高教师的理论水平，增强教师推进新时代思政课改革创新的责任感和使命感。

新时代、新使命、新担当，本内涵建设系列丛书，正是近三年来学院教师立足思政课建设新实际所做的理论探索和实践探索的结晶。上好思政课，要精确识别学生需求，打造直击"痛点"、疏通"堵点"、解决"难点"的精准化思政课，昆明医科大学思政课教师勇于探索、勇于实践，最终汇集成此系列丛书，这既是总结，又是为了在新的起点上继续前行……

党的二十大作出了以中国式现代化全面推进中华民族伟大复兴的战略部署，这需要培养和造就一大批能担民族复兴大任的时代新人，立德树人，铸魂育人，广大思政课教师任重道远。我们将立足新时代新征程，加大实践探索的力度，不断提高"关键课程"建设质量，担负起新时代思政课教师的崇高使命。

编　者

2023 年 4 月

目 录
CONTENTS

第一篇　马克思主义基本原理

导　论 ··· 3
第一章　世界的物质性及发展规律 ································· 10
第二章　实践与认识及其发展规律 ································· 16
第三章　人类社会及其发展规律 ···································· 23
第四章　资本主义的本质及规律 ···································· 29
第五章　资本主义的发展及其趋势 ································· 35
第六章　社会主义的发展及其规律 ································· 42
第七章　共产主义崇高理想及其最终实现 ························ 48

第二篇　毛泽东思想和中国特色社会主义理论体系概论

第一章　毛泽东思想及其历史地位 ································· 55
第二章　新民主主义革命理论 ······································· 61
第三章　社会主义改造理论 ·· 67
第四章　社会主义建设道路初步探索的理论成果 ··············· 72
第五章　邓小平理论 ··· 77
第六章　"三个代表"重要思想 ······································· 83

第七章 科学发展观 ………………………………………… 88

第八章 习近平新时代中国特色社会主义思想及其历史地位 ………… 95

第九章 坚持和发展中国特色社会主义的总任务 ………………… 101

第十章 "五位一体"总体布局 …………………………………… 107

第十一章 "四个全面"战略布局 ………………………………… 113

第十二章 实现中华民族伟大复兴的重要保障 …………………… 119

第十三章 中国特色大国外交 …………………………………… 124

第十四章 坚持和加强党的领导 ………………………………… 130

第三篇 中国近现代史纲要

第一章 近代中华民族的磨难和抗争 ………………………… 137

第二章 从京师大学堂医学实业馆的成立看维新运动的意义和失败原因
…………………………………………………………………… 144

第三章 辛亥革命与封建君主专制制度的终结 ………………… 150

第四章 从陈独秀与中医剖析新文化运动 ……………………… 157

第五章 红军长征时期的中医药运用 …………………………… 163

第六章 抗日战争时期中国医学复兴研究 ……………………… 169

第七章 为建立新中国而奋斗 …………………………………… 176

第八章 新中国成立初期党领导消灭血吸虫病的历史经验 ……… 182

第九章 从改革开放40周年看中国医疗卫生事业变迁 ………… 188

第十章 从抗击新冠疫情看中国特色社会主义进入新时代 ……… 194

第四篇 思想道德与法治

第一章 领悟人生真谛 把握人生方向 ………………………… 203

第二章 追求远大理想 坚定崇高信念 ………………………… 209

第三章 继承优良传统 弘扬中国精神 ………………………… 214

第四章　明确价值要求　践行价值准则 …………………… 221

第五章　遵守道德规范　锤炼道德品格 …………………… 226

第六章　学习法治思想　提升法治素养 …………………… 233

参考文献 …………………………………………………… 239

第一篇 01

马克思主义基本原理

导　论

一、案例阅读

哲学对医学不是多余的

——马克思主义哲学在我国医学生培养中的重要作用

杜治政

医学与哲学是什么关系？在高等医学教育中，要不要引导学生学一点哲学？哲学对医学来说，是不是多余的学科？

若要回答这个问题，首先还是需要了解一些我国著名的临床学者的看法。1982年，我曾有机会听到我国著名的生理学家侯宗濂教授谈论他几十年的治学体会。侯教授终身从事生理学的研究，是我国生理学的奠基人之一，为人体的"时值"研究做出过重要贡献。他深有感触地说："我搞一辈子生理学。但我不仅热爱生理学，也热爱哲学，对哲学有浓厚的兴趣，因为生理学和哲学是紧密相连的。"他认为："我们做科研、写文章，总要用一种观点、用一种方法去观察、分析问题，不是唯物主义，就是唯心主义；不是辩证法，就是形而上学。要想超出任何一种世界观，是不可能的。什么是科学？科学是讲规律的。光摆事实，不讲道理，还不能叫科学。而要讲道理就离不开哲学。"[①] 侯教授还对当时临床医学界忽视哲学的现象进行深刻批评，并认为这是我国临床医学发展中的一个严重障碍。他说："现在，我们一些搞临床的同志，做报告、写文章，不注意理论分析，以为有了病例、有数据，就是科学。

---

① 发展我国医学科学的迫切任务——侯宗濂教授答本刊编辑问. 医学与哲学. 1982（09）.

这种认识不扭转，我国的临床医学是很难大踏步前进的。"

我国著名的临床学家张孝骞教授也是十分重视临床医生思维方法的学者，他生前曾多次告诫协和医科大学的同学要重视这个问题。1982年，在北京的一次大型会议上，他以"漫谈临床思维"为题，系统地总结了他本人自毕业后从事临床工作的体会，透彻地说明了思维方法对临床医生的重要性。他的这个报告在当时给临床医生以很大的震动。他说："临床思维就是对疾病现象进行调查、分析、综合、判断、推理等一系列的思维活动，以认识疾病的本质。它既是重要的诊断方法，也适用于治疗。"他从采集病史、分析病史资料、体检、实验室检查等多个侧面，分析了思维方法的作用与意义。他于1981年与医学哲学杂志的一位编辑谈话时，曾对医学中的教条主义给病人带来的痛苦进行了尖锐批评。他说："我们临床医生，要把自己的基点放在认识每一个具体不同的病人身上，不能把诊断看成书本上的公式，一条一条去套。医学不能公式化，用公式化的办法对待临床医学，就会出问题。"他认为："一个临床医生，他的眼睛必须始终盯住病人，不能有任何松懈，一些同志发生医疗差错，原因就在于放松了对病人的观察。"他语重心长地说："我看了一辈子病，总觉得，一个医生不管他的本领多么高，他对病人的了解，是无限度的。"

我国著名的泌尿外科专家吴阶平教授，也曾就他一生从医的实践深刻地探讨了临床思维的规律和特点。他认为，医生最需要辩证法，也容易懂得辩证法。一个医生有必要自觉地学习哲学，学习辩证法。吴教授对泌尿外科有过多方面的发现与贡献。他认为作为临床医生有一个重要的问题是，要考虑自己对病情的判断是否符合客观实际。新中国成立初期，结核病人特别多，几乎占住院病人的16%。若且一个肾有结核，可以切去患病的肾。如果两个肾都有结核，那该怎么办呢？他当时看到许多所谓的双肾结核，就是做膀胱镜检发现一个肾破了，而做静脉造影又发现另一个肾的功能没有了。于是他就有些怀疑，那个没有功能的肾是不是结核？检查的情况是不是与客观一致？后来，经过多次验证，发现那个没有功能的肾，其实不是结核，只是因为那个有结核的肾把膀胱搞坏了，把它的口子堵住了，使得没有结核的肾积水了，这样关于结核肾对侧积水的概念就提出来了，随后尸体解剖也证明了这一点。

这一发现拯救了成千上万的病人。吴教授深有体会地说："能够进行辩证思维是人类的特征。临床工作者要努力提高自觉性，使自己更聪明些。所谓更聪明就是要使主观能够符合客观，使主观符合客观就必须有科学的哲学指导。"①

每个临床医师，都有自己的思维习惯与方法，但临床思维与哲学思维有所不同。临床思维是哲学思维的基础，哲学思维是临床思维的升华与扩展。临床医师根据自己掌握的临床资料和医学知识，对各种临床问题做出判断，这是医学思维的问题，但如何运用知识和资料取得对疾病的真实认识，特别是对某些较为复杂的现象的认识，则是哲学思维的课题。哲学思维的特点在于它的超经验性、反思性和批判性。丰富的临床经验和医学知识，若能和科学的哲学思维结合，使临床思维和哲学思维有机地融为一体，于医师而言则是如虎添翼。在临床工作中我们每天都要遇到大量的临床问题。如：病史和实验室的检查结果不一样怎么办？体检和病人的感受不相符是怎么回事？病情的发展和影像的结果不符合时应如何处理？治疗的效果和预料的不同应如何看？如此种种问题，都是需要临床医生运用正确的思维方法加以分析、理出其中的头绪、反复实践才能解决的，而这正是哲学的功能。正确的思维方法，能够帮助我们临床医生在现象后面看到本质；在两者似乎无关的现象中看到联系；在一般中发现特殊，在特殊中观察到一般；在杂乱无章中找到规律；在疾病迁延发展中理出不同阶段；在现存状态中预见到未来。而这一切，对于任何一位临床医生来说都是毕生所求的。医学知识和技术设备，是从事医学的手段，而如何恰当地使用知识和技术手段，就取决于医生的思维艺术。哲学正是临床医生的思维灵魂。

二、案例出处

杜治政．医学哲学：不是多余的话［J］．医学教育探索，2005（1）：1-3．

---

① 吴阶平．谈谈临床思维的特点和规律——吴阶平，医学与哲学，1984（1）．

三、案例讨论

1. 如何理解医学与哲学的关系?
2. 为什么说马克思主义哲学对医学生具有重要意义?

四、教学建议

(一) 理论引导

本案例的教学目的是让学生了解和认识哲学对医学来说不是多余的,哲学是临床医生和医学科学研究者的思维武器,是建构医学框架和模式的灵魂;哲学对于多元价值、多元目的的医学来说可以为其提供判断和选择的指导。认为哲学对医学是多余的,是对哲学的错误理解。正确把握马克思主义哲学的产生是哲学史上的伟大变革和质的飞跃,不仅为人类认识和改造世界提供了科学的世界观与方法论,也为医学生全面的素质培养提供了宝贵的思想武器。

(二) 总结提升和案例启示

马克思主义哲学和医学的关系是普遍性与特殊性、共性与个性的关系。医学以人的健康和疾病问题为对象,哲学则以"整个世界"为对象;医学揭示关于疾病预防和治疗的"特殊规律和特殊本质",哲学则揭示关于整个世界的"最普遍的规律和本质"。因此,哲学理论思维较之医学理论思维来说在对世界的把握上就具有最高的概括性和最高的解释性。马克思主义哲学作为科学的世界观和方法论,对医学的研究和发展来说具有导向作用,尤其是对医学生素质教育的导向作用具有极其重要的意义。

马克思主义哲学是以实践为基础的科学性与革命性的统一,它在实践基础上通过对具体科学的研究以揭示自然、社会和思维发展的最一般规律和本质,因而能为具体科学的研究提供正确的世界观、方法论和思维方法的指导。医学则是一门以认识、保持和增进人类健康、预防和治疗疾病、促进肌体康复的具体科学,本身具有极强的实践性、科学性和特殊性。

1. 马克思主义哲学可以帮助医学生形成和树立正确的世界观、人生观和价值观

大学阶段是一个人世界观、人生观、价值观形成和完善的关键时期。面

对当今世界正处于百年未有之大变局、国内外形势错综复杂的局面，以习近平同志为核心的党中央立足党的百年历史新起点、带领中国人民不断迈向中华民族伟大复兴以及我国社会主义现代化建设的攻坚时期，中西方政治、经济、文化以及一系列思想观念、思维方式、价值方式激烈碰撞，迫切需要一种能够指导当代青年行动的科学世界观、人生观和价值观。马克思主义哲学作为揭示自然、社会和思维发展一般规律的科学，能够为当代医学生提供科学遵从和行为依据。

2. 马克思主义哲学可以为提高医学生整体素质创造理论基础

医学既是自然科学又属于社会科学，医学就其研究对象而言，可以划归于自然科学；就其性质而言，则可以划归于交叉学科。作为医学最大研究对象的人，是集自然、社会和心理素质于一身的现实的人，人最本质的属性是社会属性。因此，就个人素质来说，除考虑自身身体素质外，还应考虑政治、经济、社会、文化对个人素质的养成也有着不可忽视的影响。在人的诸多素质中，哲学素质是基础，它为医学生正确认识生命规律、社会规律和各种复杂矛盾提供基本的立场、观点和方法，同其他素质相比，哲学素质具有根本性和决定性。如果医学生具有较高的哲学素质，就会自觉运用马克思主义的立场、观点、方法去分析和处理在疾病的预防、产生、治疗和康复阶段中所存在的不同的自然因素、社会因素和心理因素，从而把健康和疾病看作一个整体来对待，也只有用马克思主义哲学的立场、观点、方法才能彻底排斥生物医学模式把人体疾病肢解为器官疾病，只见症状不见病人，只注重局部而忽视整体的形而上学医学观念，以确保认识的正确性。

3. 马克思主义哲学能够指导医学生提高理论思维能力，增强唯物辩证的科学思维能力，从而促进现代医学不断发展

辩证思维，是现代医学研究少走弯路的必要条件。提高医学生的理论思维能力，一定要把握辩证的思维方法。马克思主义哲学为医学生提高思维能力提供了科学的世界观和方法论。只有运用马克思主义哲学正确的理论思维和研究方法，才能透过纷繁复杂的表象掌握住人类健康与生命、疾病与死亡的客观规律，才能找到解决问题的最佳途径，从而推动医学发展。

从哲学和医学的发展史可见：医学模式的演化轨迹，实际上是哲学朴素

唯物主义和辩证法思想——形而上学唯物主义——辩证唯物主义的辩证否定过程。马克思主义哲学是哲学史最深刻、最广泛、最彻底的一次变革。生物心理社会医学模式也是医学史上最深刻、最广泛、最科学的一次转变。目前，随着医学领域高技术，如细胞和组织培养技术、克隆技术、基因和转基因技术的广泛应用，迫切需要当代医学生在马克思主义哲学的指导下不断提高理论思维能力，运用当今先进的科学技术，不断推进现代医学的发展。

4. 马克思主义哲学能指导医学生创新能力的培养

培养医学生的创新能力是医学生素质教育的重点。在当代，随着高新技术的不断进步，医学领域新知识、新信息、新工艺、新流程的不断涌现，医学生只有站在马克思主义哲学的高度，才能不断强化创新意识，培养创新能力，才能追踪哲学前沿，把握医学脉搏，抓住机遇，发展我国的医学事业，迎接来自世界的挑战。

总之，从辩证思维角度看，马克思主义哲学提供医学科学思维所必需的概念、范畴、规律等思维方式。医学教育是一种科学实践，经历资料收集、研究分析、提出假设、实验证实等一系列环节，每个环节都需要运用归纳和演绎、分析和综合、从抽象上升到具体等思维方法。脱离马克思主义哲学理论思维的指导，医学教育研究便无法进行。

从医学教育的主体看，我们正处在这样一个时代：一方面，人们对健康的重视程度日益增强，医患关系错综复杂，人们在感激医务工作者为抗击疫情、为维护人们健康而无私奉献和牺牲的同时，暴力伤医事件也时有发生，使得部分医学生从医积极性下降；另一方面，移植医学、克隆技术、干细胞研究技术等医疗技术使得医学迅猛发展，不仅让医生感觉到知识匮乏，也给患者带来了心理、伦理问题。

以上问题的解决要求临床医师不仅要具有扎实的医学理论基础、熟练的专业技能，必须同时具备正确的世界观、人生观和价值观，必须具有马克思主义理论思维能力。这就要求我们在医学教育过程中，把马克思主义哲学基本原理与医学理论有机结合起来。

从创新的角度看，马克思主义理论思维有助于提高我们的医学知识获取和处理能力；有助于指导医学教育者在实践的基础上不断修正和完善自己的认识成果，推动医学教育的进步。

正是在马克思主义哲学的指导下，我国医学研究取得了突破性进展，医学生的素质教育取得了突出成绩。马克思主义哲学在医学生素质教育中的导向作用是任何力量都替代不了的，只有以马克思主义哲学为指导，才能更好地为中国特色社会主义医疗卫生事业的发展和健康中国战略的实施培养更多德、智、体、美、劳等全方面综合发展的高素质医学人才。

第一章 世界的物质性及发展规律

一、案例阅读

材料一：医学的真义

医学是"多学"，是"人学"。所谓"多学"，是指其包括三大学问体系：一是自然科学（包括生命科学等）；二是社会科学；三是人文学科。医学是将三者结合起来所构成的关于维护人、人群、人类的健康与生命的学术与技术体系。对人的关怀，对人的终极利益的追求是医学的宗旨，因此，医学还是"人学"。

医学包括"防诊控治康"五方面内容。所谓"防"，就是预防，即防止得上病；所谓"诊"，就是诊断，即知道得了病、得了什么病、得了多严重的病；所谓"控"，就是控制，即阻止小病变大病，阻遏一个人的病传给他人、一群人；所谓"治"，就是治疗，即纠正患者的病理或病理生理状态；所谓"康"，就是康复，指急性病能够加快康复，慢性病能够在疾病长期存在的情况下动员机体能力和代偿，使其身体、心理和社会适应能力得到维护与提升。医学从以上五个方面维护健康，五个方面浑然一体，相辅相成，不可割裂。

材料二：医学生的成长之路

在同济大学医学院，流传着这样一套学习"秘籍"，覆盖了医学院33门课程，是同学们人手必备的参考资料。这份"秘籍"就出自2017级本科生汪洋之手。

深入浅出的知识点分析、清晰明了的思维导图，这样的"宝藏笔记"并非一蹴而就。自进入医学院起，汪洋就有了记笔记的好习惯。上课时一丝不苟地记录，下课后再结合自己的理解，他花了大量的时间和精力，将每节课的重点和难点一一做好分析，并整理成 Word 文档。遇到"疑难杂症"时，他会及时和同学们讨论，并联系老师解答，再记录在笔记中。这样经年累月地积累下来，如今汪洋的笔记已经覆盖了33门课程。

同学们心中的汪洋学长，是2021年度"宝钢优秀学生特等奖"获得者，还获得了同济大学"学术之星""优秀学生标兵"等荣誉。但汪洋曾经也并不出众。他说，正是因为养成了整理笔记的良好习惯，他才实现了"逆袭"——成绩从班级中游直线上升……他说："我就是喜欢医学，做一名好医生是我最大的梦想，热爱是最好的动力吧。"

除了扎实的专业知识和临床技能外，汪洋还努力提高科研能力。他以第一作者发表3篇论文，以共同发明人申请专利6项，多次代表学校参加国内高水平创新创业比赛，并获得诸多奖项……在医院实习时，汪洋获得了带教老师和患者们的认可，所有轮转科室的出科考核都是优秀。

如今，汪洋已顺利保送直博，他说，自己将聚焦肺癌精准诊疗，未来要做一名脚踏实地的医生。

材料三：糖尿病的中西医病因解读

中医认为，糖尿病病因主要有以下四种。

1. 先天禀赋不足，五脏虚弱，精气不足，或母体妊娠失于濡养，胎儿发育不良，或生后喂养不当；或成年体虚，正气不足；或偏食偏废，脏腑失养；或感受时邪疫毒，耗伤元气，导致脏腑阴阳失调而发为糖尿病。

2. 饮食不节，过饥过饱，或饮食过寒过热，或饮食有所偏嗜偏废，长期过食膏粱厚味、辛辣醇酒，易发消渴。此外，过食或废食酸、苦、甘、辛、咸等五味，也易引发糖尿病。

3. 情志失调，郁火伤阴。情志，是指人的喜、怒、忧、思、悲、恐、惊七情。长期过度的精神刺激，情志失调直接影响五脏的功能，使五脏精气活动失常，导致体内阴阳的偏盛偏衰，从而诱发或加重糖尿病。

4. 劳逸失度，肾精亏损。劳，就是指劳倦。过度劳累，耗伤脾气，脾气虚则运化失司，不能补充先天之精；过度安逸，致脾失健运，不能为胃行其津液，则易化燥生热，胃中燥热偏亢，继而引起一系列的消渴症状。

西医认为，糖尿病病因主要有以下五种。

1. 遗传因素。糖尿病是一种遗传性疾病，目前所了解的糖尿病病人中，20%~30%有家族遗传病史。

2. 肥胖因素。有60%~80%的成年糖尿病患者在发病前均为肥胖者。

3. 年龄、运动因素。目前认为人到中年压力过重、精神紧张，而生活条件改善，摄入过多热量，营养不均衡；活动减少，热量消耗减少；中年后，器官逐渐老化，胰岛本身功能减退等，这些都是中老年人易患糖尿病的原因。

4. 营养因素。营养过剩，使原已潜在有功能低下的胰岛素 B 细胞负担过重，而诱发糖尿病。另外，如果长期处于营养缺乏状态，也会引起胰岛素分泌障碍，导致糖尿病。

5. 精神因素。长时间精神紧张、情绪激动及各种应激状态，可引起升高血糖激素大量分泌，从而使血糖升高。

二、案例出处

案例一出自中国医学科学院院长王辰的文章《医学、卫生、健康，我们懂其真义吗？》。案例二出自"学习强国"刘晶晶、聂阳阳的文章——《同济大学医学院医学生汪洋：4年积累做成"宝藏笔记"》。案例三出自方朝晖主编的2011年2月学苑出版社出版的《中西医结合糖尿病学》一书，该书分为上、中、下篇。上篇包含四章内容：第一章为糖尿病研究的发展史，第二章为糖尿病流行病学及防治对策，第三章为糖尿病的病因病机，第四章为胰腺胰岛与胰岛素。本案例来自上篇第三章第一节中医对糖尿病病因机制的认识、第二节西医对糖尿病病因机制的认识。其中，中西医两种医学对糖尿病病因的解释，充分反映了马克思主义基本原理中的"世界的普遍联系与发展、对立统一规律、量变质变规律"等原理。

三、案例讨论

1. 以上案例体现了辩证唯物主义中的哪些基本原理？

2. 王辰院长关于"医学的真义"以及"汪洋学长的逆袭之路"，给我们医学生的成长带来哪些启示？

3. 从马克思主义出发，我们应如何看待中西医两种医学对同一种疾病病因的解释？

四、教学建议

（一）理论引导

有两种组织教学的方式。

1. 讲到具体的理论内容时，融入以上材料案例。比如，在第一章第一节第二目讲授物质与意识的辩证关系中，分析意识对物质具有反作用时，可运用材料二汪洋的宝藏笔记故事，汪洋这般努力一路逆袭的原因，在于他最大的梦想就是"当一名好医生"，这是他的动力和热情所在。正是因为他有了梦想，从而生发出极大的创造力，设立了许多具体的小目标来培养自己，包括"宝藏笔记"，这些都是他的创造。还可以分析材料三中糖尿病的中西医病因解读，中西医都认为是人的心理、情绪等因素，导致了糖尿病发病。

这两个材料，能够解读意识在对物质进行反作用时，意识具有目的性和计划性；意识具有创造性；意识具有指导实践改造客观世界的作用；意识具有调控人的行为和生理活动的作用等每个方面。

材料一、材料三都可以运用在第一章第二节第一目联系和发展的普遍性中，"事物的普遍联系"这部分内容。王辰院长对医学真义的阐释，医学是"多学""人学"，以及医学包括"防诊控治康"五方面的内容，以及材料三糖尿病人的多因素病因，都非常准确地阐释了联系所具有的客观性、多样性、条件性等特点。

另外，汪洋笔记形成的过程，以及糖尿病的形成与发展，都充分地诠释了事物量变质变的发展规律；中西医对糖尿病病因的不同解读、汪洋的临床技能训练与科研能力提升都是矛盾的对立统一的表现。

2. 在学习完理论知识后，作为单独的案例，由教师引导同学们进行分析，在案例中找出其中所蕴含的哲学原理，作为一种复习的策略。

（二）总结提升

1. 以马克思主义基本原理为指导，医学生应全面学习和探索成为一个好

医生的全部领域，包括生命科学、社会科学、人文科学

结合案例讲授了相关的知识原理后，教师应总结提升，引导学生将这些原理在自己的医学成长之路上实践运用。比如学了材料一关于医学的本真、医学是"多学"和"人学"之后，应该领会医学不只是学校所教的生命科学，应该自己探索学习其他相关领域，因为医学院大部分学生受到的教育主要是与生命科学相关的科技教育，而所受人文社会科学方面的教育却远远不够，因此教师应提醒学生，要主动探究社会科学问题，包括经济学、社会学、政治学、法学、历史学、管理学等，以及人文学科，如艺术、伦理、叙事医学、医学人类学、社会医学等，以提升自己的医学人文素养和技能。

2. 医学生在学习专业知识和技能时，应对知识有整体的框架和图谱，从微观到宏观，能够立体地将所学知识和技能互相联系起来，形成整体

再如，医学包括"防诊控治康"五方面内容，医学生对自己所学的所有科目和实践技能，都应该有个整体框架的意识，在学习具体的医学知识时，能够立即明确所学知识技能在医学领域的位置，从而检查自身知识结构，查漏补缺。

3. 医学生应该有远大的医学理想和不懈的探索精神

教师需结合所学原理，培养学生以联系的、发展的、全面的眼光来看待事物的能力，包括以此看待自身作为医学生成长之路的能力。关于医学生的培养目标，总的来说是要培养适应新时代需要的、德智体美劳全面发展的、具有宽厚扎实的理论基础和专业知识及专业技能，掌握沟通技巧和人文医学技能的医学生，最终的目标就是成为一个好医生。除此之外，从整体大局来看，医学生还应有"以天下为己任"和"虽千万人吾往矣"的士子之心与家国情怀。学医者考虑的不仅仅是自己，也不仅仅是身边的病人和自己行业，更是要考虑社会、国家乃至世界。

（三）案例启示

2021年11月11日，中国共产党第十九届中央委员会第六次会议上通过的《中共中央关于党的百年奋斗重大成就和历史经验的决议》（以下简称《决议》）中，第四部分"开创中国特色社会主义新时代"里说道："随着时代发展和社会进步，人民对美好生活的向往更加强烈，对民主、法治、公平、

正义、安全、环境等方面的要求日益增长。党中央强调，人民对美好生活的向往就是我们的奋斗目标，增进民生福祉是我们坚持立党为公、执政为民的本质要求，让老百姓过上好日子是我们一切工作的出发点和落脚点，补齐民生保障短板、解决好人民群众急难愁盼问题是社会建设的紧迫任务。必须以保障和改善民生为重点加强社会建设，尽力而为、量力而行，一件事情接着一件事情办，一年接着一年干，在幼有所育、学有所教、劳有所得、病有所医、老有所养、住有所居、弱有所扶上持续用力，加强和创新社会治理，使人民获得感、幸福感、安全感更加充实、更有保障、更可持续。"具体到社会建设上，关于保障和改善民生，《决议》指出："全面推进健康中国建设，坚持预防为主的方针，深化医药卫生体制改革，引导医疗卫生工作重心下移、资源下沉，及时推动完善重大疫情防控体制机制、健全国家公共卫生应急管理体系，促进中医药传承创新发展，健全遍及城乡的公共卫生服务体系。"一切为了人民生命健康，关注群体、关怀人民，这是中国共产党卫生工作的宗旨，是中国医学界的宗旨，也是学医者必须秉承的观念和行动。同学们应该看到，在新时代的健康中国建设中，每个医学生都是国家未来发展的重要一员，应在现在为自身的成长、社会的需要、国家的发展，做出全面长远的计划。

第二章 实践与认识及其发展规律

一、案例阅读

清代名医40年解剖心得写成《医林改错》

绝大多数人认为中医是没有解剖的,实则不然,早在战国时期,我国著名的医学家扁鹊写过的《难经》——原名《黄帝八十一难经》中,第三十至四十七难就列述了五脏六腑的形态、大小。但在清代,有一位名叫王清任的名医,却对《黄帝八十一难经》等医学古籍中列述的五脏六腑形态、大小产生怀疑,并根据自己40年来的解剖心得写成《医林改错》一书。

王清任出生在医学世家,家境殷实,自幼习武,中过武秀才,家人觉得医生社会地位低下,便拿钱给他捐了个小官。可这王清任偏偏又是个医痴,20岁便弃武从医,30多岁时在北京开了个名为"知一堂"的医馆,名满京华。

嘉庆二年(1797)四月初,王清任在滦州稻地(今唐山市丰南区境内)一带行医。那时候,当地正在流行一种小儿传染病,这种传染病十分厉害,以腹泻、发热、出疹为特征,传染迅速,死亡率竟达80%。

而当地有一个风俗,小儿夭折后不将其深埋,家长普遍认为,其尸体被野狗啃食,则有利于保全下一胎。而一些贫苦人家,根本无力安葬在瘟疫中死去的孩子,只用一张草席裹住尸体,草草丢弃在野外。

而立之年的王清任,已经行医十余年。他明白,这是他近距离观察尸体的一个绝佳机会,他一直怀疑古书上的脏腑图是错的,如今终于找到机会来一探究竟。

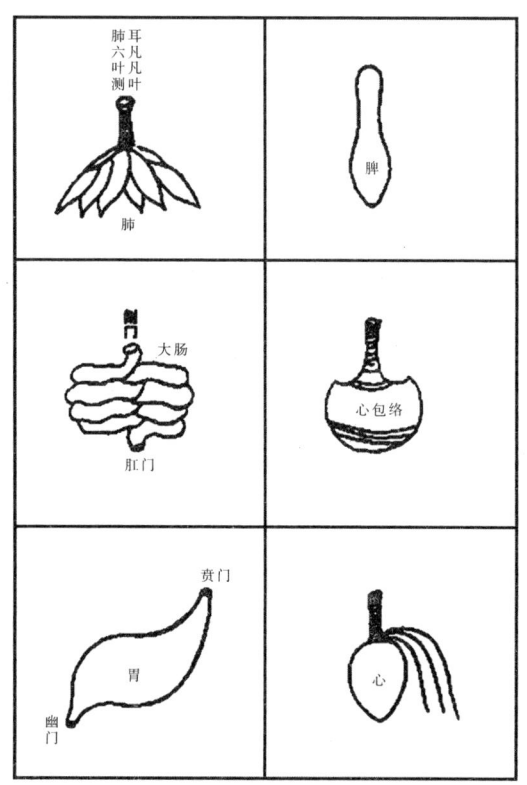

图 1　古人所绘脏腑图

于是他每天清晨便骑马来到乱葬岗，正值春夏之交，腐烂的尸体恶臭熏天，王清任掩着口鼻也难以忍受。

这时候，他突然意识到自己正在进行一项无比伟大的事业，强大的使命感让他打破一切障碍，沉下心来研究破腹露脏的尸体，因为野狗啃食，这些尸体大多残缺不全，有的少了心肝，有的缺了胃肠，王清任便将几具尸体凑在一起来看。

这项工作一连进行了 10 天，王清任一共观察了 300 多具尸体，终于有了成果。

他一直以来的怀疑是正确的，医书上关于五脏六腑形态位置的描述含糊不清，前人绘制的脏腑图更是与人体实际相去甚远。

此外，王清任还发现在人体的胸腔处存在一片横膈（隔）膜，但由于尸体残损严重，他并未弄清楚这薄膜与心脏的关系。

长久以来的怀疑得到证实，王清任很高兴，但他并不满足，小儿的脏腑和成年人的脏腑是不一样的，可在那个年代，哪可能看得到成年人的五脏六腑呢？

两年后，王清任在奉天府听说，辽阳有一个26岁的妇女，因为犯疯病杀害自己的丈夫和公公，被判了剐刑（凌迟之刑）。行刑那日，王清任前往观刑，可他突然意识到这是个女犯人，自己靠得太近并不妥当，于是只在刽子手提着犯人的心、肝、肺从他面前经过时，他才仔细地看了看，而这位成年女犯的脏腑和之前看到的小儿脏腑并没有多大差别。

嘉庆二十五年（1820）王清任在京城行医时，听说有个男子因为打死自己的母亲被判了剐刑，在崇文门外行刑。这一次，王清任抓住机会，靠近行刑现场，看了个仔细。

成人的五脏六腑算是看清了，但行刑过程中膈（隔）膜被破坏，膈（隔）膜与心脏的关系他还是没弄明白。

膈（隔）膜究竟在什么位置？王清任一直对这个问题念念不忘。

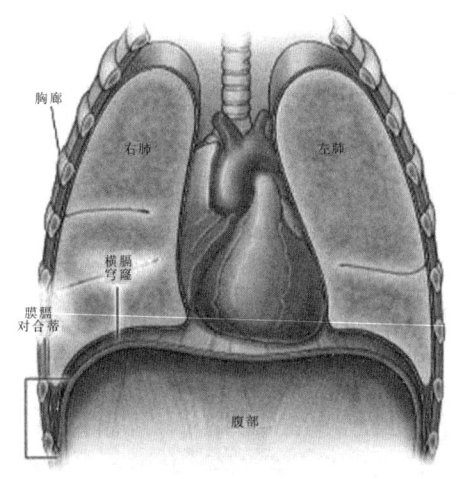

图2　膈膜示意图

有一天，他去一病患家看诊，偶遇江宁布政司恒敬，这个人曾镇守哈密，领兵于喀什噶尔，打过多次仗，王清任便缠着恒敬，要他说一说这膈（隔）膜的事情。

恒敬被他的真诚打动了，便与他详细说来。

数访乱葬岗、近前观刑，王清任将他几十年来的积累写成了一本书，对古书上对五脏六腑描写的谬误进行勘正，取名《医林改错》，并在书中附上自己所画的 25 幅改正脏腑图，用以警示后人。

但由于样本量太小，仪器设备不到位，且所观察的均为不完整的尸体，他的书中也存在一些"越改越错"的地方。经现代医学验证，王清任的《医林改错》对部分器官的命名和功能解释仍然是错误的，例如，王清任混淆了气管和大动脉的位置与功能，误认为动脉为行气的管道，将主要的动脉称为"气总管""气门"，并认为动脉里无血有气，将主要静脉称为"荣总管"，认为血液及营养等靠它供应全身等。

二、案例出处

本案例来自天津科学技术出版社 1999 年版《医林改错》，本书是王清任撰刊于道光十年（1830），是他访验脏腑 42 年的呕心沥血之作，在我国医学解剖史上具有重大意义。

该书大约有三分之一篇幅为解剖学内容，为其亲眼所见，作者曾辨认腹部内脏器官，对一般解剖结构及毗邻关系的描述大体都是准确的，这是其具有革新意义的部分。但是对部分器官的命名和功能解释从现代医学的角度上仍然是错误的。不过，此书重点体现了不尊经、不崇古的革新创造精神，反映出他重视实践、力求真知的钻研精神。

三、案例讨论

1. 详细阅读案例，思考王清任的人体脏腑知识是如何获取的？

2. 详细阅读案例，总结王清任获悉人体脏腑知识经历了哪些过程？带来什么样的启示？

3. 案例中表明，现代医学验证王清任的《医林改错》对部分器官的命名和功能解释仍然是错误的，这给予我们什么启示？

四、教学建议

（一）理论引导

通过材料的阅读，我们对于王清任的生平和其编写的著作有了一定的了解，对于案例讨论的问题有了较为明确的答案，以下从三个问题的解答来进行理论引导。

1. 王清任的人体脏腑知识是如何获取的？

王清任出身医学世家，自身的医学知识（脏腑知识）首先来源于对古籍书籍的学习，使其具备了扎实的理论功底；其次他通过自身对尸体的近距离观察和解剖从而获取到最新的知识。

2. 王清任获悉人体脏腑知识的经历了哪些过程？带来什么样的启示？

从材料中，我们可以看到王清任通过近距离观察，连续对几百具尸体展开研究，通过数访乱葬岗、近前观刑等方法掌握了一手资料，从而获取到人体脏腑的资料，分析、推理、判断并得出结论之后，再去进行验证。这个过程正是我们需要学习的地方。具有正确的实践观和认识论，才能达到认识世界和改造世界的目的。

3. 现代医学验证王清任的《医林改错》对部分器官的命名和功能解释仍然是错误的。这给予我们什么启示？

我们知道科学的实践观可以帮助我们更加深刻地理解知识，毕竟实践是检验真理的唯一标准，认识是否具有真理性，最终还是要回归到实践中才可以检验。

（二）总结提升

第一，实践是认识的来源。认识的内容在实践的活动基础之上，生产和发展的人们只有通过实践实际地改造和变革对象，才能够把握对象的属性和本质规律，对此形成正确的认识，并以这种认识指导人的实践活动。

我们知道王清任的脏腑知识并不是凭空产生的，一部分来源于古籍，一部分来源于自己的解剖和近距离的观察。无论是哪一方面，无外乎就是直接经验和间接经验的总和。直接经验是我们通过实践实际地改造和变革对象得来，间接经验是从书本和传授中得来，然而归根结底，间接经验也是前人通过直接经验总结而来的，而一切真知都是从直接经验发源的。王清任通过学习间接经验，了解和接触解剖学，从而加深了"医痴"的状态（追求真理的状态），这种状态指导王清任对解剖学产生了更深一步的理解。

第二，实践是认识发展的动力。实践的需要，推动认识的形成和发展，推动人类科学的发展和技术的发展，推进人类思想的进步和理论的创新。正如恩格斯讲过的："社会上一旦有技术上的需要，这种需要就会比十所大学更能把科学推向前进。"① 王清任在追求真理的过程中，发现以前的解剖学有些地方并没有解决现实的问题，正是因为如此，才让他有了动力，不断地去实践，从而推动了解剖学以及其他医学学科的进步。

习近平总书记在《庆祝改革开放40周年大会上的讲话》中指出："行之力则知愈进，知之深则行愈达。"② 只有深入实践，知识才能不断增长，认识才能不断精进；有了更深刻的认识，实践才越有方向感。王清任就是在实践中认识，对于脏腑产生了疑惑，才去观察，对膈（隔）膜究竟在什么位置又产生了新的困惑，就继续观察实践，从而得出了人体的体腔分为胸腔和腹腔两部分，以膈（隔）膜为界，而不是《黄帝内经》上所讲的上中下三焦的结论，认识变得更加深刻。

第三，实践是认识的目的。人们通过实践才能获得认识，不是靠猎奇或雅兴，也不是为认识而认识，最终，认识还是为实践服务，指导实践，以满足人们的生活和生产的需要。王清任作为一名医生，所获取的知识都是通过不断实践学习而得到的，这些认识注定了他会成为一名救死扶伤的医生，最终是要治病救人，为人民服务的。王清任在行医的过程中，创造了物质财富，解决了病人的健康问题，同时创造了精神财富《医林改错》，给人民带来了巨大的福祉。

第四，实践是检验真理的唯一标准。真理不是故步自封的，它是具有客观性的。只有实践才可以检验。王清任通过阅读古籍《黄帝内经》《普济方》《难经》等著作，在对其进行了深刻理解后，经过自身的医学实验发现部分著作中的描述可能存在问题并对其进行实践检验，他对大量的尸体进行解剖，

---

① 中共中央马克思恩格斯列宁斯大林著作编译局. 马克思恩格斯选集：第四卷［M］. 北京：人民出版社，2012：648
② 习近平. 在庆祝改革开放40周年大会上的讲话［M］. 北京：人民出版社，2018：19.

得出一些结论，如古书中"肺有六叶、两耳、二十四管"的说法，他将其纠正为"肺有左、右两大叶，肺外皮实无透窍，亦无行气的24孔"。王清任认为"肝有四叶，胆附于肝右边第二叶"一改古图"肝有七叶"的说法。材料的最后我们虽发现王清任的著作中也出现了部分不正确的观点，但是这些观点也正如我们所说的"实践是检验真理的唯一标准"那样，且通过实践验证了错误的观点和正确的观点。

（三）案例启示

习近平总书记指出："学习掌握认识实践的辩证关系原理。要坚持实践第一的观点，不断的推进实践基础上的理论创新。"[1] 实践观点是马克思主义的哲学的核心观点，实践决定认识是认识的源泉和动力，也是认识的目的和宿命。正如马克思所说：人的实践活动是检验人的理论认识和价值观念的唯一标准，这是实践认识论的重要观点。马克思所强调的实践能够双重检验人的认识的科学性和价值观念的真理性，我们不能把实践对目的的检验仅仅看作对理论认识的检验，它同时也是人对对象评价的真理性的验证。实践的双重检验作用是由于认识价值观念的内在相关性。从王清任的《医林改错》，我们可以看出他对真理的无限追求，他的作为既满足真理尺度，又满足价值尺度，符合实践的真理尺度和价值尺度在实践中实现辩证统一，为中国的传统中医学的解剖学、生理学基础开拓了新思路和新视野，并提出了新观点，它的诞生不仅仅是解决了当时部分病人的健康问题，他的勇于实践、敢于质疑、大胆创新的态度更是为整个医学界乃至其他领域，都做出举足轻重的贡献。

回顾中国共产党的百年征程，我们知道，正是由于我们始终把马克思列宁主义作为指导思想，我国才在实践中走向世界强国之巅，也恰恰是因为马克思主义理论是实践的理论，具有实践的特性，它能够指导人民去不断地认识世界，从而达到改造世界的目的。因此，为如期实现中华民族伟大复兴的中国梦，必须坚定不移地把马克思列宁主义作为指导思想！对于我们个人而言，更要树立实践第一的观点，无论是知识的检验还是创新，都离不开实践，做到知行合一，才能将所学知识转化为自身的本领！

---

[1] 中共中央宣传部. 习近平总书记系列重要讲话读本：2016年版 [M]. 北京：学习出版社，人民出版社，2016：281.

第三章 人类社会及其发展规律

一、案例阅读

疟疾在热带地区是常见病，主要发病于非洲撒哈拉沙漠以南、印度次大陆、东南亚、美洲等地方。中国人过去管疟疾叫"打摆子"，发病时身体忽冷忽热，热了冷，冷了热，就像"打摆子"一样，非常折磨人。后来我们才知道疟疾是由于疟原虫损害了人体细胞，人的身体才会出现此症状。在1902年，诺贝尔生理学或医学奖就对疟疾的研究进行过一次奖励，获奖者是英国的一位医生罗纳德·罗斯（Ronald Ross，1857—1932）。罗斯是英国医生，但主要生活在印度，因为印度当时是英国的殖民地，罗斯的父亲又是英国的将军，要在印度工作，所以罗斯跟着父亲在印度生活。当时的印度疟疾患者很多，罗斯通过研究发现，疟疾的发病是有一个中间媒介的，这个中间媒介就是蚊子。当蚊子叮咬了人之后，就会将疟原虫传到人身上，人便会感染疟疾。于是，罗斯便提出来防治疟疾的简单方法，那就是晚上睡觉睡在蚊帐里。

正是罗斯对疟疾以及对疟疾防治方法的研究，他获得了1902年诺贝尔生理学或医学奖。罗斯的研究还影响了巴拿马运河的进程。巴拿马所在的中美洲疟疾肆虐，当时在修运河的很多劳工得了疟疾，影响了工程的进度。正好此时罗斯的研究成果获得了诺贝尔奖，于是工程方便给劳工发了蚊帐。蚊虫叮咬少了，得疟疾的劳工比例就降低了。巴拿马运河挖通了之后，工程的总督专门给罗斯写了一封感谢信，感谢他的发现，巴拿马运河才能顺利开凿成功。罗斯的研究证实了当时最大的流行病之一——疟疾，是由疟蚊传播的，为成功防治疟疾奠定了基础。

对抗疟疾的传统药物是氯喹或奎宁，但其疗效正在降低。20世纪60年代，根除疟疾的努力遭遇挫折，疟疾的发病率呈上升趋势，中国科学家屠呦呦将目光转向传统中草药，以研发医治疟疾的新疗法。诺贝尔委员会为屠呦呦写的颁奖词这样评价："千百年来，寄生虫病一直困扰着人类，并且是全球重大公共卫生问题之一。寄生虫疾病对世界贫困人口的影响尤甚。今年的诺贝尔生理学或医学奖获奖者对一些最具危害性的寄生虫疾病疗法做出了革命性贡献。其中，屠呦呦发现了青蒿素，这种药品有效降低了疟疾患者的死亡率。"

二、案例出处

该案例出自"学习强国"，慕课《诺贝尔生理学或医学奖史话9.4 我国医药界的原创》。《诺贝尔生理学或医学奖史话》是华中师范大学的一门通识课程，该课程有三大亮点：一是从生命科学发展史的角度进行课程教授；二是突出经典案例和经典案例中的科学精神；三是梳理诺贝尔生理学或医学奖所重点关注的领域。该课程中的"9.4 我国医药界的原创"一节对本章要讨论的内容——科学技术在人类社会发展中的作用和伟大人物在社会历史中的作用有很大的参考价值。

三、案例讨论

通过人类与疟疾这种传染病的抗争史，同学们不仅记住了一个个耀眼的名字：罗纳德·罗斯、屠呦呦，还深刻地体会到了在征服疟疾这种千百年来威胁人类健康的疾病过程中的伟大科学力量、伟大真理力量。那么，科学技术在人类社会发展中的作用是什么呢？我们如何看待像罗斯、屠呦呦这样的伟大人物的历史作用呢？

四、教学建议

（一）理论引导

习近平于2020年6月2日发表题为《构建起强大的公共卫生体系　为维护人民健康提供有力保障》的重要讲话，指出"发挥科技在重大疫情防控中的支撑作用"，"科学技术是人类同疾病斗争的锐利武器，人类战胜大灾大疫离不开科学发展和技术创新"。① 纵观人类发展史，人类同疾病较量最有力的武器就是科学技术，人类战胜大灾大疫离不开科学发展和技术创新。我国历史上有很多防治瘟疫的医疗著作和方法。如《汉书·平帝纪》记载，元始二年，"民疾疫者，舍空邸第，为置医药"，提出了"隔离"是防疫的重要举措这一概念。明代中期我国就出现了预防天花的"人痘"接种术。18世纪末，英国科学家爱德华·詹纳（Edward Jenner）发明了接种牛痘预防天花的方法，经过几代科学家的不懈努力，最终研制出灭活天花病毒的疫苗。随着现代医学科技发展和公共卫生基础设施不断完善，霍乱、鼠疫、流感等这些曾经对人类造成巨大危害的传染病逐渐得到了有效控制。近年来，在抗击严重急性呼吸综合征（SARS）、中东呼吸综合征（MERS）、甲型H1N1流感、埃博拉病毒等多种重大传染病中，科学技术都发挥了重要作用，正如习近平指出的，科技在重大疫情防控中是支撑作用。

在讲话中，习近平继续指出："生命安全和生物安全领域的重大科技成果是国之重器，一定要掌握在自己手中。要加大卫生健康领域科技投入，加快完善平战结合的疫病防控和公共卫生科研攻关体系，集中力量开展核心技术攻关，持续加大重大疫病防治经费投入，加快补齐我国在生命科学、生物技术、医药卫生、医疗设备等领域的短板。当前，我们一定要发挥新型举国体制的优势，力争率先研发成功新冠肺炎疫苗，争取战略主动。要深化科研人才发展体制机制改革，完善战略科学家和创新型科技人才发现、培养、激励机制，吸引更多优秀人才进入科研队伍，为他们脱颖而出创造条件。"② 科学技术不仅在重大疫情防控中作用突出，更在生命安全和生物安全领域中作用重大，"国之重器，一定要掌握在自己手中"。其中，要特别重视优秀科研人才的作用，从体制机制各方面保障优秀科研人才发挥作用。

值得说明的是，屠呦呦研究青蒿素的渊源也是出于战争背景下的科技攻关。20世纪60年代，在越南战争中恶性疟疾肆虐，美国和越南双方都想开发

---

① 习近平. 构建起强大的公共卫生体系 为维护人民健康提供有力保障［J］. 求是，2020（18）.
② 习近平，构建起强大的公共卫生体系 为维护人民健康提供有力保障［J］. 求是，2020（18）.

抗疟的新药。拥有抗疟特效药，成为决定美越两军胜负的重要因素。美国不惜成本，筛选出20多万种化合物，最终也未找到理想的抗疟新药。而越南则求助于中国，希望中国能帮助找到抗疟新药。1967年，毛泽东主席和周恩来总理下令，一个旨在援外备战的紧急军事项目启动——发挥举国体制优势，集中全国科技力量，联合研发抗疟新药。因为启动日期是5月23日，项目代号就为"五二三"，其重要意义相当于医药界的"两弹一星"。39岁的屠呦呦以课题组组长的身份，负责研发抗疟疾的中草药。

那么，如何看待科学技术在人类社会发展中的作用？如何用好科学技术在我国社会发展中的作用？如何看待杰出人物在历史发展中的作用？如何用好杰出人物在我国历史发展中的作用？这些问题需要我们一一探索解答。

（二）总结提升

1. 科学技术是一个复合概念。科学是指对自然、社会和人类思维的正确认识，是反映客观事实和客观规律的知识体系及其相关的活动。科学主要分为自然科学、社会科学和思维科学。技术有广义和狭义之分。广义的技术包括生产技术和非生产技术。狭义的技术就是指生产技术，即人类改造自然、进行生产的方法与手段。科学和技术是辩证统一的整体。当今时代，科学活动与技术活动的联系越来越紧密，出现了科学技术化和技术科学化的趋势，科学和技术日益融为一体，形成了融合科学革命和技术革命为主要内容的"科学技术革命"，简称"科技革命"。

2. 科技革命是推动经济和社会发展的强大杠杆。马克思对科学技术的伟大历史作用做过精辟而形象的概括，他认为科学是"伟大的历史杠杆"，是"最明显的字面意义而言的革命力量"。科技革命集中体现了科学技术在历史发展中的杠杆作用。现代科技革命不仅使科学技术成为第一生产力，也给人类社会和人与自然、人与人的关系带来了根本性的变革，深刻地影响着社会的进程和人类的未来。每一次科技革命，都不同程度地引起了生产方式、生活方式和思维方式的深刻变化与社会的巨大进步。

首先，对生产方式产生了深刻影响。科技革命大大改变了脑力劳动与体力劳动的比例，使劳动力结构向着智能化趋势发展；使劳动方式经历了由机械自动化走向智能自动化、由局部自动化走向大系统管理和控制自动化的根本性变革；改变了产业结构，使第三产业在国民经济中所占的比重日益提高，产业结构的变化导致就业结构的变化等，最终导致生产关系的变革。其次，对人们的生活方式产生了巨大影响。现代科技革命把人们带入了信息时代，要求人们不断更新和充实知识，学习已日益成为生活中的一项重要内容；现代信息技术给人们的学习、工作带来了极大便利；为人们的交往提供了方便；使人们自由支配的闲暇时间增多，为人的自由而全面地发展创造了更多条件。最后，促进了人们思维方式的变革。主要表现为新的科学理论和技术手段通过影响思维主体、思维客体和思维工具，引起了思维方式的变革。在现代科技革命的条件下，人们获得了新的知识理论结构，能够运用新的理论工具和现代化技术手段去研究一系列新现象、新领域、新课题。

3. 在科学技术对社会发展的作用的基础上，科学技术领域的杰出人物当然在历史上发挥的作用就大些。科学技术领域的杰出人物一方面推动了科学技术领域的新发现，反过来，科学技术领域的新发现又推动了在新现象、新领域、新课题方面的科技杰出人物的诞生。

历史人物是一定历史事件的主要倡导者、组织领导者或思想理论、科学文化的重要代表人物。历史人物对历史发展有深刻影响，甚至有时能够决定个别历史事件的结局，他们比一般人站得高、看得远，解决历史任务的愿望比一般人强烈。杰出的科学家、思想家、艺术家、教育家等的创造性活动，对于人类科学文化的发展和社会进步有着巨大的推动作用。从历史人物发挥历史作用的性质来看，有些历史人物起推动历史前进的进步作用，有些起阻碍历史前进的反动作用。而历史人物中对推动历史发展做出重要贡献或起重要作用的人就是杰出人物。

（三）案例启示

科学技术作为先进生产力的重要标志，是推动社会文明进步的重要力量。习近平总书记于2020年9月11日主持召开科学家座谈会并发表重要讲话："当今世界正经历百年未有之大变局，我国发展面临的国内外环境发生深刻复杂变化，我国'十四五'时期以及更长时期的发展对加快科技创新提出了更为迫切的要求。一是加快科技创新是推动高质量发展的需要。……二是加快科技创新是实现人民高品质生活的需要。……三是加快科技创新是构建新发展格局的需要。……四是加快科技创新是顺利开启全面建设社会主义现代化国家新征程的需要。"① 广大科技工作者应不忘初心、牢记使命，秉持国家利益和人民利益至上，继承和发扬老一辈科学家胸怀祖国、服务人民的优秀品质，弘扬"两弹一星"精神，主动肩负起历史重任，把自己的科学追求融入建设社会主义现代化国家的伟大事业中去。广大科技工作者要树立敢于创造的雄心壮志，敢于提出新理论、开辟新领域、探索新路径，在独创独有上下功夫。要多出高水平的原创成果，为不断丰富和发展科学体系做出贡献。要鼓励科技工作者专注于自己的科研事业，勤奋钻研，不慕虚荣，不计名利。要广泛宣传科技工作者勇于探索、献身科学的生动事迹。

现在，我国经济社会发展和民生改善比过去任何时候都更加需要科学技术的解决方案，都更加需要增强创新这个第一动力。同时，在激烈的国际竞争面前，在单边主义、保护主义上升的大背景下，我们必须走出适合国情的创新路子，特别是要把提升原始创新能力摆在更加突出的位置，努力实现更多"从0到1"的突破。科学家和科技工作者应肩负起历史责任，不忘初心、牢记使命，秉持国家利益和人民利益至上，继承和发扬老一辈科学家胸怀祖国、服务人民的优秀品质，弘扬"两弹一星"精神，主动肩负起历史重任，把自己的科学追求融入建设社会主义现代化国家的伟大事业中去，坚持面向世界科技前沿、面向经济主战场、面向国家重大需求、面向人民生命健康，不断向科学技术广度和深度进军。

---

① 习近平：在科学家座谈会上的讲话［EB/OL］. 学习强国，2020-09-11.

第四章　资本主义的本质及规律

一、案例阅读

弗里德里希·恩格斯（Friedrich Engels）于1845年3月15日在巴门（莱茵普鲁士）创作了他的著作《英国工人阶级状况》。根据亲身观察和可靠材料，他写道："肺病是这种生活条件的必然结果，这类疾病也确实特别容易在工人当中发生。伦敦的空气，特别是工人区的污浊空气，最能助长肺结核的发病，我们在街上可以遇到许多面带病态潮红的人，这就说明了此点。当清晨大家去上工的时候，如果你在街上稍微转一下，就会惊讶地发现有那么多人看上去患有或轻或重的肺结核。在曼彻斯特，人们看起来也还不至于这样。这种随时都可以碰到的脸色苍白、身材消瘦、胸部窄小、眼窝凹陷的幽灵，这种虚弱无力、萎靡不振、没精打采的面孔，我只是在伦敦才看到过这么多，虽然肺结核在北部的工厂城市每年也都要夺去不少人的生命。同肺结核同样可怕的疾病，除了其他肺病和猩红热，首先是一种在工人中间发生的最有毁灭性的疾病——伤寒。根据官方关于工人阶级卫生状况的报告，这种到处蔓延的灾害是直接由于住宅的通风、排水和卫生的恶劣状况引起的。这个报告——不要忘记，它是由英国第一流的医生们根据其他医生的统计材料写成的——断定，只要有一个空气不流通的大杂院，只要有一个没有排水沟的死胡同，就足以引起热病，特别是当居民住得很挤而附近又有腐烂的有机物的时候就更是这样，而且事实上几乎总是有这种病出现。"[①]

"引起其他许多疾病的直接原因，与其说是工人的住宅，不如说是他们的饮食。工人吃的食物本来就很不容易消化，对小孩是完全不合适的；可是工

[①] 中共中央马克思恩格斯列宁斯大林著作编译局. 马克思恩格斯文集：第一卷 [M]. 北京：人民出版社，2009：411.

人既没有钱也没有时间给自己的孩子弄到比较合适的食物。此外，还有一种很流行的习惯，就是给孩子喝烧酒，甚至食鸦片。由于这一切，再加上其他对孩子的身体发育有害的生活条件，孩子们就患上了遗祸终身的多种消化器官疾病。几乎所有的工人都或多或少地患有消化不良症，虽然如此，他们还是不得不继续吃那种使他们消化不良的食物。他们又怎能知道这是有害的呢？即使他们知道，在他们的生活条件和文化水平没有改变以前，他们又怎能遵守比较合适的饮食规定呢？由于消化不良，他们还在童年时代就染上了新的疾病。几乎所有工人都患有瘰疬，患瘰疬的父母有患瘰疬的孩子，特别是当具有父母遗传的腺病体质的孩子们又受到最初引起这种病的原因的影响的时候。身体发育时期营养不良所产生的第二个后果是佝偻病，这种病在工人的孩子中也是很常见的。"①

"工人阶级遭受肉体痛苦的另一个原因，是生了病不可能请高明的医生来诊治。的确，有许多慈善机构在设法弥补这种缺陷，例如曼彻斯特医院每年医治大约22000个病人，部分住院治疗，部分只接受医生的忠告和药品。但是，对于一个根据加斯克尔的统计每年有四分之三的居民需要医疗救助的城市来说，这又算得了什么呢？英国医生收费很高，工人是出不起这笔费用的。因此，他们只好根本不看病，或者不得不求助于收费低廉的江湖医生，服用那些从长远看来弊大于利的假药。在英国的所有城市都有大批江湖医生在干这种勾当，他们靠广告、招贴以及其他伎俩在贫穷的阶级中招揽顾客。此外，还有许多包治百病的所谓专利成药出卖，什么莫里逊氏丸、帕尔氏生命丸、曼威灵博士丸以及成千种其他丸药、香精和药膏等，所有这些药剂都有一个特点，就是能医治世界上的一切疾病。这些药品固然很少含有直接有害的东西，但是经常大量服用，对身体常常是有害的。"②

---

① 中共中央马克思恩格斯列宁斯大林著作编译局. 马克思恩格斯文集：第一卷 [M]. 北京：人民出版社, 2009：411.
② 中共中央马克思恩格斯列宁斯大林著作编译局. 马克思恩格斯文集：第一卷 [M]. 北京：人民出版社, 2009：416.

二、案例出处

本案例出自恩格斯的著作《英国工人阶级状况》（节选）[①]。该著作是恩格斯在深入调查的基础上写成的论述工人阶级在资本主义制度下的社会地位、斗争历程和历史使命的重要著作。在这部著作中，恩格斯阐述了英国资本主义工业的发展史，说明了工人阶级伴随工业革命而形成和壮大的过程；以大量生动具体的材料真实地展现了19世纪的工人阶级在资本主义制度下遭受肉体和精神双方面残酷压迫与剥削的悲惨情景。

三、案例讨论

当读完这个内容时，同学们有没有想过这些问题：为什么19世纪英国大量工人阶级会身患疾病，他们的子女也身患疾病，贫病交织致使他们遭受着身体和精神的双重摧残？同样，为什么号称"人间天堂"的资本主义社会，特别是号称"世界工厂"的英国是当时最先进的国家却处处充满了悲惨？问题的根源在哪里？

正如恩格斯在为《英国工人阶级状况》所写的1892年德文第二版序言中所说的：工人阶级处境悲惨的原因不应当到这些小的弊病中去寻找，而应当到资本主义制度本身中去寻找。接下来，我们一起探寻资本主义制度的矛盾。

四、教学建议

（一）理论引导

要深刻认识资本主义社会的各种矛盾现象，必须运用马克思主义的唯物史观这一方法论。马克思在《政治经济学批判》的序言中精确阐述道："人们在自己生活的社会生产中发生一定的、必然的、不以他们的意志为转移的关系，即同他们的物质生产力的一定发展阶段相适合的生产关系，这些生产关系的总和构成社会的经济结构，即有法律的和政治的上层建筑竖立其上并有

[①] 中共中央马克思恩格斯列宁斯大林著作编译局. 马克思恩格斯文集：第一卷［M］. 北京：人民出版社，2009.

一定的社会意识形式与之相适应的现实基础。物质生活的生产方式制约着整个社会生活、政治生活和精神生活的过程。不是人们的意识决定人们的存在，相反，是人们的社会存在决定人们的意识。"要解释资本主义社会的种种现象，不应该在现象以及现象之间的相互联系中打转转，而是要深入资本主义社会存在深处，深入资本主义社会的经济基础与上层建筑或生产力与生产关系的矛盾运动规律进行研究，只有这样才能找到问题的根源。也就是马克思在《关于费尔巴哈的提纲》中所言："人的思维是否具有客观的真理性，这不是一个理论的问题，而是一个实践的问题。人应该在实践中证明自己思维的真理性，即自己思维的现实性和力量，自己思维的此岸性。关于思维——离开实践的思维——的现实性或非现实性的争论，是一个纯粹经院哲学的问题。"

那么，资本主义社会的社会存在又是什么状态呢？资本主义社会的经济基础以及更深层次的生产力和生产关系的矛盾运动规律又是怎样的呢？当我们开始研究资本主义的经济基础的时候，由于经济基础是指由社会一定发展阶段的生产力所决定的生产关系的总和，而生产关系的核心又是生产资料所有制。生产资料所有制的性质决定生产关系的性质。在资本主义社会，生产资料归资本家所有，在资本主义所有制条件下，资本家拥有生产资料的所有权，劳动者与生产资料相分离，为了维持生存，劳动者不得不通过将劳动力出卖给资本家来实现与生产资料的结合，资本家与工人的关系变成雇佣劳动关系。在这种关系中，资本家不但拥有生产资料的所有权，而且拥有对雇佣劳动者的支配权，并凭借这种所有权和支配权实现对剩余劳动产品的占有和支配。

这就是资本主义所有制的本质，也是资本主义社会的本质。无论是资本主义社会的政治制度还是资本主义意识形态，都是为着资产阶级的利益服务，都是为着巩固资产阶级的统治服务。正如恩格斯所指出的："一切都服从于一个目的，也就是服从工业资本家眼中最为重要的目的：降低各种原料特别是工人阶级的一切生活资料的价格，减少原料费用，压住（即使还不能压低）

工资。"① 同学们一开始所思考的诸多矛盾现象的根源，应当从马克思所揭示的历史唯物主义的基本规律当中找答案：不是人们的意识决定人们的存在，相反，是人们的社会存在决定人们的意识。

（二）总结提升

接下来，让我们更详细地分析资本主义社会的生产方式及其影响和趋势。

1. 剩余价值的生产

资本主义生产的直接目的和决定性动机，就是无休止地获取尽可能多的剩余价值。这种不以人的意志为转移的客观必然性，就是剩余价值规律。恩格斯在《反杜林论》第二编"政治经济"学中这样说道："这种剩余价值是从什么地方来的呢？它既不能来自买者以低于商品的价值购买商品，也不能来自卖者以高于商品的价值出卖商品，因为在这两种情况下，每个人的所得和所失由于每个人都轮流地成为买者和卖者而互相抵销了。……货币转化为资本，这种变化必定发生在所购买的商品中，但不是发生在商品的价值中，因为商品是按照它的价值买卖的，而是发生在商品的使用价值本身中，就是说，价值的变化一定是从商品的使用中产生。"马克思揭开了剩余价值来源的秘密，剩余价值是无产阶级创造的，却被资产阶级无偿占有，为资本主义社会像以往人类一切社会形态一样的剥削现象找到了科学依据。

2. 剩余价值的积累

资本家瓜分到剩余价值后，即资本家获得无偿占有的剩余价值后，并不是将其完全用于个人消费，而是将一部分转化为资本，用以购买追加的生产资料和劳动力，使生产在扩大的规模上重复进行。剩余价值本来是雇佣工人的剩余劳动创造的并为资本家所无偿占有的那部分新价值，现在，资本家又用从工人那里剥削获得的收益，再来购买工人的劳动力，进行更大规模的生产，以榨取更多的剩余价值。资本积累的本质，就是资本家不断地利用无偿占有工人创造的剩余价值来扩大自己的资本的规律，进一步扩大和加强对工人的剥削和统治。资本积累不仅是社会财富占有两极分化的重要原因，而且是资本主义社会失业现象产生的根源。

---

① 中共中央马克思恩格斯列宁斯大林著作编译局. 马克思恩格斯文集：第一卷 [M]. 北京：人民出版社，2009：372.

3. 垄断资本主义阶段的垄断利润

19世纪末20世纪初，资本主义由自由竞争阶段发展到垄断资本主义阶段，垄断资本主义阶段的资本主义又经历了私人垄断、国家垄断和国际垄断三个阶段。伴随着经济全球化的发展，垄断资本主义国家在全球获取高额垄断利润。垄断利润归根到底来自无产阶级和其他劳动人民所创造的剩余价值。具体来说，通过对本国无产阶级和其他劳动人民的剥削获得利润；通过对其他国家劳动人民的剥削和掠夺获取利润；通过垄断高价和垄断低价来控制世界市场。垄断资本主义阶段的垄断利润体现了主要资本主义国家对世界无产阶级和劳动人民的剥削。

随着资本主义生产力的向前发展，资本主义生产关系与生产力的发展之间的矛盾日益凸显，主要表现为经济危机和越来越明显的阶级矛盾。

（三）案例启示

我们回顾19世纪英国工人阶级生活状况这段历史，深刻分析造成这一群体如此生活状况的根本原因，那就是资本主义的私有制本身。这一制度决定了资本家和工人之间的剥削与被剥削的关系，决定了资本主义社会工人阶级的贫困、劳动折磨、受奴役。在21世纪的今天，工人阶级的生活状况虽有很大改善，但资本家与工人之间剥削与被剥削的根本性质没有改变。马克思、恩格斯立足对资本主义社会基本矛盾的批判和继承，在《共产党宣言》中指明了人类社会发展方向，即"资产阶级的灭亡和无产阶级的胜利是同样不可避免的"。在马克思主义的科学社会主义理论的指引下，社会主义在当代中国焕发出蓬勃生机。中国特色社会主义既遵循科学社会主义基本原则，又与当代中国实际和中华优秀传统文化相结合，是对西方资本主义文明的借鉴和超越，代表了人类先进文明的发展方向。走好中国特色社会主义道路，坚定中国特色社会主义道路自信、理论自信、制度自信、文化自信，对于成长在这一伟大时代的青年大学生们，必将大有可为，也必将大有作为。在中华民族伟大复兴目标的引领下，在"四个自信"精神力量的引领下，学而用，学而行，积极投身医学行业，坚守岗位，勇担重责，做好人民的好医生，做好社会主义的建设者和接班人。

第五章　资本主义的发展及其趋势

一、案例阅读

案例一：谷歌垄断网络搜索市场案。2024年8月5日，美国联邦地区法官阿米特·梅塔裁定，谷歌因垄断网络搜索市场触犯法律。裁定书显示，Alphabet旗下的谷歌滥用了其对搜索业务的主导地位，谷歌仅在2021年就支付了263亿美元，也就是为使其搜索引擎成为智能手机网络浏览器的默认搜索引擎而支付的260多亿美元，实际上阻止了任何其他竞争对手在该市场上取得成功。法官在裁决中指出，"谷歌是一个垄断者，它的行为是为了维持自己的垄断地位"。美国司法部此前起诉搜索引擎巨头谷歌，称谷歌占据了在线搜索市场约90%的份额，以及智能手机市场95%的份额。

案例二：新华社布鲁塞尔2024年9月10日电，欧洲法院10日裁定，美国苹果公司须向爱尔兰补缴130亿欧元税款。

案例三：德国大众案。2016年9月，德国联邦卡特尔署指控大众汽车公司滥用其市场地位来限制竞争对手的发展。大众被指控在排放测试中使用了作弊软件，根据美国《清洁空气法》，大众汽车面临最高180亿美元罚款，德国也给大众集团开出了高达10亿欧元的罚单。

二、案例出处

案例一：谷歌垄断案

中国科技网 http：//tech.china.com.cn/internet/20240807/405069.shtml.

案例二：苹果垄断案：新华网 https：//baijiahao.baidu.com/s？id=1809825414401423399&wfr=spider&for=pc

案例三：德国大众案，2016年9月，德国联邦卡特尔署指控大众汽车公司滥用其市场地位来限制竞争对手的发展。大众被指控在排放测试中使用了作弊软件，并因此被罚款10亿欧元。

搜狐网：https：//www.sohu.com/a/755425481_ 115589

三个案例均和教学对象的实际相联系，和医学生的专业特点相联系，以增强教学的针对性，提高教学效果。案例的选择紧密结合课程第五章教学内容，突出章节重点问题——垄断和经济全球化。

三、案例讨论

1. 什么是垄断？在上述案例里垄断是怎样体现的？

2. 结合上述案例分析说明垄断产生的原因。

3. 什么是经济全球化？经济全球化的影响？谈谈破解经济全球化难题的中国智慧。

四、教学建议

（一）理论引导

1. 什么是垄断以及在案例中的体现

垄断是指少数资本主义大企业为了获得高额利润，通过相互协议或联合，对一个或几个部门的生产、销售和价格进行操纵和控制。

案例一的垄断行为体现在：谷歌通过支付上百亿美元成为消费者设备上的自动搜索引擎，剥夺了其竞争对手建立与其搜索引擎竞争所需的规模的机会。形成垄断，排除、限制了市场竞争，影响技术创新和产业发展，损害了消费者利益。

案例二的垄断行为体现在：欧盟认为，苹果公司在爱尔兰享有特殊的税收优惠，获得了不公平的竞争优势，这种优势相当于接受了非法的国家援助。这限制了市场竞争、损害了消费者权益、抑制了创新活力，以及影响了应用开发者的发展空间。

案例三的垄断行为体现在：德国大众案形成垄断的主要原因是其冒险造假的动因源于巩固其行业垄断权。德国大众汽车利用其垄断地位的"排放门"丑闻对消费者、社会公共环境、公司股东利益造成了严重损害，同时对德国制造业和欧洲股市产生了负面影响，引发了广泛的信任危机和法律责任。

2. 结合上述案例分析说明垄断产生的原因

（1）当生产集中发展到相当高的程度，极少数企业就会联合起来，操纵和控制本行业的生产和销售，实行垄断，以获得高额利润。

（2）企业规模巨大，形成对竞争的限制，也会产生垄断。

（3）激烈竞争给竞争各方带来的损失越来越严重，为了避免两败俱伤，企业之间会达成协议，联合起来实行垄断。

3. 什么是经济全球化？经济全球化的影响？谈谈破解经济全球化难题的中国智慧。

经济全球化是指在生产不断发展、科技加速进步、社会分工和国际分工不断深化、生产的社会化和国际化程度不断提高的情况下，世界各国、各地区的经济活动越来越超出某一个国家和地区的范围而相互联系、相互依赖的过程。经济全球化的表现：生产全球化；贸易全球化；金融全球化。

经济全球化的影响：经济全球化体现了社会化生产的要求，不仅发达国家从中受益，一些发展中国家在参与经济全球化的进程中也得到了快速发展。经济全球化对发展中国家的积极作用主要表现在：其一，经济全球化为发展中国家提供先进技术和管理经验；其二，经济全球化为发展中国家提供更多的就业机会；其三，经济全球化推动发展中国家国际贸易发展；其四，经济全球化促进发展中国家跨国公司的发展。

经济全球化也是一把"双刃剑"，它在促进经济发展的同时也带来了一些负面影响：其一，发达国家与发展中国家在经济全球化过程中的地位和收益不平等、不平衡；其二，加剧了发展中国家资源短缺和环境污染；其三，在一定程度上增加了经济风险。

破解经济全球化难题的中国智慧：2017年1月17日，雪峰皑皑的"欧洲屋脊"瑞士，见证了历史性一刻——中国最高领导人首次出席世界经济论坛年会并发表主旨演讲。在题为"共担时代责任，共促全球发展"的历史性演讲中，中国领导人深刻阐明："经济全球化是社会生产力发展的客观要求和科技进步的必然结果，不是哪些人、哪些国家人为造出来的。"① 自15世纪以来，地理大发现开拓了新的市场，促进了资本主义经济的发展，促成了工业革命。商品的输出和对原材料的需求，迅速将世界市场联结在一起，打破了生产和要素流动的地域界限，开启了浩浩荡荡的经济全球化进程。19世纪末20世纪初，以科学和技术相结合为特征、以电力为核心标志的第二次工业革命勃兴，催生了第一次经济全球化浪潮。第二次世界大战以后，第三次工业革命应运而生，日新月异的科学技术如井喷般涌现出来。特别是自20世纪70年代末80年代初以来，和平与发展成为时代主题，社会生产力迎来又一轮革命性变革，信息、资本和商品在国家间流动加快，促进了贸易大繁荣、投资大便利、人员大流动、技术大发展，经济全球化深入发展，成为不可逆转的时代潮流。

"一个国家、一个民族要振兴，就必须在历史前进的逻辑中前进、在时代发展的潮流中发展。"② 40多年前，面对浩浩荡荡的时代潮流，中国做出了正确的战略抉择，开放春风激荡山河。从深圳"001号"引资协议，到开发浦东、沿海、沿江、内陆、沿边开发开放，再到加入世界贸易组织，实行高水平对外开放……40多年来，中国抓住经济全球化机遇，不断融入国际大循环，经济社会发展日新月异，人民生活水平不断提升。同时中国也在对外开放中展现大国担当，为应对亚洲金融危机和国际金融危机等做出重大贡献，连续多年对世界经济增长贡献率超过30%。"世界好，中国才能好；中国好，世界才更好"③，已越来越成为中国和世界的共识。

自党的十八大以来，中国领导人以深谋远虑的战略眼光、海纳百川的宽广胸怀、勇立潮头的非凡勇气、层层推进的扎实作为，统筹国内国际两个大局，主持召开一系列会议，多次深入地方考察调研，出席一系列主场外交活动和多边峰会，系统提出深入实施新一轮对外开放战略的目标、方向、路径，引领中国同世界经济和国际体系深度融合，与全球同频共振，形成我国东西

---

① 习近平. 共担时代责任，共促全球发展. 求是，2020（24）.
② 习近平. 开放共创繁荣 创新引领未来：在博鳌亚洲论坛2018年年会开幕式上的主旨演讲［EB/OL］. 人民网，2018-04-11.
③ 习近平. 共同构建人类命运共同体. 求是，2021（1）.

南北中各区域与亚、非、欧、拉美等广袤区域的国家联动发展的开放格局。从共建"一带一路"、建设自由贸易试验区，到推进中国特色自由贸易港建设；从广交会的"中国制造"，到进博会的"中国市场"，再到服贸会的"中国服务"……习近平总书记亲自谋划一系列高水平对外开放重大战略举措，领航掌舵中国号巨轮在经济全球化的大海中乘风破浪，为建设开放型世界经济提供强劲动力。

历史和现实深刻证明：推动经济全球化有利于促进国际分工和世界市场向纵深发展，实现全球资源优化配置，为世界经济发展提供强劲动力，符合经济发展规律，符合各国人民的共同利益。面对经济全球化大势，像鸵鸟一样把头埋在沙里假装视而不见，或像堂吉诃德一样挥舞长矛加以抵制，都违背了历史规律。尽管经济全球化带给人类的不都是"糖与蜜"，也有"血与火"，总之也不能将之一棍子打死，而是要积极适应和引导。①

（二）总结提升

1. 一部汽车的组装，需要四大洲20多个国家提供部件；一架客机的零部件，来自70多个国家的数百家供应商；18000公里之外的里约热内卢，用着产自中国的小小自拍杆……今天的每一秒钟，都是马克思所说的"世界历史"中的全球性时刻，都在为建设"你中有我、我中有你"的地球村写下生动注脚。

"经济全球化是社会生产力发展的客观要求和科技进步的必然结果"；"让世界经济的大海退回到一个个孤立的小湖泊、小河流，是不可能的，也是不符合历史潮流的"；"中国的发展是世界的机遇，中国是经济全球化的受益者，更是贡献者"；"中国人民张开双臂欢迎各国人民搭乘中国发展的'快车''便车'"……

中国领导人洞察历史规律、把握时代潮流、着眼全球未来，提出一系列世界经济怎么看、怎么办的中国主张、中国方案，凝聚起经济全球化的新共识，深刻回答了"世界怎么了，我们怎么办"的世界之问、时代之问。在题为"共担时代责任，共促全球发展"的激荡世界的历史性演讲中，充分彰显了中国应势而为、勇于担当的大国引领作用，为处在十字路口的经济全球化

---

① 思想之光照亮世界经济航程［EB/OL］.央广网，2020-12-16.

进程指明了方向，提供了中国智慧，被国际社会誉为"冬日里的阳光"，照亮了颠簸起伏的世界经济航程，具有超越时空的思想穿透力。

2. 中国领导人立足中国、放眼世界，深刻回答了经济全球化怎么看、怎么办的时代课题。

析现象。"困扰世界的很多问题，并不是经济全球化造成的"，"把困扰世界的问题简单归咎于经济全球化，既不符合事实，也无助于问题解决"，"经济全球化是一把'双刃剑'"，"反全球化的呼声，反映了经济全球化进程的不足，值得我们重视和深思"。

看中国。"当年，中国对经济全球化也有过疑虑，对加入世界贸易组织也有过忐忑。但是，我们认为，融入世界经济是历史大方向，中国经济要发展，就要敢于到世界市场的汪洋大海中去游泳"，"我们呛过水，遇到过旋涡，遇到过风浪，但我们在游泳中学会了游泳。这是正确的战略抉择"。

望未来。"世界经济的大海，你要还是不要，都在那儿，是回避不了的。想人为切断各国经济的资金流、技术流、产品流、产业流、人员流，让世界经济的大海退回到一个个孤立的小湖泊、小河流，是不可能的，也是不符合历史潮流的"，"正确的选择是，充分利用一切机遇，合作应对一切挑战，引导好经济全球化走向"。

正是基于对这些问题的深刻洞察，中国领导人郑重发出坚定不移维护经济全球化、引导好经济全球化走向的三条主张："主动作为、适度管理，让经济全球化的正面效应更多释放出来，实现经济全球化进程再平衡"；"顺应大势、结合国情，正确选择融入经济全球化的路径和节奏"；"讲求效率、注重公平，让不同国家、不同阶层、不同人群共享经济全球化的好处"。

在国际变局中勇毅前行，在逆风乱舞中引领时代。面对经济全球化所遭遇的逆流，习近平总书记出席第七十五届联合国大会一般性辩论、金砖国家领导人第十二次会晤、亚太经合组织第二十七次领导人非正式会议、二十国集团领导人利雅得峰会等一系列重要会议，鲜明宣示中国始终坚定站在历史正确的一边，对经济全球化决心不变、信心不减，绝不会走历史回头路。在总书记的亲自指挥、亲自部署下，中国经济呈现稳定转好态势，作为世界经济增长主要稳定器和动力源的作用愈发突出。适应新形势新要求，中国提出构建以国内大循环为主体、国内国际双循环相互促进的新发展格局,这绝不是封闭的国内单循环,而是更加开放、相互促进的国内国际双循环,不仅符合中国自身发展需要,而且将为各国共享中国经济高质量发展成果带来更多机遇,更好造福各国人民。

(三) 案例启示

首先,全球化是难以阻挡的历史趋势。从"世界市场"的形成,到"世界经济"的出现,再到"经济全球化"时代的到来,都是技术革命和生产力发展的结果。

其次,全球化进程由资本主义开创并由资本主义生产方式主导,它对非西方社会的发展道路和前途会产生重要影响。

再次,融入全球体系是任何国家工业化和现代化发展的必要前提条件,封闭和孤立只会导致落后。

最后,社会主义只有开放才能存在,只有在与资本主义全球经济体系的联系中才能得到发展。

第六章　社会主义的发展及其规律

一、案例阅读

案例一：李强在广西、云南调研时强调：着力增强沿边地区内生发展动力　把脱贫攻坚的成果巩固住拓展好

坚持共同富裕，避免两级分化，是社会主义与资本主义的本质区别。2023年4月24至26日，中共中央政治局常委、国务院总理李强在广西、云南调研。他强调，要深入开展学习贯彻习近平新时代中国特色社会主义思想主题教育，紧紧围绕高质量发展这个首要任务和构建新发展格局这个战略任务，着力增强沿边地区内生发展动力，把脱贫攻坚的成果巩固住拓展好，在推动高质量发展中更好实现兴边富民。在云南西双版纳，李强来到勐腊县勐腊镇补蚌村，察看沃柑、小玉米等农产品，并与脱贫户、村干部和村民代表深入交流。他强调，要因地制宜发展特色品牌农业和乡村旅游，更好带动乡村振兴和农民增收。李强考察了中老磨憨—磨丁经济合作区，详细了解规划建设和产业发展情况，勉励他们发挥综合优势，提高空间利用效率，促进产业集聚，在深化沿边开放中实现合作共赢。

案例二：云南群众有"医"靠，打通"看病难""看病贵"最后一公里

2023年8月召开的云南省卫生健康大会提出，我省要兜牢基层医疗服务网底，充分发挥综合健康管理服务功能，头疼脑热在乡镇村里解决，让群众就近就便看好病。近年来，云南省把保障人民健康放在高质量发展的首要位置，深入推进基层医药卫生体制改革，促进医疗卫生工作重心下移、资源下沉，提升全省基层医疗卫生服务水平，实现群众看病就近、就地、就优。据2024年7月，云南省印发《关于印发云南省基层医疗卫生机构分类管理实施方案（试行）的通知》，明确到2025年，全省95%以上的乡镇卫生院（社区

卫生服务中心）服务能力达到国家标准。面对新形势、新要求，云南将始终坚持人民至上、生命至上，积极探索基层卫生健康事业发展新路径，从方便居民就医、优化服务提供、提高服务体验等方面，不断提升基层医疗卫生服务能力，为建设健康云南提供坚实基础。

案例三：2024 年"最美医生"李伯藩——赤诚之心践医道　杏林春暖拂人心

2014 年，李伯藩曾到北京接受"全国离退休干部先进个人"表彰，受到习近平总书记的亲切接见。时隔 10 年，他再次来到北京，接受中央宣传部、国家卫生健康委授予的 2024 年"最美医生"荣誉。以赤诚之心践行医道，以仁心仁术服务人民健康，这位来自云岭大地、沾满泥土香气的无双医士初心如磐。李伯藩从 18 岁跟着父亲到公社卫生所当学徒开始，李伯藩的行医生涯已近 70 年。从 65 岁退休至今的近 20 年里，宾川县中医医院名誉院长、副主任医师李伯藩一直坚持为患者义诊服务，不收取诊疗费。"我们家在宾川行医已经有 100 多年。从祖父、父亲开始，每年大年三十、初一患者上门求诊不收钱，遇到家庭困难的患者不收钱，我从小就耳濡目染。"李伯藩说，"入党以后，党教育我要为人民服务，更加坚定了我将祖辈传下来的医德、责任和使命传承下去的决心。只要有机会、有精力，我都要尽量工作，全心全意为人民服务。"谈及获得荣誉后的感受以及今后的打算，李伯藩言辞简洁："我现在除了因为腰椎、颈椎退行性改变不能久站和行走不便以外，脑子还很清楚，坐诊看病没有问题。"

二、案例出处

案例一出自新华网 2023 年 4 月 26 日报道，刘诗楠．李强在广西、云南调研时强调　着力增强沿边地区内生发展动力　把脱贫攻坚的成果巩固住拓展好［OL］新华网，2023 年 4 月 26 日，http：//www. news. cn/politics/leaders/2023-04-26/c_ 1129569122. htm.

案例二出自云南省人民政府网 2024 年 7 月 18 日报道，吴珺．云南省持续提升基层医疗卫生服务能力　兜底基层医疗服务网底［OL］云南省人民政府网，2024 年 7 月 18 日 https：//www. yn. gov. cn/ywdt/bmdt/202407/t20240718

_ 302136. html.

案例三出自云南省卫生健康委员会网 8 月 20 日报道。秦蒙琳　2024 年"最美医生"李伯藩——赤诚之心践医道　杏林春暖拂人心［OL］云南省卫生健康委员会，2024 年 8 月 20 日，http：//ynswsjkw. yn. gov. cn/html/2024/meitibaodao_ 0820/4021230. html.

案例与时俱进，紧密结合云南实际，联系医学生专业特点，通过三个案例的选择，分别从党中央的重视到云南省巩固脱贫攻坚的具体实践，再到身边榜样的生动写照，进一步凸显我国始终坚持马克思主义阶级立场和以人民为中心的发展理念，努力构建全方位、全周期的医疗卫生服务体系，实现了从"以治病为中心"到"以人民健康为中心"的跨越，构筑起基层医疗服务网底，体现了社会主义制度的优越性，社会主义发展在马克思主义真理中焕发着勃勃生机和光明未来。

三、案例讨论

1. 结合科学社会主义基本原则，谈谈中国特色社会主义与科学社会主义基本原则的联系。

2. 如何理解社会主义在中国焕发出强大的生机活力？

3. 结合我国社会主义发展，如何理解社会主义在实践中开拓前进？

四、教学建议

（一）理论引导

第六章"社会主义的发展及其规律"教学内容主要是学习和了解社会主义发展历程，重点把握社会主义基本原则，认识到经济文化相对落后的国家建设社会主义的必然性和长期性，明确社会主义发展道路的多样性，把握社会主义在实践中的发展规律和光明前景。结合本章案例，教学建议如下。

1. 教师课堂教学的案例导入。

首先，案例可结合第六章第一节"社会主义五百年的历史进程"中的第四个知识点"社会主义在中国焕发出强大生机活力"进行知识点拓展，结合云南通过加强基层医疗服务网底建设，避免群众因病返贫，巩固脱贫攻坚成果，阐明马克思主义在中国共产党领导下的社会主义事业经过了新民主主义革命到社会主义革命和建设发展过程中取得的经验和成绩，形成了符合我国国情的中国特色社会主义。

其次，案例可结合本章第二节"科学社会主义基本原则"中的第三个知识点"科学社会主义基本原则与中国特色社会主义"进行讲解，明确中国特色社会主义是在坚持社会主义基本原则下与中国实际、中华优秀传统文化相结合，具有鲜明的民族特色和时代特色，进一步说明习近平新时代中国特色社会主义思想是我们党自觉把科学社会主义基本原则与中国实际、时代特征相结合产生的新的思想飞跃。

最后，案例还可结合本章第三节"在实践中探索现实社会主义的发展规律"的内容说明社会主义国家在发展历程中的长期性、复杂性和曲折性，需要结合自身国情探索适合本国国情的发展道路，遵循人类社会发展的客观规律，并在实践中不断接受检验。

2. 开展课堂讨论。案例主要从我国的医疗卫生事业发展由新中国成立初期的"以治病为中心"到当前我国进入新时代的"以人民健康为中心"，引导学生思考社会主义发展结合我国医疗卫生事业产生了哪些具体的变化，谈谈同学们的自身体验和感受。

3. 提问同学，进行思想点拨。作为一名医学生，如何做到学以致用，为健康中国、健康云南发展做贡献。结合学生回答的实际情况，对回答内容结合教学要点进行思想点拨。

4. 总结要点，强化巩固。下课前5分钟，再次回顾课堂教学要点，达到强化教学知识点的目的。

(二) 总结提升

通过从我国的医疗卫生事业发展"以治病为中心"到"以人民健康为中心"的案例，结合第六章"社会主义的发展及其规律"，主要体现以下教学要点：

1. 科学社会主义基本原则及其主要内容

主要包含以下方面：①资本主义必然灭亡，社会主义必然胜利；②无产阶级是最先进最革命的阶级，肩负着推翻资本主义旧世界、建立社会主义和共产主义新世界的历史使命；③无产阶级革命是无产阶级进行斗争的最高形式，以建立无产阶级专政国家为目的；④社会主义社会要在生产资料公有制的基础上组织生产，以满足全体社会成员的需要为生产的根本目的；⑤社会主义社会要对社会生产进行有计划的指导和调节，实行按劳分配原则；⑥社会主义社会要合乎自然规律地改造和利用自然，努力实现人与自然和谐共生；⑦社会主义社会必须坚持科学的理论指导，大力发展社会主义先进文化；⑧无产阶级政党是无产阶级的先锋队，社会主义事业必须始终坚持无产阶级政党的领导；⑨社会主义社会要大力解放和发展生产力，逐步消灭剥削和消除两极分化，实现共同富裕和社会全面进步；⑩共产主义是人类最美好的社会，实现共产主义是共产党人的最高理想。

2. 科学社会主义基本原则与中国特色社会主义

主要包含以下方面：①中国特色社会主义始终坚持科学社会主义基本原则；②中国特色社会主义实现了科学社会主义基本原则与当代中国实际、中华优秀传统文化的有机结合；③中国特色社会主义既坚持了科学社会主义基本原则，又具有鲜明的民族特色和时代特色；④习近平新时代中国特色社会主义思想标志着我们党在自觉把科学社会主义基本原则与中国实际和时代特征相结合上进入了新的境界。

3. 在实践中探索中国特色社会主义的发展规律

主要包含以下方面：（1）生产力发展状况的制约；（2）经济基础和上层建筑发展状况的制约；（3）当前"两个未有之大变局"的时代背景；（4）马克思主义执政党对社会主义发展道路的探索和对社会主义革命和建设规律的认识，需要一个长期的过程。

（三）案例启示

社会主义在中国焕发出强大的生机活力。党的二十大报告指出："科学社会主义在二十一世纪的中国焕发出新的蓬勃生机，中国式现代化为人类实现现代化提供了新的选择，中国共产党和中国人民为解决人类面临的共同问题提供更多更好的中国智慧、中国方案、中国力量，为人类和平与发展崇高事业做出新的更大的贡献。"党的十八大以来，以习近平同志为核心的党中央领导集体带领全国各族人民团结一心，实事求是，奋力拼搏，使党和国家事业的发展发生了深层次、根本性的历史变革，极大地增强了我国在世界的影响力，极大地提高了国内人民的幸福感、获得感和安全感，也在进入新时代的实践中丰富和发展了马克思主义中国化理论成果。时代是出卷人，科学的理论总是与伟大的实践相互激荡，面对不同时期的挑战和考验，能力的强弱离不开对时代的审时度势，离不开科学理论的指导。新时代党的科学理论的产生正是为应对当前国内外复杂多变的局势，从新的实际出发，明确了新时代社会主要矛盾发生的变化，明确了"两个一百年"奋斗目标和实现中华民族伟大复兴的中国梦，在把握时代发展脉搏和实事求是中创立了习近平新时代中国特色社会主义思想，系统全面地提出了"十个明确""十四个坚持"和"十三个方面成就"，概括了这一思想的主要内容，统筹推进"五位一体"总体布局，协调推进"四个全面"战略布局，提出了具有时代性、创造性、实践性的重大思想观点，形成了习近平经济思想、习近平法治思想、习近平生态文明思想、习近平强军思想、习近平文化思想等重要思想。这些战略思想和创新理论，正是在实践中不断探索和总结出来的马克思主义中国化重大理论成果，形成了习近平新时代中国特色社会主义思想的重要组成部分，实现了马克思主义中国化新的飞跃，是当代中国马克思主义、二十一世纪马克思主义。拥有马克思主义科学理论指导是我们党坚定信仰信念、把握历史主动的根本所在，是党和人民经过长期实践积累的宝贵经验和精神财富，之后，我们也必将长期坚持，并在新时代的实践中不断丰富和发展。

第七章　共产主义崇高理想及其最终实现

一、案例阅读

近年来，医疗行业的热点非智能科技与医疗深度融合莫属。飞速进步的技术提供了强大的工具、数据和解决方案来促进医疗革新。未来的患者将是"e-患者"，他们将更加积极主动地参与到互联网海量相关的疾病信息学习当中，他们可以成为业余的专家，不再是对医生亦步亦趋的小白鼠。随着网络数字技术的发展，5G+远程医疗打通医患时空界限，医生为病人治疗时，病人不必在身边，医生可以通过视频看到病人，甚至可以远程触摸到病人，而家用的一些检验设备可以把病人的脉搏、血压等信息告诉医生，供他决策。未来的医学院也会更加重视远程医疗和 AI 医疗方向的深度教授，医学院不需要再让医学生解剖人了，而是让医学生解剖一个假人，即一个虚拟的、训练的、电子的解剖产品，当学生拿刀割下去，假人会躺在那儿回应说，"割错了，靠左一点，再来一次"。

医院也不再是令人生畏的地方，慢慢地可以变成一个社交的场所、一个预防疾病的场所。智能检测和人工智能医疗决策将会是未来医院发展的一个方向，在人工智能的帮助下做出诊断的诊费较为便宜，也会更趋日常化。医疗大数据分析海量信息提供可选方案，上个厕所就可以检测病人的症状，并打印出检测报告。所以医院会变得越来越人情化、智能化，更注重病人隐私，提高舒适度，不再令人望而生畏。

二、案例出处

姜娓娓，胡松钰.5G+智慧医疗　赋能医疗产业数字化转型［M］.北京：人民邮电出版社，2023. 该书立足于当前我国智慧医疗产业的发展现状与前沿趋势，梳理智慧医疗发展历程和发展模式，阐述5G、大数据、云计算等新兴技术与医疗、健康、养老产业的应用场景与实现路径，对远程医疗、智慧医疗、AI医疗、医疗大数据、医疗物联网、智慧养老等方面进行了深度剖析与探索，试图描绘出智慧医疗生态体系框架，为促进我国医疗产业数字化转型、推进"健康中国"建设提供有益的理论依据及实践参考。

三、案例讨论

1. 如何预见未来社会？注重对预见未来社会的方法论原则的引导，教授学生学习马克思、恩格斯在预见未来社会上坚守的原则，教导学生结合自身实际，结合社会发展变化，做足准备，适应未来社会新变化。

2. 在未来医疗社会哪些原则是必须坚守的？尊重社会发展规律，积极发挥主观能动性。教导学生理解医学伦理学（社会伦理）在整个医学发展过程中的重要意义，当然也要强调医学伦理学不是一成不变的，它是随社会的发展而不断发展的。医学伦理问题的争论是个值得探讨的问题，但是讨论的前提是需要建立在当前的认知原则之上。

3. 为未来医学做好准备了吗？与时俱进，全方位发展，注重沟通与合作。学生除了自身专业知识的学习之外，也不要忽略其他方面的学习，全方位发展才是应对未来社会变化挑战的主要途径。

四、教学建议

（一）理论引导

1. 预见未来社会的方法论原则

①在揭示医疗健康产业发展规律的基础上指明未来医疗行业发展的方向。注重习近平总书记在2020年明确的以及"十四五"规划中对未来医疗卫生发展方向的阐释，可预测未来的医学是充满挑战的。②基于现有行业情况深度探讨和交流未来医疗行业的认识和特点（注重矛盾方法论原则探讨，消除地域偏见、自我偏见）。③立足未来医疗一般特征描述，不做具体细节描绘。在展望未来时，马克思、恩格斯总是只限于指出未来社会发展的方向、原则和基本特征，而具体的结果留给后来的实践去解答。

2. 遵循人类社会发展的一般规律

遵循医疗技术发展的基本原则和一般规则下的创新，在守正的基础上创新，在创新过程中注重守正。我国宪法关于医疗卫生事业的规定，对于依法引领国家医疗卫生事业的发展，不断提高人民健康水平，发挥了根本法律保障作用。结合新时代特点，十九届五中全会提出推进医疗保障工作高质量发展要切实遵循五大原则：坚持党的领导，坚持以人民为中心，坚持新发展理念，坚持深化改革开放，坚持应用系统观念。

3. 正确认识和把握共产主义远大理想与中国特色社会主义共同理想

教育学生为即将发生的变革做好准备，与时俱进，赶上时代，拥抱数字化，注意除医学之外的信息，提高自身适应能力，不要畏惧技术重要性的日益增加，也不要高估技术，争取保持人情味，接受二者互惠并存的关系。

（二）总结提升

1. 明确未来发展方向，全面发挥自身优势

明确就业方向，大学生虽说处在职业的探索期，更重要的是专注学业，但凡事预则立，不预则废。有人毕业就顺利工作步入正轨，有人毕业几年了还在迷茫该做什么，二者拉开差距的原因就在于后者没有提前对自己的未来职业做好定位。况且现在很多同学的就业期望值很高，如果不想盲目地被动选择，随波逐流做个平凡的打工人，就要尽早把主动权掌握在自己手里，按照自己的性格、爱好、价值观等进行多方面考虑，明确自己的就业方向，根据就业方向去有目的地积累求职技能。有针对性地储备知识或优势后明确了就业方向，再开始有针对性地培养与自己相关的技能或优势。

2. 尊重人性和社会伦理，遵循自主、不伤害、有利及公正原则

医学伦理学的重要性，特别强调如何能成为一个纯粹的医者。当下，国家大力推动医学科技创新，不断提升临床诊疗水平，促进健康产业的发展，在医学研究飞速发展的同时，所面临的伦理问题和风险也更为复杂与突出，国内外关于医学伦理的规范和要求也更为严格，符合伦理要求、保护患者权益是开展医学研究的首要原则。只有当患者得到充分的尊重和保护，临床研究才能在伦理学上得到论证，这也有利于医学科学的健康发展。

3. 加强自身的修炼,在不完美中探索行医的真相

无论是医生,还是患者,都需要接纳临床的复杂性,预设豁达心理,才能体验技术征服、超越后的愉悦;才能体验医术是心术,具有不可先知、不可全知的不确定性。医学的奥妙就在于超越不确定性去追求完美,这可能吗?完全有可能。临床医学分科越来越精细,专科化、专门化的趋势不可遏制,临床医生的成长必然经历"小专科+大人文"的蜕变历程。从踏上医学之路的第一天起,医学的永恒困惑——不确定性的前提(缺损配置)与对完美结局(无缺陷)的希冀就伴随始终。医生每天要面对变幻莫测的疾病和病人,信息不充分、基础理论(病因、病理)也不明了,医生个体的知识、能力、经验都不平衡,但无论是资深人士,还是青涩新手,却都要做出近乎完美的临床应对,达到患者对疗效的最优预期。

(三)案例启示

随着人工智能的发展,人们总是很担心这个世界留给人的工作会越来越少,很多人会担心在未来世界人会变得无用,因为都被机器替代了,其实倒也不是。因为矛盾在不断地发生,有矛盾就需要有人来解决,所以反而有可能会创造出特别多很有意思的新的岗位,新的生活样态。好奇心是幸福之源,我们只要对未来保持好奇心,就能够更好地去接受新变化的发生,迎接更多新的挑战。

不确定性是医学面临的最大困惑?临床中,如何战胜医学的不确定性?技能和信心都是从实践中获得的,这都必须以活生生的病人作为训练对象,但是谁又愿意把自己作为新手的实验对象呢?未来人机协作有可能解决这个问题。很显然,现实的不完美与完美的希冀令人犯愁,即使是医圣,也不能宣称自己可以全能全智地面对人体的复杂性,医生也会面临种种无助的时候,当然这也是其伟大之处。当走进医院的时候,我们会觉得把一切都交给了医生,靠医生来拯救我们的生命,治疗我们的疾病。但是事实上,在一个医生的成长过程中,医生有很多次根本不知道这一刀下去究竟能不能救命。所以,当我们遇到一个有信心、能够做出正确诊断、能为我们解除病痛的大夫,是多么幸运的一件事。

第二篇 02

毛泽东思想和中国特色社会主义理论体系概论

第一章 毛泽东思想及其历史地位

一、案例阅读

中国在世界上首次人工合成结晶牛胰岛素

1965年9月，中国人工全合成牛胰岛素，这是世界上第一次人工合成与天然胰岛素分子相同化学结构并具有完整生物活性的蛋白质，标志着人类在探索生命奥秘的征途中迈出了重要一步。

1955年，英国化学家弗里德里克·桑格（Frederick Sanger）完成了胰岛素的全部测序工作，并因此获得1958年诺贝尔化学奖。然而国际权威学术刊物《自然》却发表评论断言："合成胰岛素将是遥远的事情。"

然而，让他们没有想到的是，在遥远的东方，在新中国的上海，一群年轻的科研人员"明知不可为而为之"，正热情高涨地讨论"合成一个蛋白质"的可能性。作为当时唯一阐明化学结构的蛋白质，胰岛素正是他们"心仪"的目标。

人工合成胰岛素项目在1958年年底被列入1959年国家科研计划，并获得国家机密研究计划代号"601"，意为"60年代第一大任务"。

于是，有关方面开始组织人工合成胰岛素的科研群众运动——"大兵团作战"。参加的科研人员来自中科院生化所和有机所，以及北京大学、复旦大学等单位。当时，仅在中科院上海分院，就组成了五家研究所300多人的科研队伍。但此后，"大兵团作战"却因达不到预期效果被叫停。

中国科学院生物化学研究所（以下简称生化所）由有专长的科学家领衔，兵分五路进行人工合成胰岛素前期的探索，包括有机合成、天然胰岛素拆合、肽库及分离分析、酶激活和转肽。

当时国际上天然胰岛素拆合几乎观察不到重组胰岛素的活性，以1955年诺贝尔化学奖获得者维格纳奥德（V. du. Vigneaud）为代表的胰岛素的研究者普遍认为，一旦胰岛素的二硫键拆开，就不可能让其重新恢复生物活性。

在邹承鲁的领导下，生化所在1959年取得了天然胰岛素拆合的成功，既回答了上面的科学问题，又进而确定了全合成胰岛素的研究策略——分别有机合成A肽链和B肽链，再进行组合折叠，最后鉴定其生物学活性和各种理化性质。

1965年9月17日清晨，在中国科学院上海生物化学研究所的实验室里，一群人在焦急地等待着，所有目光都聚焦在生化所研究员杜雨苍手中的试管上。他小心翼翼地操作着，终于，透过显微镜，试管里出现了六面体结晶、它们晶莹透明、闪闪发光。而这些小小的晶状体，就是大名鼎鼎的人工合成牛胰岛素。

没有任何蛋白质合成方面的经验，这是摆在中国科学家面前一道真真正正的"从0到1"的考题，然而就是在这种情况下，经过6年9个月的不懈努力，"1"的突破得以实现。

"跳了！跳了！"

1965年9月17日的那个早上，当研究人员将人工合成胰岛素注射到小白鼠身上时，小白鼠跳了起来——这是动物体内胰岛素过量时出现的惊厥反应，证明了人工合成的胰岛素具备与天然胰岛素相似的生物活性，意味着人工合成牛胰岛素研制成功。

这一原创性工作，标志着人类揭开生命奥秘、解决医学难题迈出了重要一步，成为中国攀登世界科技高峰征程上的一座里程碑。

二、案例出处

[1] 姜泓冰. 首次人工全合成牛胰岛素（新中国的"第一"）[N]. 人民日报，2019-12-07（5）.

[2] 张文娟. 回首"胰岛素合成故事"，重温"胰岛素精神"[EB/OL]. 世界科学，2020-07-13.

三、思考讨论

1. 结合本案例谈一谈毛泽东思想在社会主义建设中的指导意义。
2. 坚持独立自主与借鉴其他国家先进的科学、医学技术是否矛盾？
3. 如何理解习近平总书记所说"纵观人类发展史，人类同疾病较量最有力的武器就是科学技术，人类战胜大灾大疫离不开科学发展和技术创新"？

四、教学建议

（一）组织教学建议

从理论角度，分析该案例在授课中如何运用。

本案例讲述了我国首次人工全合成牛胰岛素成功的艰难过程，建议结合毛泽东思想的"活的灵魂"来讲授。如今人们对胰岛素并不陌生，但在 20 世纪 50 年代，人工合成蛋白质还是一座从未有人攀登上的科学高峰。1958 年，在国民经济基础和科研条件还十分薄弱的情况下，我国的科学工作者敢于大胆设想，提出合成一个结构复杂、具有生物功能的蛋白质——胰岛素。这项科研任务是在没有任何外援、没有任何技术参照的基础之上完成的，完全凭借着科研人员的无私奉献，发挥了独立自主、自力更生、艰苦创业的精神，同时也离不开党的领导。

回顾 20 世纪 50 年代末 60 年代初，中国面临着巨大的困难，以美国为首的西方国家拒绝承认新中国的合法地位，阻挠恢复我国在联合国的合法席位，企图在政治上孤立新中国，在经济上实行封锁，在军事上实行包围。在如此艰难的环境中，中国该如何谋求发展？以毛泽东为首的第一代领导人不畏艰险，毅然提出了独立自主、自力更生的方针。1958 年 6 月 17 日，毛泽东在对第二个五年计划指标所作的批示中说："自力更生为主，争取外援为辅，破除迷信，独立自主地干工业和农业，干技术革命和文化革命，打倒奴隶主义，埋葬教条主义，认真学习外国的好经验，也一定研究外国的坏经验——引以为戒，这就是我们的路线。"而人工全合成牛胰岛素这一科研项目正是在毛泽东"独立自主、自力更生"方针指导下完成的。

本案例适合用于毛泽东思想的主要内容和"活的灵魂"这部分的辅助

教学。

(二) 总结提升建议

1. 独立自主、自力更生建设中国特色社会主义

人工合成胰岛素是一个很难完成的课题，20世纪60年代初，新中国经济正处于最困难时期，当时中国的生物化学研究基础极其薄弱，许多相关的科研条件都不具备。生物化学研究人才匮乏，仪器设备几乎完全空白，合成胰岛素需要大量、多种氨基酸以及生化试剂，国内买不到，因为缺少外汇，境外购买也难以实现，且价格昂贵。然而所有这些困难都没有打败科研人员对科学的执着信念与坚强意志。生化所发扬自力更生精神，自己动手制作一些实验必需的仪器设备。实验室所需要的一些特殊仪器设备，市场上买不到的，科研人员自己设计，画出图纸交给工厂去做。如有特殊需要，难以画出图纸时，即便是大科学家也没有端着架子，而是与工厂技术人员一起讨论，提出明确要求，最终做出了可用的仪器、设备。这充分证明了中国的科研工作者能够自主完成科研项目。

"独立自主、自力更生"无论在过去、现在乃至将来都是一个国家和民族屹立不倒的法宝。毛泽东同志指出："中国革命斗争的胜利要靠中国同志了解中国情况""中国的事情，要靠共产党办，靠人民办"。面对新中国刚成立时一穷二白、满目疮痍的状况，面对外部势力的威胁打压，我们党团结带领人民以在自力更生基础上光复旧物的决心开始了建设自己国家的进程。改革开放新时期，邓小平同志强调："中国的事情要按照中国的情况来办，要依靠中国人自己的力量来办。"我们成功地开辟中国特色社会主义道路，大踏步地赶上了时代。进入新时代，习近平总书记强调："中国的事情必须按照中国的特点、中国的实际来办，这是解决中国所有问题的正确之道。"面对中华民族伟大复兴战略全局和世界百年未有之大变局，我们党自信自强、守正创新，创造了新时代中国特色社会主义的伟大成就。

2. 人工合成胰岛素，党的领导不可或缺

胰岛素项目中期，"大兵团作战"的科研模式被证明是不可行的，人力物力耗费了不少，也引起了一些比较尖锐的质疑和反对声音。王应睐所长看到这样的形势，忧心焦急。为避免这样一个重大项目"半途夭折"，1960年，

他向科学院领导进言,建议集中精干专业队伍,继续推进人工合成胰岛素工作。

时任中国科学院上海分院党委书记、副院长王仲良同志,曾经为党的事业做出很大贡献,但在科学家面前,他平易近人,从不摆架子。1961年,王仲良书记在总结经验教训时主动承担责任,并且强调要尊重科学规律,坚持不懈继续推进人工合成胰岛素工作。同年,聂荣臻副总理到生化所视察,表态说:"你们做,再大的责任我们承担,人工合成胰岛素100年也要搞下去。"在国家科委和中科院的协调下,生化所、有机所、北京大学于1963年8月达成协作,共同推进人工合成胰岛素工作,科研人员在奋进中迎来了曙光。

3. 人工合成胰岛素项目的成功充分证明了党的领导的核心作用

习近平总书记强调办好中国的事情,关键在党。中华民族近代以来180多年的历史、中国共产党成立以来100年的历史、中华人民共和国成立以来70多年的历史都充分证明,没有共产党就没有新中国,没有共产党就没有中华民族伟大复兴。中国共产党的领导是中国特色社会主义最本质的特征。当前,实现中华民族伟大复兴进入持续向深处推进的关键时期,面临的形势更复杂、迎接的挑战更严峻、肩负的任务更艰巨。世界百年未有之大变局加速演进,世界经济脆弱复苏,准确把握历史发展大势,有效应对前进道路上的风险挑战,赢得民族复兴道路上新的胜利,需要进一步加强和巩固党的领导,更好发挥党在中国特色社会主义新时期的领导核心作用。

(三)案例启示

科学技术是人类同疾病较量最有力的武器

牛胰岛素的合成在中国科技界的地位和意义,自然是极为重要。这个课题项目的完成过程充满了困难和坎坷,并不亚于原子弹和氢弹的研究。这个任务的提出不仅是源自时代背景下年轻研究所、年轻科研人员的朝气和热情,实际上还经过了非常严格的科学上的论证和大量的实验准备。人工合成牛胰岛素凝聚了中国老一辈科学家的智慧,倾注了广大科研人员的心血和汗水。半个世纪过去了,胰岛素合成所展现出的艰苦奋斗、团结协作的精神,老一辈科学家对"科学强国梦"的执着追求,对科学真理的不懈探索、严谨求实的科学态度,淡泊名利、乐于奉献的胰岛素精神犹如一座历史的灯塔永远照耀在新时代青年科技工作者的心头。

以今天的视角回望,或许这项研究被赋予了更多的象征意义。但是我们依旧无法否认人工合成胰岛素在新中国科技史上的地位,它不仅仅是最接近诺贝尔奖的一项成果,是生命科学史上的一个里程碑,更重要的是在当时的历史条件和背景下,这样一个科学项目的成功带给人民群众的信心并传播了科学的影响力。最终使得在那个动荡的时代,中国的科学研究还是得以延续和进步,从而为之后我国的生命科学领域乃至整个科学研究奠定了基础,这充分说明了科学技术对一个国家、一个民族的重要意义。

医学的发展必须依靠科学研究的引领和推动。新冠疫情的流行,让世界各国对医学科技的发展有了更深刻的认识。新冠疫情的广泛影响,引发了各国对推动医学发展进行深刻思考,那么该如何认识医学在国家、社会发展中的地位和作用呢?疫情不仅使公众意识到健康和生命的重要,也促使人们更加深刻地思考维护生命健康的医学科学的重要性。科学技术在医学科学发展中起着至关重要的作用。习近平总书记指出:纵观人类发展史,人类同疾病较量最有力的武器就是科学技术,人类战胜大灾大疫离不开科学发展和技术创新。在抗击新冠疫情中,科学技术就发挥了重大作用,为战胜疫情提供了强大支撑。

医学是发展社会经济、提高民生福祉的重要基础,疫情必然会进一步促使世界各国更加重视医学研究,医学领域的国际竞争也会越来越激烈,其结果可能将直接影响世界格局。作为新时代的医学生,要以更加宽广的视野、更加敏锐的洞察力,关注医学科学发展的前沿,紧跟时代潮流,担负起时代的使命。

第二章 新民主主义革命理论

一、案例阅读

同仁堂：一段鲜为人知的红色历史

民国时期，北京同仁堂的乐家，在王府井大街东安市场西门南侧开有一家名为"永仁堂"的药铺。经理是乐益卿，经理的儿子儿媳乐元可和李铮曾秘密为我党做过许多工作。

保管党的文件

1939年夏季的一天，乐家来了一个亲戚，名叫杨宁，是乐元可的表弟。杨宁1938年加入中国共产党，是北平地下党情报组的成员。经过一段时间的相处，乐元可与妻子李铮都成为表弟杨宁最为信任的人。夫妻二人在杨宁的影响和感召下，从同情抗日最后投身抗日地下工作，为中共在北平地区的地下工作做出了贡献。

乐家的社会地位高、房子多，便于掩护，杨宁就把这里作为接头和开会的地方。每逢有人来接头或密谈时，李铮就在暗中进行掩护，里外支应。随着地下情报工作的深入开展，李铮还承担了保管资料、接头、传递情报的任务，李铮懂得文件材料和档案的重要，便将之视同生命，秘密收藏，从未出过任何差错。直到北平和平解放前夕，她才应地下党组织的要求，将其妥善保管的文件和档案材料全部移交出去。

"秘密金库主任"李铮

1946年6月，我党加强了北平城内的地下工作。为适应工作需要，我党必须建立一个秘密的"金库",把支持共产党的北平社会各界人士所资助的黄金保管好。金库需要隐蔽、安全、可靠,并可以随时支取和兑换市面上能够流通的货币,又不会引起敌人的注意。党组织经过研究,决定把金库放在乐元可家中,由李铮负责金库收支。李铮成了"金库主任"。而乐元可则利用自己乐家子弟的身份,以及在老北京的人脉加上和同仁堂药铺的密切关系,随时兑换地下党所需经费,同时为解放区购买各种急需物品。

李铮保管的经费以黄金为主,美钞为次,法币居三。其中每一笔经费少则几百元、数千元,多则几百万元、几千万元,数额相当可观。中华人民共和国成立后,党组织派人到乐家交接,乐元可、李铮夫妇便把"金库"的账目簿、剩余的黄金和外汇悉数交给党组织,账目清楚,分文不差。

为根据地购买药品及各种急需品

乐元可的任务并不只是将经费兑换,以避免其贬值那么简单,他还要负责购买大量的中西药。尤其在当时,重伤员急需盘尼西林(青霉素),而乐元可的身份极其特殊,医药世家出身,自家又经营药铺。于是他便使出浑身解数,通过各种途径,向前线支援了大量药品。抗战时期,日伪当局对根据地严密封锁,号称"连鸟都飞不过去"。但乐元可和李铮除了完成地下党下达的任务外,还主动为根据地采购急需的中西药品和医学书籍,并无偿赠送一些珍贵药品。

乐家是开药铺的,乐元可和李铮夫妇自然也利用这个优势为解放区免费搞了不少中药。"六神丸""至宝锭"送到了解放区幼儿园的医务室,老寒腿的同志喝上了"虎骨酒""茵陈酒",心脏不好的同志用上了名贵的"牛黄清心""安宫牛黄"。除了中药外,乐元可还捐出大量钱财,以购买其他物资支援前线。当时,他为前线指挥员购买了大量的美国军用手表,这让指挥员们在战争中如虎添翼。

那时乐元可夫妻做的这些事,除了极少数人知道外,并不为外人知晓。而且,自乐元可夫妻从事革命后,乐家的第十四代与第十五代也跟随着他们的脚步,先后有十多人为国家解放事业做出贡献。后来,其中有三人还享有国务院政府特殊津贴。

二、案例出处

[1] 刘岳. 同仁堂：一段鲜为人知的红色历史 [J]. 百年潮, 2015（3）69-71.

[2] 杨红军. 同仁堂乐家小夫妻的红色传奇 [N]. 文摘报, 2018-01-15.

[3] 京城四少之同仁堂十四爷：夫妻守护地下金库，临终前捐出十万元 [EB/OL]. 历史二点通, 2020-10-07.

三、思考讨论

1. 试述新民主主义革命时期中国共产党建立统一战线的重大意义。
2. 结合本案例谈谈医学生的家国情怀。
3. 新时代统一战线的现实意义有哪些？

四、教学建议

（一）组织教学建议

本案例讲述了北京同仁堂乐氏家族第十三代成员乐元可及夫人李铮，在中共党员杨宁的感召和影响下，从同情抗日到最后投身地下抗日工作并在抗日战争和解放战争时期，积极投身中共晋察冀中央局社会部平津情报站的地下工作，为地下组织保管、兑换经费，为根据地购买、捐赠药品的感人事迹。这一案例充分说明了中国共产党在新民主主义革命时期建立的广泛的革命统一战线，在中国革命进程中极其重要，是中国革命的一大法宝。

在旧中国，由于敌我力量的不平衡性及近代中国经济政治发展的不平衡性，要求无产阶级要战胜强大的大地主大资产阶级及其支持者帝国主义就必须同中间阶级结成广泛的统一战线，否则，仅依靠无产阶级的力量是不可能取得革命胜利的。所以无产阶级及其政党必须采取统一战线的策略，利用一切可以利用的矛盾，争取一切可以争取的同盟者，不断发展壮大革命力量，最终夺取全国革命的胜利。

新民主主义革命时期我党的统一战线能够一次次取得成功、取得胜利，是因为马克思主义具有强大的感召力、中国共产党具有强大的感召力。党外人士接受中国共产党的领导，很重要的一点是信服和认同中国共产党的指导思想，信服和认同中国共产党的基本理论、基本路线、基本方略，信服和认同中国共产党人的高尚人格。中国共产党领导的统一战线在新民主主义革命时期发挥了重要的作用，并为之后的工作积累了丰富的经验。

本案例适用于"新民主主义革命的三大法宝"这部分的辅助教学。

（二）总结提升建议

1. 统一战线的历史作用及发展

统一战线是马克思列宁主义的重要原理，是中国共产党革命和建设的重要法宝。毛泽东在《中国社会各阶级的分析》中就明确指出："谁是我们的敌人？谁是我们的朋友？这个问题是革命的首要问题。……我们的革命要有不领错路和一定成功的把握，不可不注意团结我们的真正的朋友，以攻击我们的真正的敌人。"在中国共产党的百年历史中，我们党运用统一战线凝聚人心、汇聚力量，有力支持了党和人民的事业，统一战线是中国共产党有效治理国家的宝贵经验。中国共产党从1921年成立至今，共建立了五次统一战线，在不同的历史时期具有不同的任务、内容以及特点，每一次都发挥了巨大的作用。

第一次是在大革命时期建立的国民革命联合战线，其核心是"打倒军阀！""推翻国际帝国主义的压迫！"国民革命联合战线的形成有力推动了轰轰烈烈的国民革命的发展。第二次是在1927年大革命失败后，建立的工农民主统一战线，进行了大规模的土地革命战争。第三次是建立了抗日民族统一战线，1935年12月，中共中央在瓦窑堡召开了政治局扩大会议，会议报告系统地阐述了中国共产党关于建立抗日民族统一战线的政策。中共中央的方针也进行了由反蒋抗日到逼蒋抗日再到联蒋抗日的重大转变，实现了第二次国共合作，并于最后取得了抗日战争的胜利。第四次是建立了人民民主统一战线，1945年8月，抗战胜利以后，中国共产党领导建立了人民民主统一战线，在推翻国民党蒋介石反动政权的斗争中，起到了重要的作用。第五次是建立了爱国统一战线，党的十一届六中全会之后，统一战线明确地称为"爱国统一战线"，使新时期统一战线在社会主义和爱国主义基础上的团结更加广泛。

2. 弘扬以爱国主义为核心的民族精神

任何时代、任何民族都要有站在时代前列的引领者，也要有为拯救国家、拯救民族献身的牺牲者，这就是民族精神，这就是爱国主义。爱国主义是中华民族的优良传统和民族精神的核心，构成了中华民族几千年来生生不息的发展动力。爱国主义的基本要求就是发自内心地维护国家的主权、捍卫民族尊严，自觉地投入抵御外敌的斗争之中。

案例中的乐元可和妻子李铮甘冒生命危险为地下党工作，这不仅仅是凭借着热情、亲情就能够做到的，更多的、更深层次的原因，是他们有深厚的对国家、对民族的爱，也就是我们所说的家国情怀。乐元可年轻时喜欢阅读进步书籍，受作家巴金的作品《家》《春》《秋》的影响较大，也想要冲出一个封建家庭。李铮出生于城市贫民家庭，尽管嫁进了乐家大宅门，但却没有少奶奶的做派。他们是一对很有正义感、有着朴素爱国之心的夫妇。在抗战胜利的1945年年底，乐元可夫妇把自己的亲生女儿和弟弟托付给地下党，将其送到解放区参加工作。中华人民共和国成立后，乐元可、李铮夫妇二人，从未炫耀过自己的经历，从没要求给予其任何特殊待遇。1981年2月在李铮病故之前，还把自家的全部存款十万元，捐献给了教育事业。

爱国之情，从来都不是抽象的，而是具体的、鲜活的，是危难时刻能够让我们忘却恐惧、勇往直前的。正是深藏内心的赤诚与热爱，突如其来的新冠疫情，是对国人的一次艰难历练，也是对亿万中华儿女家国情怀的升华和凝聚。在这场战"疫"中，广大医务工作者挺身而出、慷慨逆行，义无反顾地奔赴最危险的前线，把病房做战场，视病人如亲人，他们临危不惧、迎难而上、恪尽职守、救死扶伤，成为新时代爱国主义的弘扬者和践行者。

爱国主义精神是当代青年最可贵的精神品质，激励广大青年成长成才、建功立业。作为一名新时代的医学生，我们应该把国家和人民放在心中，敢于担当、勇于奉献。

（三）案例启示

新时代的爱国统一战线

1981年6月，党召开十一届六中全会明确提出："一定要毫不动摇地团结一切可以团结的力量,巩固和扩大爱国统一战线。"至此,新时期爱国统一战线形成。今天,中国进入了新时代,爱国统一战线也被赋予了新的历史内涵。其范围扩大为:全体社会主义劳动者、社会主义事业的建设者、拥护社会主义的爱国者、拥护祖国统一和致力于中华民族伟大复兴的爱国者。巩固和发展爱国统一战线,对于把中华儿女广泛团结起来,投身决胜全面建成小康社会、开启全面建设社会主义现代化国家新征程的伟大实践,聚合起实现中华民族伟大复兴中国梦的磅礴力量,具有十分重要的意义。

新民主主义革命时期,为了夺取革命的胜利,我党建立了一个个统一战线,它们发挥了巨大的作用,完成了它们的历史使命。社会主义建设时期,我党运用统一战线,调动一切积极因素为社会主义建设服务,不仅巩固了新生的社会主义政权,还把我国建设成一个工业门类齐全的社会主义国家。在改革开放时期,我党在十一届六中全会中提出了要建立爱国统一战线,团结一切可以团结的力量,把我国建设成为富强、民主、文明的社会主义国家。今天,面对实现"两个一百年"奋斗目标,面对复杂的国际、国内环境,我们必须在中国共产党的领导下找出最大的公约数、画出最大的同心圆,齐心协力来完成历史赋予的使命,实现中华民族伟大复兴的中国梦,完成祖国统一。习近平总书记在党的十九大报告中讲道:"统一战线是党的事业取得胜利的重要法宝,必须长期坚持。要高举爱国主义、社会主义旗帜,牢牢把握大团结大联合的主题,坚持一致性和多样性统一,找到最大公约数,画出最大同心圆。"

解决台湾问题、实现祖国完全统一,是中华民族的核心利益,是海内外中华儿女的共同心愿。目前,大团结大联合是统一战线的主题,争取人心、凝聚力量是统一战线的根本任务。习近平总书记在庆祝中国共产党成立100周年大会上的讲话中说道:"以史为鉴、开创未来,必须加强中华儿女大团结。在百年奋斗历程中,中国共产党始终把统一战线摆在重要位置,不断巩固和发展最广泛的统一战线,团结一切可以团结的力量、调动一切可以调动的积极因素,最大限度凝聚起共同奋斗的力量。爱国统一战线是中国共产党团结海内外全体中华儿女实现中华民族伟大复兴的重要法宝。"

所以,我们希望新时代的爱国统一战线在推进祖国统一,实现中华民族伟大复兴的征途上能发挥更加重要的作用。

第三章　社会主义改造理论

一、案例阅读

"五毒"等名词,对于今天的青年人来说已经显得陌生了。若将其译成今天的流行语"偷工减料""劣质产品""不法奸商"等,相信你一定不会陌生。新中国成立后的"五反"运动,开启了新中国打假事业的帷幕。从此,打击假冒伪劣成为上至国家领导人、下至普通百姓共同关心的大事。

新中国成立后,私营工商业受到党和政府的保护,但一些不法资本家不仅偷税漏税,而且在承建国家工程、完成加工订货的任务中偷工减料、弄虚作假、营私舞弊,严重损害了国家和人民的利益。

中华人民共和国成立初期,一些不法资本家为了谋求个人利益,采取拉拢腐蚀干部、投机倒把等手段,给国家和人民的生命财产造成了极大的损失。仅以抗美援朝军用物资为例,他们有的把用废胶、次胶制造的一穿就断底的胶鞋、用方铁等制造的一刨就断裂的铁镐、用油桶皮制造的一铲就卷刃的铁锹卖给志愿军;丧尽天良地用臭牛肉、坏牛肉、死猪肉制成罐头,用坏鸡蛋、胡萝卜粉制成蛋粉,用发霉的面粉制成饼干,在咸菜中掺进沙子,以供应朝鲜前线,使志愿军不仅不能吃饱、吃好,甚至中毒致死;还有的制造劣质青霉素,用从垃圾堆里拾取的腐烂棉花制成急救包,以高价卖给志愿军。这些劣质药品和带有病菌的急救包,在抢救伤员时,非但无效,而且造成不该致残的致残、不该牺牲的牺牲等后果。

王康年是上海大康药房经理。大康药房在中华人民共和国成立前因投机失败而倒闭,中华人民共和国成立后,虽然恢复经营,但由于经营不善,仍然负有大量欠债。王康年为了骗取国家财产,曾向25个政府机关中的65名干部行贿。他在大康药房内设立了一个专门拉拢腐蚀干部的"外勤部"。"外勤部"的一本账册上，详细记录了大康药房向干部行贿的金额。仅1951年一年内记载在账册上的"交际费"就有一亿九千多万元，其中90%以上被用来行贿。他公开叫嚣："大康是干部思想改造所，凡是来大康做生意的干部，都可以得到改造。"

1951年11月，志愿军某部派人来上海购药，王康年想方设法地拉上这笔生意。拿到采购款后，他将其中的三亿元用来做投机买卖，等到要交货时，药品却还缺少一半。在供货时，他只买一些便宜的药品，先配发卖不掉的冷门货，而前线急需的几种药品他却不肯买进。王康年还故意拖延发货时间，直到1952年1月5日货还没发出，这直接影响了志愿军伤病员的治疗和恢复。

1952年1月26日，中共中央发出指示，一场大规模的"五反"运动在全国轰轰烈烈地开始了，偷工减料行为遭到了沉重打击。在"五反"运动中，中央人民政府最高人民法院在北京中山公园组织临时法庭，公审贪污犯。1952年2月7日，《解放日报》头版报道了王康年的不法事实，在群众中引起强烈反响，许多人纷纷写信给报社，要求政府把王康年交给人民公审，处以极刑。1953年2月，王康年和另一个资本家田文华在"五反"运动中被执行枪决。

二、案例出处

罗兵．质检与共和国同行：新中国60年执法打假工作纪实［EB/OL］.中国质量新闻网，2009-09-29.

三、思考讨论

1. 为什么要对资本主义工商业进行社会主义改造？
2. 如何对资本主义工商业进行改造？
3. 如何认识我国社会主义改造的基本经验？

四、教学建议

（一）组织教学建议

1. 此案例可用于第一节第一目"新民主主义社会是一个过渡性的社会"

内容的教学，使学生对于新中国成立初期的中国国情有一个深刻的认识。在新民主主义社会中，存在着五种经济成分，即社会主义性质的国营经济、半社会主义性质的合作社经济、农民和手工业者的个体经济、私人资本主义经济和国家资本主义经济。与新民主主义社会时期三种不同性质的主要经济成分相联系，中国社会的阶级构成主要是工人阶级、农民阶级和其他小资产阶级、民族资产阶级等基本的阶级力量。这三种基本的经济成分及与之相联系的三种基本的阶级力量之间的矛盾，就集中表现为社会主义和资本主义两条道路和工人阶级和资产阶级两个阶级的矛盾。随着土地改革的基本完成，工人阶级和资产阶级的矛盾逐步成为我国社会的主要矛盾，解决了这一矛盾，才能使中国社会实现向社会主义的转变。

2. 本案例也适用于第一节第二目"党在过渡时期的总路线及其理论依据"中有关"党在过渡时期总路线的理论依据"对资本主义工商业改造的必要性问题的讲解，使学生进一步认识为什么要改造资本主义工商业，并对总路线提出的必要性有正确的把握。

"五毒"行为的产生，充分反映了私营资本主义与社会主义革命和建设的尖锐矛盾，长此下去，不单工业化的发展要受到很大的制约，我们的社会主义事业也会受到严重的挑战。因此，工商业的社会主义改造势在必行，而且应该是赶早不赶晚。

（二）总结提升建议

1. 对资本主义工商业进行社会主义改造的原因

新民主主义社会中，社会主义的因素不论是在经济上还是在政治上都已经居于领导地位，但非社会主义因素仍占有很大比重。由于社会主义因素居于领导地位，加上当时的国际条件有利于发展社会主义，所以决定了社会主义因素将不断增长并获得最终胜利，非社会主义因素将不断受到限制和改造。社会主义因素与资本主义因素之间，不可避免地存在着限制与反限制、改造与反改造的斗争。这种斗争的结果，决定着中国社会在一定历史条件下的发展方向。为了促进社会生产力的进一步发展，为了实现国家富强、民族复兴、人民幸福，我国新民主主义社会必须适时地逐步过渡到社会主义社会。新民主主义社会是属于社会主义体系的，是逐步过渡到社会主义社会的过渡性质的社会。

无论是资本主义工商业，还是农民和手工业者的个体所有制，都具有私有制的性质。对其进行改造，属于社会主义革命性质。社会主义革命的目的是解放生产力。社会主义改造就是变革不适应工业化发展要求的生产关系，是围绕社会主义工业化建设这个中心任务进行的；引导个体农业、个体手工业者走集体化的道路，改造私人资本主义工商业，目的都是适应社会主义工业化建设的要求，以便更好地发展生产力。

不法商人王康年将大量不合格的医药产品推向市场赚取"售毒"暴利，甚至将其卖给志愿军，为了暴利不惜害人的行为。这些不法资本家漠视国家有关食品安全食品生产的法律法规；漠视百姓所有的生命健康卫生权益，视百姓如草芥；漠视商人合规合矩仁义道德的经营本分，视诚实如敝帚，暴利唯我赚。这些无良资本家的违法行为严重阻碍了国家生产力的发展，扰乱了国家的经济秩序，损害了人民的身体健康，因而亟须对他们进行社会主义改造。

2. 对于违法犯罪的无良资本家，政府采取法律手段予以惩罚

不过对于绝大多数资本主义工商业的改造，党和政府创造性地开辟了一条适合中国情况的对资本主义工商业进行社会主义改造的道路。

第一，用和平赎买的方法改造资本主义工商业。中国共产党根据马克思、恩格斯和列宁关于采用和平方式变革所有制的设想，结合中国的具体情况，提出了对资本主义工商业实行和平赎买的方针。赎买的具体方式不是由国家支付一笔巨额补偿资金，而是让资本家在一定年限内从企业经营所得中获取一部分利润。

第二，采取从低级到高级的国家资本主义过渡形式。所谓国家资本主义，就是由国家直接控制和支配下的资本主义经济。国家资本主义有初级形式和高级形式之分。初级形式的国家资本主义是国家对私营工商业实行委托加工、计划订货、统购包销、经销代销等，高级形式的国家资本主义是公私合营，包括个别企业的公私合营和全行业的公私合营。对资本主义工商业的社会主义改造经历了三个步骤：第一步主要实行初级形式的国家资本主义；第二步主要实行个别企业的公私合营；第三步是实行全行业的公私合营。

第三，把资本主义工商业者改造成自食其力的社会主义劳动者。国家对资方在职人员和资方代理人采取"包下来"的政策，以企业为基地，根据"量才使用，适当照顾"的原则，对他们政治上适当安排、工作上发挥作用、生活上妥善照顾，通过改造阶级成分的方式达到从整体上消灭资产阶级的目的。

3. 通过采取积极引导、逐步过渡的方式，用和平方法进行改造，我国的社会主义改造取得了历史性的胜利

坚持用和平的办法，不仅保证了我国社会主义改造的顺利进行，而且维护了社会的稳定，极大地促进了社会主义事业的发展。事实证明，和平改造解决了诸如社会变革与经济发展、和平过渡与消灭剥削制度这类通常难以解决的矛盾。

1956年年底，我国对农业、手工业和资本主义工商业的社会主义改造的基本完成，标志着中国历史上长达数千年的阶级剥削制度的结束，社会主义基本制度在我国初步确立。社会主义基本制度的确立，极大地提高了工人阶级和广大劳动人民的积极性、创造性，极大地促进了我国社会生产力的发展。

（三）案例启示

中华人民共和国的成立和社会主义基本制度的确立，是20世纪中国一次划时代的历史巨变，也是世界社会主义发展史上又一个历史性的伟大胜利，为当代中国一切发展进步奠定了根本的政治前提和制度基础，实现了中华民族由近代不断衰落到根本扭转命运、持续走向繁荣富强的伟大飞跃。

习近平总书记在庆祝中国共产党成立一百周年大会上的讲话中指出："我们进行社会主义革命，消灭在中国延续几千年的封建剥削压迫制度，确立社会主义基本制度，推进社会主义建设，战胜帝国主义、霸权主义的颠覆破坏和武装挑衅，实现了中华民族有史以来最为广泛而深刻的社会变革，实现了一穷二白、人口众多的东方大国大步迈进社会主义社会的伟大飞跃，为实现中华民族伟大复兴奠定了根本政治前提和制度基础。中国共产党和中国人民以英勇顽强的奋斗向世界庄严宣告，中国人民不但善于破坏一个旧世界、也善于建设一个新世界，只有社会主义才能救中国，只有社会主义才能发展中国！"

第四章　社会主义建设道路初步探索的理论成果

一、案例阅读

中华人民共和国成立后，百废待兴，中国农村仍然长期处于缺医少药的状态，对此，毛泽东在1965年做出指示："应该把医疗卫生工作的重点放到农村去！""培养一大批'农村也养得起'的医生，由他们来为农民看病服务。"毛泽东在指示中，还划定了培养这样的医生的两个条件：一是高小毕业生，二是学三年医学。在这种情况下，普及农村医疗卫生的工作在全国迅速展开了。

对农村稍有文化的青年进行医学培训，上海市着手开始较早。"赤脚医生"的叫法，就是首次在上海市川沙县江镇公社出现的。原来，这个公社于1965年夏季就开始开办医学速成培训班，学期4个月，学的是一般的医学常识及对常见病的简单治疗方法。学员学成后，就可以回公社当卫生员。

在第一批学员中，有一个叫王桂珍的女社员，来自江镇公社大沟大队。由于王桂珍在班上学得认真，很快就初步掌握了医学知识。结业后，她被安排在江镇公社当卫生员，成为该公社第一批卫生员之一。可她没有选择待在卫生院等农民上门治病，而是背起药箱，走村串户甚至到田间地头为农民们治病。农忙时，她也参加农业劳动。

开始，农民们并不相信王桂珍能治病，但王桂珍用实际行动证明了自己，被治好的病人越来越多，大家口口相传，找她看病的人也越来越多，她在乡亲们心中也享有了声望。此外，王桂珍和同伴们还在村边一块坡地上种植了100多种中草药，在村里专门建了土药房，用自己有限的医疗知识，想出各种土洋结合的办法，让身边的老百姓少花钱也能治病。

王桂珍的这种工作方式，开始并没有引起当地党政领导机关和卫生部门的重视，只是把她的事迹放在学雷锋的范围来宣传。

与王桂珍的事迹相联系的，还有另一个人——黄钰祥。黄钰祥，1953年苏州医专毕业。20世纪60年代初，他和妻子张蔼平相继被分配到了上海川沙县江镇公社卫生院工作。他在工作中对农村缺医少药和农民看病难的现状有着深刻的了解。当时，江镇公社卫生院的条件极差，没有消毒设备，基本的医疗且用煮沸的方法来消毒。就是在这样的条件下，黄钰祥仍然想尽各种办法为农民治病。同时，他还注意用自己所学，向当地卫生员传授医学知识。毛泽东关于农村医疗的指示发出后，他开始积极参与培养当地乡村卫生员的工作，也顺理成章地成为包括王桂珍在内的第一批农村医学速成培训班学员的老师。

王桂珍、黄钰祥全心全意为人民服务的做法，深受当地农民的爱戴。当地农民因多种水稻，平时劳动时是赤脚下水田的，所以当地农民早就有一个朴素的观念——"赤脚"和"劳动"是一个意思。见王桂珍在为农民看病之余也经常参加一些劳动，大家就称她为"赤脚医生"。实际上，"赤脚医生"就是不脱离劳动同时也行医的意思。

1968年，上海市派出记者前往川沙县江镇去调查、采访。采访中，记者们敏锐地意识到，王、黄二人的做法，与毛泽东几年前做出的指示，以及他所提倡的方式是相合的。于是，他们写成了一篇调查报告，题目最后定为《从"赤脚医生"的成长看医学教育革命的方向》。1968年夏天，这篇调查报告在全国较有影响力的上海《文汇报》的重要位置发表了。该文发表后，立即引起北京宣传部门的重视。当年9月《红旗》杂志第三期和当年9月14日的《人民日报》全文转载了这篇调查报告。

这篇文章也引起了毛泽东的关注。毛泽东仔细阅读了《人民日报》上发表的这篇文章，并且在他阅过的《人民日报》上批示："赤脚医生就是好。"从此，"赤脚医生"成为半农半医的乡村医生的特定称谓。更重要的是，按此思路，全国各地在县一级已经成立人民医院、公社一级成立卫生院的基础上，在大队（相当于现在的村）一级都设立了卫生室，构成农村三级医疗体系。在大队一级卫生室工作的医务人员，都是"半农半医"的"赤脚医生"。与此同时，各级卫生部门开始下大力气，按照上海川沙县江镇公社的做法，着手大批培训"半农半医"人员。当时，也正是知识青年上山下乡的高潮，一批下到农村的初、高中生，由于文化水平比当地农民青年要高，也自然成了接受"半农半医"的"赤脚医生"培训的主体。他们学成后，大都当上了"赤脚医生"。这种情况，促使中国的"赤脚医生"队伍在短期内迅速形成，农村医疗状况迅速改观。

二、案例出处

陈立旭．"赤脚医生"是怎样产生的［J］．党史纵览，2019（2）：54．

三、思考讨论

1. 哪些因素催生了"赤脚医生"？
2. 如何解决物质利益分配方面的人民内部矛盾？

四、教学建议

（一）组织教学建议

本案例通过梳理"赤脚医生"由来的历史脉络，可帮助学生理解与掌握社会主义改造后的主要矛盾及毛泽东关于正确处理人民内部矛盾的方针，明确"统筹兼顾、适当安排"是处理物质利益、分配方面的人民内部矛盾的主要方式。通过对"赤脚医生"曾经起到的作用进行分析，可以让医学生了解到社会主义建设时期的"农村三级医疗体系"，对如今社会主义市场经济存在诸多矛盾条件下如何进行医疗体制改革有一定的启迪作用。

适用于第一节"初步探索的重要理论成果"之"正确认识和处理社会主义社会矛盾的思想"的教学。

（二）总结提升建议

1. 毛泽东在1957年2月所做的《关于正确处理人民内部矛盾的问题》的报告，系统论述了社会主义社会矛盾的理论

党的八大正确分析了社会主义改造完成后我国社会主要矛盾的变化，指出：社会主义制度在我国已经基本上建立起来了。我们国内的主要矛盾，已经是人民对于建立先进的工业国的要求同落后的农业国的现实之间的矛盾，

已经是人民对于经济文化迅速发展的需要同当前经济文化不能满足人民需要的状况之间的矛盾。新中国成立后,由于我国农村人口多,农村经济落后,为了解决当时缺医少药的困境,党和政府摸索出了完全具有中国特色的卫生发展道路,建立了"赤脚医生"制度。赤脚医生来自农民,服务农民,走家串户,随喊随到。在当时的背景下,赤脚医生承担了维护农民群众的健康的重任。

2. "赤脚医生"作为一项制度体现了党和政府心系百姓、关心农村、重视民生的初心和使命

当年的"赤脚医生"制度是中国卫生史上的一个特殊产物,改变了当时农村落后的卫生面貌,对农村传染病预防工作和促进农业生产等起了积极作用,极大地普及了农民卫生保健知识,农村人口病亡率、婴儿病死率快速下降,人均寿命显著提高。但在那个年代,要成为名副其实的赤脚医生是非常不易的,他们在艰苦的工作环境中展现出无私奉献和勤奋求学的精神。

3. 赤脚医生,受命于国家困难时期,肩负起"一切为了人民健康"的重任,为国家医疗卫生事业做出特殊贡献

医疗是人际关系的一种调合剂,赤脚医生是农民,他们理解农民生病的心情,和村民形成了融洽亲和的医患关系。面对人民内部的各种矛盾,国家困难、农民贫穷、生病人多、医务人员奇缺,在这样的历史条件下,他们成了农民生命的守护神,备受村民敬重。农民赞誉其"赤脚走千家,赢得万人夸,中西能结合,风靡向阳花"。赤脚医生、合作医疗受到世界上欠发达国家的认可、欢迎、推行,正说明中国农村的这两种医疗卫生制度有强劲的现实价值,也体现出中国特有的人文精神。赤脚医生全心全意为人民服务的敬业精神和高尚品德,对我们做好新时代的农村卫生工作、推进健康乡村建设、提高农村基层医疗卫生服务水平、培养巩固农村医疗卫生人员队伍、推动农村卫生事业高质量发展有着重要的意义。

4. 赤脚医生、合作医疗、农村三级医疗预防保健网是中国农村卫生事业的"三大法宝"

这张医疗预防保健网把医疗、预防、保健工作连接在一起,建立成一个完整的基层医疗卫生工作体系。农村三级医疗预防保健网是三大法宝的组织

系统和实施平台，合作医疗是体系基础和制度保障，赤脚医生是最忠实的执行者，三者相辅相成，为中国农村卫生事业做出了突出贡献。

（三）案例启示

党的十九届六中全会指出："党领导人民自力更生、发愤图强，创造了社会主义革命和建设的伟大成就，实现了中华民族有史以来最为广泛而深刻的社会变革，实现了一穷二白、人口众多的东方大国大步迈进社会主义社会的伟大飞跃。我国建立起独立的比较完整的工业体系和国民经济体系，农业生产条件显著改变，教育、科学、文化、卫生、体育事业有很大发展，人民解放军得到壮大和提高，彻底结束了旧中国的屈辱外交。"社会主义制度建立以后，如何巩固和发展这一制度是我们党必须认真研究和解决的一个重大课题。我国人口多、底子薄、经济文化水平比较落后，社会主义建设的任务艰巨繁重；国际上，以美国为首的西方国家对中国采取敌视政策，并对之进行封锁和遏制，企图颠覆社会主义制度。面对严峻复杂的国内外形势，党带领全国人民，坚持独立自主、自力更生，开始了大规模的社会主义建设，在经济、政治、文化等各方面都取得了重大成就。这些成就的取得，体现了社会主义制度的优越性，增强了广大人民群众走社会主义道路的信心，社会主义制度也在实践中得到发展。

以史为鉴，开创未来。建设社会主义，必须正确把握社会主义阶段的主要矛盾，一切从中国的实际出发，走自己的发展道路。党在社会主义建设初期探索中的经验和教训，为我们在改革开放新时期探索和开辟中国特色社会主义道路提供了重要借鉴。

第五章　邓小平理论

一、案例阅读

（一）新型农村合作医疗制度的探索

1978年3月5日，全国人大五届一次会议通过的《中华人民共和国宪法》规定："劳动者在年老、生病或者丧失劳动能力的时候，有获得物质帮助的权利。国家逐步发展社会保险、社会救济、公费医疗和合作医疗等事业，以保证劳动者享受这种权利。"权利写入宪法，把农村合作医疗事业纳入法律范畴。1979年12月15日，卫生部、农业部、财政部、国家医药卫生管理总局、全国供销合作总社联合发布《农村合作医疗章程（试行草案）》，提出对农村基层卫生组织和合作医疗制度进行全面整顿和改革，从而拉开了农村合作医疗制度改革的序幕。1990年6月，卫生部等五部委向国务院递交了《关于改革和加强农村医疗卫生工作的请示》，分析了农村合作医疗出现严重萎缩的主要原因，提出了要"稳定推行合作医疗保健制度，为实现人人享有卫生保健提供社会保障"。这份请示定义为"合作医疗保健制度"，系"指在集体经济支持下，以农民互助合作为基础，按照自愿、受益和适度的原则，筹集医疗预防保健费用的多种形式的医疗保健制度"，并把"2000年人人享有卫生保健作为农村卫生工作的目标"。

（二）城镇医疗保险制度改革

1980年9月2日，经国务院批准，卫生部印发了《关于允许个体开业行医的请示报告》（以下简称《报告》）。《报告》提出在目前条件下要允许医生个体开业，以补充国家和集体力量的不足。开业医生的审批权掌握在当地市（区）县卫生行政部门手中，未经卫生行政部门批准的不得开业。对于擅自开业的个体行医者，相关部门应予以取缔。此外，《报告》对开业行医的条件、任务、收费等有关问题也提出了原则意见,并要求各省(区、市)卫生厅局根据报告精神和国家现行政策,结合各地实际情况,制定具体的管理办法。1984年4月,卫生部、财政部发出《关于进一步加强公费医疗管理的通知》,要求各地加强领导,建立健全公费医疗管理机构;加强思想教育,纠正不正之风;建立健全各项规章制度;积极慎重地改革公费医疗制度。1985年4月25日,国务院批转卫生部《关于卫生工作改革若干政策问题的报告》。

(三) 待业及失业保险制度的初启

1986年7月,国务院颁布了《国营企业职工待业保险暂行规定》,从而开始建立待业及失业保险制度。具体的保险对象为宣告破产的企业的职工;濒临破产的企业法定整顿期间被精简的职工;企业终止、解除劳动合同的工人;企业辞退的职工。职工待业保险基金的来源为以下几个渠道:一是企业按照其全部职工标准工资总额的1%缴纳的待业保险基金(缴纳所得税前列支);二是职工待业保险基金存入银行后,由银行按照国家规定支付的利息;三是地方财政补贴。职工待业保险基金由省、自治区、直辖市统筹使用。不敷使用时,由地方财政补贴。国营企业职工待业保险的建立,一方面适应劳动制度改革的需要,促进劳动力合理流动;另一方面保障国营企业(以下简称"企业")职工在待业期间的基本生活需要。

随着改革的深入,越来越多的人在外商投资企业就业。1986年11月10日,劳动人事部颁发《关于外商投资企业用人自主权和职工工资、保障福利费用的规定》,具体规定如下:外商投资企业职工的工资水平,由董事会按照不低于所在地区同行业条件相近的国营企业平均工资的120%的原则加以确定,并根据企业经济效益好坏逐步加以调整。经济效益好的,工资可以多增;经济效益差的,可以少增或不增。外商投资企业按照所在地区人民政府的规定,缴纳中方职工退休养老基金和待业保险基金。职工在职期间的保险福利待遇,按照中国政府对国营企业的有关规定执行;所需费用,从企业成本费用中如实列支。

二、案例出处

宋学勤. 改革开放40年的中国社会 [M]. 北京:中共党史出版

社,2019.

三、思考讨论

1. 邓小平同志对社会主义的本质做出的总结性理论概括是什么？
2. 社会主义社会发展的直接动力是什么？
3. 社会主义市场经济理论的要点是什么？

四、教学建议

（一）组织教学建议

一是建议用在第五章第二节邓小平理论的基本问题和主要内容中第六点"改革开放理论"的教学中。改革是一个大试验，在过程中难免会遇到这样那样的风险，所以在改革的进程中，胆子要大，步子要稳。不能因循守旧，四平八稳，不能不顾条件，急于求成。从城镇和农村医疗制度的改革可以更好地理解邓小平的"改革开放"理论，更好地理解邓小平同志提出的"三个是否有利于"。

二是建议用在学习邓小平理论要回答的基本问题上。改革开放后，伴随社会转型与经济体制改革的不断深入，企业制度和劳动制度的改革不断深化，社会保障制度也被作为深化改革的一项重要内容而不断发生变革并呈现出阶段性递进的特点。这一时期的社会保障改革在医疗保障等各方面工作得到深化。邓小平理论贯穿解放思想、实事求是的思想路线，对农村和城镇医疗制度的改革可以更好地理解邓小平理论围绕"什么是社会主义、怎样建设社会主义"这个基本的理论问题，形成了一个比较完备的科学体系。

（二）总结提升建议

1. "以人民为中心"的政治立场

党的十九届六中全会通过的《中共中央关于党的百年奋斗重大成就和历史经验的决议》指出：党代表中国最广大人民的根本利益，没有任何自己特殊的利益，从来不代表任何利益集团、任何权势团体、任何特权阶层的利益，这是党立于不败之地的根本所在。从毛泽东同志提出"全心全意为人民服务的宗旨"、邓小平同志提出"是否有利于提高人民的生活水平"、江泽民同志提出要"代表最广大人民的根本利益"、胡锦涛同志提出科学发展观的核心是"以人为本"、习近平同志提出"坚持以人民为中心"的论述中都可以看出党的根基在人民,人民是党执政兴国的最大底气。改革开放时期对农村和城镇的医疗体制改革以及失业保障制度的重启都充分体现了人民立场是党永不褪色的精神标识,是赢得人民群众衷心拥护的奥秘所在。中国共产党也必须做到以全心全意造福人民为根本方向,不断满足人民在经济发展、政治参与、文化享用、社会安定、生态文明等领域的利益需求。

2. 立足实际,改革创新

从中国的实际出发,是马克思主义中国化的动力所在。推进马克思主义中国化就是要根据不同历史时期所面临的不同时代问题,把握时代运动特点及其运动规律,不断回答时代和实践提出的问题。每当面临革命、建设和改革的重大转折时期就更加需要我们党提炼时代问题,进行改革创新。毛泽东同志曾说过:"我们研究中国就要拿中国做中心,要坐在中国的身上研究世界的东西。"改革开放初期的农村医疗保障制度根据各地区的实际情况,因地制宜地建立了符合群众利益的合作医疗保障制度,同时城镇也逐步建立了多种形式的医疗保险制度。而 21 世纪以来的新型农村合作医疗制度的构建正是在这一时期改革实践的基础上发展而来的。社会保障制度也被作为深化改革的一项重要内容而不断发生变革,新型的社会保障机制开始生长,国家不再承包一切,而是使其责任得到适度的控制和调整。

3. 统筹兼顾,汇聚改革合力

习近平总书记在 2021 年年初中央政治局第二十八次集体学习中着重强调了在国家总体战略布局下谋划包括医疗保障在内的整个社会保障体系建设的重要性,确保各项改革形成整体合力。一百年来,中国共产党领导下的医疗保障事业在系统观、整体观的指导下,始终立足于国家战略全局,与其他领域协同发展。宏观层面,注重医保与国家基本战略相配套,医疗保障水平与社会经济发展相协调。微观层面,注重医保内部体系的协同,不断优化多层次医疗保障体系建设,通过制度设计统筹医疗保险、医疗救助、其他补充医疗保险和商业健康保险等的分工协调问题。实践证明,只有准确把握医疗保障和各相关领域改革之间、医疗保障内部体系之间的联系,汇聚改革合力,医疗保障改革才能取得更大突破。

该案例列举了改革开放初期我国医疗保障制度的变化，从中可以看出，改革开放和社会主义现代化建设新时期，基于适应经济体制改革的需要，建立一个与经济发展相适应、覆盖城乡的医疗保障体系网成为党和政府保障民生福祉的重要举措，多方筹资、广覆盖、多层次的医疗保障制度体系逐步形成。而进入中国特色社会主义新时代，基于社会主要矛盾变化的总体要求，提供更高质量的医疗保障服务以满足人民群众更多元、更高水平的医疗卫生服务需求成为新时期的主要发展方向，党和政府统筹兼顾，通过制度整合、优化、协同，在构建全方位、全周期、全人群医疗保障道路上不断探索前行。

(三) 案例启示

中共十一届三中全会以后，改革开放在各个领域开展起来，处于转型时期的中国经历了计划经济体制向社会主义市场经济体制的转变，主要矛盾也逐渐转化为人民日益增长的物质文化需要同落后的社会生产之间的矛盾。历届中国共产党人先后围绕卫生工作与经济发展、公平与效率、科学统筹发展开展改革，医疗保障体系权利义务关系开始重新建构。

在探索建立中国特色农村医疗保障体系过程中，政府不断探索符合自身国情的制度模式，不断加强政策保障和财政支持。从1993年党的十四届三中全会将社会保障制度作为我国社会主义市场经济建设的重要环节后，在城市，1994年的"两江试点"及1996年在50多个城市开展的扩大试点为城镇职工基本医疗保险的开展奠定了制度基础。1998年《关于建立城镇职工基本医疗保险制度的决定》颁布，标志着我国从单位医疗保障开始向社会医疗保障转变。

从医疗体制的改革可以看到这一时期中国共产党以巨大的政治勇气，锐意推进各方面的制度改革，决心之大、变革之深、影响之广前所未有。事实证明，改革开放是决定当代中国命运的关键抉择，是党和人民事业大踏步赶上时代的重要法宝。同时邓小平对社会主义本质所作的理论概括，对科学社会主义理论既是坚持和继承，又是发展和创新，为我们真正搞清楚什么是社会主义、怎样建设和发展社会主义这个问题，并在实践中创造出充满活力的社会主义奠定了科学的思想基础。

一百年来，中国共产党始终发挥总揽全局、协调各方的领导核心作用，面对发展过程中遇到的问题不断进行自我净化、自我超越，为医疗保障事业改革发展提供了根本保证。

第六章 "三个代表"重要思想

一、案例阅读

1996年12月9日，由党中央、国务院召开了第一次全国卫生工作会议，这是一次重要的会议。这次会议主要总结了新中国成立以来我国卫生事业所取得的成就和经验，讨论和修改了关于卫生改革和发展的决定稿。会议为深化卫生事业改革、加快卫生事业发展大计做出了更大贡献。会议指出我国卫生事业必须从中国实际出发，具有中国特色。我们进行卫生改革，必须以马克思列宁主义、毛泽东思想、邓小平建设有中国特色的社会主义理论为指导，坚持党的基本路线，总结新中国成立以来尤其是改革开放以来卫生事业发展的实践经验，借鉴国外的有益经验，适应现代化建设的要求，走出一条有中国特色的社会主义卫生事业发展之路。

会议强调要重点抓好以下五项工作：一是要重点加强农村卫生工作。经过几十年来的不断努力，三级医疗预防保健网在广大农村有了一定基础，乡村医生队伍已有一定规模，初级卫生保健工作取得了较大进展，农村人口的健康水平不断提高。但是，从全国情况来看，农村医疗卫生工作基础薄弱的状况仍未根本改变，一部分农民因贫困而看不起病，一部分农民因病致贫、因病返贫，疾病已成为农民脱贫致富的重要制约因素。二是以预防保健工作为主。预防为主是新中国成立以来卫生工作的一条重要经验。20世纪60年代初，我们已经消灭了天花病，比全球范围内消灭天花提前了十几年。20世纪90年代，我们消灭了脊髓灰质炎等一些严重危害群众特别是儿童健康的疾病。由于成功地实施了儿童计划免疫接种，我国数亿儿童的健康得到不同程度的保障。这都是坚持预防为主方针的成果。预防保健费用低、效果好，要坚持把预防保健摆在卫生工作的优先地位。要继续增强预防为主的意识，认真落实各项预防保健措施。三是中西医并重,发展中医药。经过广大中医药工作者的勤奋工作,我国中医药事业有了很大的发展。各级党委和政府要继续加强对中医药事业的领导,要正确处理继承与创新的关系,既要认真继承中医药的特色和优势,又要勇于创新,积极利用现代科学技术,促进中医药理论和实践的发展,实现中医药现代化,更好地保护和增进人民健康。四是依靠科技进步,提高专业技术水平。医疗卫生是科技密集型行业。防治各种疾病,提高医疗卫生服务的质量,都离不开医学科技的发展和医学人才的培养。必须牢固树立依靠科技进步发展卫生事业的思想。在医学科技领域,要针对严重危害我国人民健康的疾病,在关键性应用研究、医学基础性研究、高科技研究等方面,突出重点,集中力量攻关,力求有所突破。我国有一批长期献身医学科学事业的杰出人才。要鼓励他们树立赶超世界医学科技先进水平的雄心壮志,为祖国和人类医学的进步做出积极贡献。要重视通过科技成果的普及应用,尤其是在基层和农村推广适宜科技成果,不断促进我国医疗、预防、保健整体服务水平的提高。五是开展爱国卫生运动,动员全社会参与。各部门都要关心卫生与健康问题,在全社会树立"大卫生"的观念。开展群众性爱国卫生运动,是我国社会主义卫生事业的一个创造,对于改善城乡环境卫生,提高人民卫生知识和健康水平,发挥了重要作用。这一优良传统,要继承和发扬下去。

会议指出自新中国成立以来,在党和政府的领导下,我国卫生工作队伍为提高人民健康水平做出了巨大贡献,形成了优良的医风医德传统。同时,还应看到,目前我国卫生队伍的整体素质和水平还不能适应改革开放与社会主义现代化建设新时期的要求,广大卫生工作者在受到发展社会主义市场经济的消极方面影响时,应自觉抵制不正之风的侵蚀,增强全心全意为人民服务的信念。对人民负责是我们党的神圣职责,发展卫生事业,是党和政府为人民服务根本宗旨的具体体现。

二、案例出处

江泽民. 江泽民文选:第一卷 [M]. 北京:人民出版社,2006:598-605.

三、思考讨论

1. "三个代表"重要思想的形成背景是什么?
2. 此次全国卫生会议的召开对于我国卫生事业的发展起到什么样的作用?
3. 你认为如何切实将为人民服务的宗旨落到实处?

四、教学建议

（一）组织教学建议

本案例通过回顾1996年我国召开的卫生会议内容，重点展现出我们党和国家在面对飞速发展的经济社会，始终把为人民服务作为根本宗旨，推进我国卫生事业的高质量发展，探索走出一条有中国特色的社会主义卫生事业发展之路。能够再次深化同学们对于马克思主义中国化的认识，对"三个代表"重要思想的形成发展有一个相对清晰的世情、党情和国情的框架建构。对于讲解第一节"三个代表"重要思想的形成有所帮助。

案例提到我国重视医学科技领域的发展，重视和鼓励长期献身医学科学事业的杰出人才。除此之外，党和国家关注的、关心的、关切的都是与人民利益紧密相关的，解决的问题事关人民生活的点点滴滴。如今我国的医科专业以及医疗保障制度的建立都离不开过去的努力，以此可以帮助同学理解"三个代表"重要思想的核心内容，深刻把握人才资源和生产力发展之间的关系，对于讲解"三个代表"重要思想的核心观点和主要内容也有所帮助。

（二）总结提升建议

1. 严峻考验，破浪前行

以江泽民同志为核心的第三代党中央领导集体，面对国内外复杂严峻形势，坚决捍卫了中国特色社会主义。国际上，世界社会主义阵营遭遇了巨大挫折，1991年年底苏联解体，持续了近50年的冷战格局不复存在，以美国为首的西方国家开始对中国采取形式多样的"制裁"，试图通过经济、政治、文化等各个领域推行和平演变，意图干预中国内政。为扭转中国在国际上面临的被动局面，从20世纪90年代起，中国的外交重点则放在处理与周边国家关系和打破西方国家"制裁"两方面，经过长期有力、有理、有节的斗争，我国逐步打破了西方"制裁",慢慢在国际上站稳脚跟。国内,党的十一届三中全会后,全国工作的重点转移到经济建设上来。经过长期努力,于1990年年底完成了"七五"计划中所提到的各项目标,绝大部分目标都已完成或超额完成。1995年年底,"八五"计划的主要任务已经完成,国民经济和社会发展取得了显著成就,社会生产力、综合国力和人民生活水平都上了一个新台阶,提前五年实现了中国在经济总量上"翻两番"的战略目标。1997年提前实现了原定于2000年我国人均国民生产总值比1980年翻两番的目标,人民生活总体上实现了由温饱到小康的历史性跨越,这是改革开放和社会主义现代化建设事业取得的伟大成就。"九五"期间,我国综合国力得到进一步增强,社会主义市场经济体制初步建立,市场在经济发展中扮演起越来越重要的角色……中国特色社会主义事业在艰难探索中取得举世瞩目的发展成就,成功把中国特色社会主义推向21世纪。

案例学习,有助于激发学生的学习兴趣,正所谓知其然还要知其所以然,把历史与理论有效结合,把握好理论的升华,引导他们在对中国特色社会主义事业建设实践探索的梳理中感受奋斗的艰辛,今天中国的强盛离不开昨天一步步的努力。

2. 不忘初心,牢记使命

《共产党宣言》中指出,"无产阶级的运动是绝大多数的,为绝大多数人谋利益的独立的运动"。中国共产党从诞生之日起便牢牢地将"绝大多数"——人民,放在至高无上的位置,一切方针政策的制定标准,都是以最广大人民群众的根本利益为衡量尺度。发展是党执政兴国的第一要务,不断提高生产力,不断增强国家的综合国力,才能不断地改善人民生活水平。案例中所选取的医疗改革案例,促进了我国医疗体制的发展,致力于解决人民群众的点滴日常。正如江泽民同志所强调的"人民,只有人民,才是我们工作价值的最高裁决者",我们想事情,做工作,想得对不对,做得好不好,根本的衡量尺度,就是人民拥护不拥护,人民赞成不赞成,人民高兴不高兴,人民答应不答应。以上内容可以进一步帮助学生理解"三个代表"重要思想作为一个完整的科学体系,是怎样从政治、经济、文化等不同方面回答了"建设什么样的党、怎样建设党"这一重大历史问题,如何将中国特色社会主义事业推向21世纪，一代代中国共产党领导人如何在一张蓝图上接力擘画出中华民族伟大复兴梦。

（三）案例启示

卫生健康事业事关人民群众生活质量的高低，因此必须树立以人民为中心的发展理念，构建满足人民日益增长的健康需求的公共医疗卫生服务体系，为人民服务不仅是在卫生健康领域。习近平总书记指出，"江山就是人民，人民就是江山，人心向背关系党的生死存亡"，深刻印证了历史唯物主义的群众史观，人民群众是社会历史的主体，是历史的创造者。中国共产党从诞生之日开始，就明确了全心全意为人民服务的宗旨，除了无产阶级和人民群众的利益，没有任何自己的特殊利益，我们党从人民群众中不断汲取前进的力量，在解决人民群众最关切的问题中提升和改善自己。

第七章 科学发展观

一、案例阅读

从养鱼到养水——水生生物研究所的实践探索

中国科学院水生生物研究所（以下简称水生所）是从事内陆水体生命过程、生态环境保护与生物资源利用研究的综合性学术研究机构，水生所的前身是创立于1930年的中央研究院自然历史博物馆。水生所的总体目标是根据国家需求，针对日趋恶化的水生态环境，开展水生态环境保护、渔业模式优化和水生生物资源可持续利用研究，为维护和改善内陆水体的生态环境、保护淡水资源、发展淡水渔业提供理论依据和技术支撑。目前研究所设有水生生物多样性与资源保护研究中心、淡水生态学研究中心、渔业生物技术研究中心、水环境工程研究中心、水环境与人类健康研究中心。

随着我国经济突飞猛进的发展，改革开放这么多年来，"吃鱼难"的问题逐步得到解决。但与此同时，由于认识和资金等方面的原因，环境无可避免地成为经济增长的受害者，其中水体更是首当其中，往往成为污染的最终受纳场。20多年来，我国废水排放总量呈上升趋势。据统计，我国江河水体污染普遍。失去使用价值的劣V类水占总评价河流长度的比例，由1997年的15.9%上升到2005年的21.3%。符合或优于III类水的湖泊数占总评价湖泊的比例由1998年的37.5%下降为2005年的27.4%，受到污染的湖泊比例则由1998年的25.0%上升到2005年的39.6%；而失去使用价值的劣V类水水库数占总评价水库的比例，则由1998年的3.9%上升到2005年的6.6%。全国有300多个缺水城市的日缺水量达1600万 m^3，全国仍有7000万人和6000万头牲畜饮水困难。据预测到21世纪中期，全国总需水量将从过去的5000多亿吨增加到8000多亿吨，占我国可利用水资源总量的28%以上。按照国家经验一个国家用水量超过其水资源可利用量的20%以上，很可能发生水危机，因此对水资源的合理开发、高效利用、有效保护将会是我们面临的重大课题。

针对这一重大课题，在促进人与自然和谐发展，实现经济发展和人口、资源、环境相协调的可持续发展这一重大命题面前，水生所如何调整战略定位，把过去以解决吃鱼难为主要目标的"养鱼"，转向以保护水环境和水资源为主要目标的"养水"，成了水生所人人思考的问题。

水生所地处我国中部，传承东西，衔接南北。中部地区是我国淡水资源集中的区域，有我国第1大流域长江，面积180.85万平方公里，年径流量9513亿 m^3，第2大流域黄河，面积75.24万平方公里；第5大流域淮河，面积26.93万平方公里；第6大流域海河，面积26.36万平方公里。湖北省是淡水渔业资源大省，全省水域总面积2000多万亩，居全国第一位，淡水已养殖面积达215.67万公顷，占全国的46.2%。湖北省有鱼类370多种，主要经济鱼类近50种。淡水水产品总量一直居全国首位。三峡大坝建立后，湖北及其附近地区的淡水储量又逐渐增加。湖北丹江口水库还是南水北调中线的源头。水资源的保护和合理利用，对保证国家水资源安全、提高人民生活质量、提高农业产值等均具有重要意义。

水生所凝聚全所的智慧，经过反复讨论，不断凝练，将水生所的战略目标调整为针对日趋恶化的水生态环境，开展水生态环境保护和水生生物资源可持续利用研究，为维护和改善内陆水体的生态环境、保护淡水资源、发展淡水渔业提供理论依据和技术支撑。

为实现这一目标，水生所在体制上重新整合了全所的研究力量，撤销了原研究室的建制，先后成立了水生生物多样性与资源保护研究中心、淡水生态学研究中心、渔业生物技术研究中心、水环境工程研究中心、水环境与人类健康研究中心。并积极布局研究力量和资源投入与水环境相关的研究领域。

这一调整和布局，很快就见到了效果。十一五期间，水生所争取到科技部和云南省重大项目"滇池蓝藻水华污染控制技术研究"（2370万元）、973项目"湖泊富营养化过程与蓝藻水华爆发机理研究"（2800万元）、科技部重大专项"受污染城市水体修复技术与示范工程"（"武汉城市水专项"，2600万元）、863项目"受纳湖湾污染负荷有效削减和生态系统重建技术研究与工程示范"（2000万元）以及国家基金、科学院等一批重大项目。2007年太湖爆发蓝藻水华，我所根据多年研究，提出了相关科学证据和建议，新华社湖北分社记者据此写出《专家呼吁蓝藻水华引发的毒素污染问题亟待加强研究》并在新华社内参《国内动态清样附页》，得到温家宝总理的批示。进入"十二五"后，今年又争取到973应急项目"大中型浅水湖泊蓝藻水华暴发机理研究"（2600万元）。2007年，水生所新一届领导班子到任，积极抓住国家启动重大科技专项——"水专项"的机会，集中优势力量，经过近一年的努力，一举争取到主持项目1项，主持课题5项，参与主持3项，总合同经费超过2亿元。今年7月，全国人大副委员长、中国科学院院长路甬祥视察了三峡工程，就加强中科院与三峡总公司的全面合作做了重要指示，要求中科院与三峡总公司在原有工作基础上进一步拓展合作领域，实现优势互补，共谋发展，使之成为院企合作的典范，并不断探索和积累工作经验，逐步形成知识创新、技术支撑与企业发展紧密结合的新模式，以实际行动深入学习实践科学发展观。期间路院长听取了水生所专家的汇报，并给赵进东所长写信，指示要进行战略研究，加强与三峡总公司的合作，发挥骨干和引领作用。10月16日，中国科学院与三峡总公司在京签署了全面战略合作协议。在全面战略合作的框架协议基础上，中科院与三峡总公司确定了近期拟开展的合作项目，双方签订了5个具体合作项目协议。其中3个合作项目分别是共建香溪河生态系统实验站、鱼类过坝技术研究、长江江豚迁地保护研究，合作一方均是水生所。

在重视"养水"的同时，水生所传统优势"养鱼"并未因此削弱，而是积极引领和推动调整渔业结构、优化渔业模式，在"既养鱼，又养水"上下功夫，也争取到一批重大项目。如，973项目"重要养殖鱼类品种改良的遗传和发育基础研究"（2500万元），国家支撑计划"长江中游地区特色水产品高效生产关键技术研究与示范"（2875万元），973项目"淡水池塘集约化养殖的基础科学问题研究"（3000万元）等。

在承担国家任务取得重大突破的同时，水生所在瞄准科学前沿，产出高水平的科研成果和论文方面也结出了累累硕果。SCI论文从2003年的93篇上升到2007年的187篇。一批科技成果获得奖励。如，2003年湖北省自然科学奖一等奖"银鲫两种生殖方式的遗传基础及其育种意义";2003年湖北省科技进步奖一等奖"异育银鲫营养、饲料与投喂技术";2004年湖北省自然科学奖二等奖"重要水产动物病毒病原的鉴定及致病机理研究";2005年湖北省科技进步奖二等奖"名特优淡水鱼养殖技术丛书";2006年国家科技进步二等奖"长江中下游湖群渔业资源调控及高效优质模式";2007年湖北省科技进步一等奖"受污染城市水体修复技术与工程应用";2008年湖北省科技进步一等奖"长江江豚迁地保护"。2007年还培育出异育银鲫新品种"中科3号"。

二、案例出处

[1] 从养鱼到养水：科学引领中科院水生所的历史嬗变 [N]. 湖北日报，2009-01-31.

三、思考讨论

1. 你认为我们应该实现什么样的发展、怎样发展？
2. 如何理解科学发展观产生的时代背景？
3. 如何把握科学发展观的内涵和精神实质？

四、教学建议

（一）组织教学建议

在该案例的使用上，一是建议将其在进行第七章科学发展观的学习时，进行全章导入时使用。还原时代背景，展现科学发展观形成的社会历史条件，能够帮助同学们建立大历史观的宏观视角，厘清科学发展观形成的历史脉络，更好地理解我们应该"实现什么样的发展，怎样发展"这一重大的现实问题。

二是可作为讲解科学发展观科学内涵的案例辅助。科学发展观，第一要义是发展，核心立场是以人为本，基本要求是全面协调可持续，根本方法是统筹兼顾。邓小平同志曾说发展是硬道理，改革开放以来，中国迸发出新的活力和力量，改变了过去中国、中国人民的面貌，因而发展是第一要义。发展事关社会稳定、民生根本，促进人与自然和谐、实现经济发展和人口、资源、环境相协调只能通过不断的发展来解决。而发展需要政府的导向性参与，坚持以人为本，全面、协调、可持续、城乡医改统筹兼顾，才能够实现社会公平正义，实现我们所追求的和谐社会。

（二）总结提升建议

1. 溯源求本，大历史观

习近平总书记在党史学习教育动员大会上的重要讲话中，明确提出要教育引导全党胸怀中华民族伟大复兴战略全局和世界百年未有之大变局，树立大历史观，从历史长河、时代大潮、全球风云中分析演变机理、探究历史规律，提出因应的战略策略，增强工作的系统性、预见性、创造性。① 党和国家的理论、方针、政策从不是简单的从无到有的过程，而是经过实践的千锤百炼得来的。因而学习任何一个党和国家的理论、方针、政策，不仅要知其然，还应知其所以然，理论离不开实践。在章节的理论讲解中，建议将理论依托于当时当下的时代背景，梳理理论从何产生、为何产生，才演变为今天所学习的科学发展观。引导同学们从时代的角度、从世界的背景、从中国的当下来思考，对于帮助同学们树立大历史观的宏观视野，思考深化党和国家的理论、方针和政策更有裨益。

2. 求真务实，理论创新

求真务实，即正确把握规律，真抓实干，务求实效。求真务实是辩证唯物主义和历史唯物主义一以贯之的科学精神，是我们党的思想路线的核心内容，也是党的优良传统和共产党人应该具备的政治品格，是党的各项事业不断取得新胜利的根本保证。胡锦涛同志指出，要在全党大力弘扬求真务实精神、大兴求真务实之风，关键是要引导全党同志不断求我国社会主义初级阶段基本国情之真，务坚持长期艰苦奋斗之实；求社会主义建设规律和人类社会发展规律之真，务抓好发展这个党执政兴国的第一要务之实；求人民群众的历史地位和作用之真，务发展最广大人民根本利益之实；求共产党执政规律之真，务全面加强和改进党的建设之实。

此案例凸显出在经济发展的过程中，吃鱼难的问题逐步解决，党和国家

---

① 习近平：学党史悟思想办实事开新局　以优异成绩迎接建党一百周年［EB/OL］. 人民日报，2021-2-20.

从容根据现实问题做出的以保护人民利益为主线的反应，要求每位党员干部提高自身站位和行动力，切实抓好科学发展。建议在教学过程中拓宽以往同学们对于科学发展观的刻板印象，认为其只是指导国家经济发展的片面看法，引导学生全面深入地理解科学发展观，理解党和国家政策是什么以及怎么来的。帮助同学们认识到全面科学发展观不仅是指导经济建设的理论，而且是指导各方面建设的理论；不仅是指导发展的理论，而且是指导党和国家各项工作的理论；不仅是指导实践、推动工作的有力武器，而且是帮助人们认识和把握社会发展规律的世界观方法论。

3. 情感共鸣，深化认同

思想政治理论课是落实立德树人根本任务的关键课程，是意识形态的主阵地，弘扬和宣传主流意识形态，引导大学生树立正确的世界观、人生观和价值观有重要的意义。何以让思政课程入耳、入脑、入心？心理学对于意识的解释是，意识是人在实践过程中，主观对客观世界的综合性认识，反映出来是人的一种心理活动和心理过程，通常表现为认知、情感与意志。因为思想政治理论课效度中的关键一环就是要在教师的讲授内容与学生的接受程度之间产生一定情感共鸣，才能够从心理活动完成认知到意志的转化。

案例选取科学发展观在水生生物研究所的实践探索，根据国家需求，针对日趋恶化的水生态环境，开展水生态环境保护、渔业模式优化和水生生物资源可持续利用研究，为维护和改善内陆水体的生态环境、保护淡水资源、发展淡水渔业提供理论依据和技术支撑。在党和政府的指导下，水生生物研究所致力促进人与自然和谐发展，实现经济发展和人口、资源、环境相协调的可持续发展。以改善民生为重点。有党中央、国务院的果断决策和正确领导；广大人民群众积极参与，万众一心；有广大科研工作者恪尽职守，坚持不断健全体制机制，切实落实科学发展观。因此，在教学过程中，建议在理论讲解中增加现实温度，以期对同学们在理解理论、内化理论的过程中有所裨益。

（三）案例启示

习近平总书记:"每一代人有每一代人的长征路，每一代人都要走好自己的长征路。"① 如何科学发展是时代出给我们的考题,面对不同的挫折和困难,指引我们党前进的都是那一股革命加拼命的强大精神支柱。面对昨日的吃鱼困难和今日的保护生态,改善水环境,我们能看到的、深切感受到的,都是党始终将人民群众的利益摆在第一位。

党的十六大以后,以胡锦涛同志为主要代表的中国共产党人,团结带领全党全国各族人民,在全面建设小康社会中推进理论创新、实践创新、制度创新,深刻回答了新形势下实现什么样的发展、怎样发展等重大问题,形成了科学发展观,抓住重要战略机遇期,聚精会神搞建设,一心一意谋发展,强调坚持以人为本、全面协调可持续发展,着力保障和改善民生,促进社会公平正义,推进党的执政能力建设和先进性建设,成功地在新形势下坚持和发展了中国特色社会主义。

---

① 习近平. 在纪念红军长征胜利80周年大会上的讲话 [EB/OL]. 新华网, 2016-10-21.

第八章　习近平新时代中国特色社会主义思想及其历史地位

一、案例阅读

"医生是看病的，患者需要什么？需要看中医吗？需要看西医吗？需要看心理医生吗？不是，患者需要把病看好。他的目标和诉求很清楚：把病看好，我不管你用什么方法。"中国中医科学院望京医院脾胃病（消化）科主任魏玮如此说。

中医西医并非"你是你、我是我"

2018年2月，国家中医药管理局、国家卫生计生委等部门联合印发了《关于开展重大疑难疾病中西医临床协作试点工作的通知》，后来又进行了项目增补，共确定了以溃疡性结肠炎（久痢）、结直肠癌、难治性高血压病等为代表的35种疾病、61个项目为重大疑难疾病中西医临床协作试点项目。

"目前，对这些重大疑难疾病的诊疗，不管是西医还是中医，都存在不足和短板。"魏玮说，"西医在诊断方面有一定的科学方法，但治疗上往往收效欠佳或不良反应明显；中医药治疗常常能收到良好的效果，但由于传统中医药体系和现代科学知识体系不同，往往缺乏高级别的循证医学证据。"因此，面对重大疑难疾病的挑战，要综合运用中西医的力量联合攻关，从而达到临床疗效的最大化，形成预防、保健、诊断、治疗、康复五位一体的多学科协作重大疑难疾病防治体系。

魏玮对中西医结合的理解是："1+1要等于1，千万别两张皮——中医一套，西医一套。"在临床上，中医和西医并非"你是你、我是我"的关系，二者是从不同的维度去研究患者的同一个疾病，都是以患者为中心，以疗效为核心，将中医和西医的优势有机结合，弥补双方的不足，让患者最大限度受益，发挥医疗体系的临床实用性。

用科技让中药直达病所

不可否认，目前在中国的医疗保障体系中，中医还处于弱势。"为什么中医就弱了？是西医太强大吗？我觉得还是科学技术起了非常重要的作用。比如内镜，就是科学技术的体现。很多信奉中医的人认为这是西医的东西，不接受。这就狭隘了。"魏玮说，"中医讲'望闻问切'，以前'望'是看外表，如今借助内镜能看进人体内部，它延伸了'望'的范围。"

2021年5月12日，习近平总书记在河南省南阳市考察时指出，我们要发展中医药，注重用现代科学解读中医药学原理，走中西医结合的道路。对此，魏玮深以为然。他说："以病人为中心进行临床问题的阐释、科学研究的阐释，这是正路子。实验室也好，实验平台、基础研究平台也好，都是提供一个方法，而方法就不管中医还是西医都可以用。"

魏玮以溃疡性结肠炎、大肠息肉的临床诊疗举例："改善肠道环境是直接治疗、预防复发的重要手段，围绕这一临床问题，我们科室在常规治疗的基础上，结合了中医外治法的中药灌肠，使药物能够直达病所，改善肠道环境。"传统中药灌肠受技术限制，一般只能到达直肠乙状结肠交界，无法接触结肠更深部位的病变。为满足结肠深部给药的临床需求，魏玮团队应用经内镜肠道植管术（TET），用于中药肠道深部给药，改变了中药的用药途径，创新了中药给药技术。这种技术不仅可以用于大肠息肉的防治，也可以用于溃疡性结肠炎等炎症性肠病的治疗，为改善肠道环境、预防疾病复发方面提供了新的支持。

中医、西医围绕共同临床问题的优势互补，是有机融合；中医、西医与工程技术针对临床需求的强强联合，扩大了治疗优势，最大限度地体现了医疗的实用性，有助于减轻患者病痛与负担。

二、案例出处

卫庶，熊建. 中西医结合："1+1=1"［N］. 人民日报海外版，2022-01-

11（9）

三、思考讨论

1. 中西医结合为什么能体现医疗的实用性，让患者受益？
2. 作为医学生，你从中西医结合中得到哪些启示？
3. 如何推动中西医优势互补、协调发展，满足人民群众对美好健康生活的需要？

四、教学建议

（一）组织教学建议

本案例通过中国中医科学院望京医院脾胃病（消化）科主任魏玮对中西医结合的理解，提出患者的目标和诉求，是要把病看好。面对重大疑难疾病的挑战，要综合运用中西医的力量联合攻关，将中医和西医的优势有机结合，扩大治疗优势，最大限度地体现医疗的实用性，让患者最大限度受益。通过该案例，学生可以增强了解和传承中华优秀传统文化的意识，理解新时代中华优秀传统文化创造性转化和创新性发展的意义，从而进一步理解习近平新时代中国特色社会主义思想是在中国特色社会主义进入新时代，世情国情党情发生复杂深刻变化的条件下，立足时代之基，回答时代之问，引领时代之变的科学理论，是根植于中华优秀传统文化，坚持马克思主义，秉持人民至上的思想理论。其具有强烈的问题意识，鲜明的问题导向，为坚持和发展中国特色社会主义提供了根本指引，为建设美好世界贡献了中国智慧和中国方案，进而能够更加自觉地用习近平新时代中国特色社会主义思想武装头脑、指导实践。本案例适用于习近平新时代中国特色社会主义思想及其历史地位。

（二）总结提升建议

1. 立足时代之基、回答时代之问的科学理论

习近平新时代中国特色社会主义思想，是在中国特色社会主义进入新时代、世界正经历百年未有之大变局中形成的。中国特色社会主义进入新时代，我国社会主要矛盾已经转化为人民日益增长的美好生活需要和不平衡不充分的发展之间的矛盾。让人民群众病有所医，是新时代满足人民日益增长的美

好生活需要的重要内容。推动中西医相互补充，协调发展，发挥中医药副作用小、疗效好，中草药价格相对便宜的优势和在治未病、重大疾病治疗、疾病康复中的重要作用，有助于解决老百姓看病难看病贵的问题，更好地服务于人民群众的健康。坚持中西医并重、不断推进中西医结合，打造中西医相互补充协调发展的中国特色卫生健康发展模式，有利于弘扬中华优秀传统文化，增强民族自信和文化自信，护佑亿万人民的健康，乃至为世界提供"中国处方"做出卓越的贡献。

2. 系统完备的科学体系、特色鲜明的理论品格

习近平新时代中国特色社会主义思想运用马克思主义立场观点方法，聚焦新的时代命题，凝结新的思想精华，总结开创性独创性的实践经验，提出一系列新思想新观点新论断，构建起新的理论体系。这一思想不仅回答时代课题、指导推动实践，而且有着独具特色的理论品质和富有感召的思想力量，集中反映着当代中国共产党人的政治品格、价值追求、精神风范。健康是社会文明进步的基础，是广大人民群众的共同追求。新中国成立以来，我们党始终把保障人民健康放在优先发展的战略位置上，坚持中西医并重，推动中医药和西医药相互补充、协调发展，共同守护人民健康。推动中西医结合、中西药并用，既是中医药传承精华、守正创新的生动实践，也能为人民群众提供更加优质的健康服务，彰显党坚持以人民为中心、全心全意为人民服务的执政理念。

3. 经过实践检验、富有实践伟力的强大武器

科学理论的价值就在于回答时代课题、推动实践发展。习近平新时代中国特色社会主义思想，从理论和实践相结合上系统回答了新时代坚持和发展什么样的中国特色社会主义、怎样坚持和发展中国特色社会主义的时代课题。这一思想谱写了马克思主义新篇章，是新时代中国共产党人的思想旗帜，是国家政治生活和社会生活的根本指针，为实现中华民族伟大复兴提供了精神力量。中医药作为中华民族的伟大创造，护佑中华民族屡经瘟疫、战乱和灾害，一次次转危为安，得以几千年来生生不息、绵延发展。无论是历史还是现实，都充分证明了中医药的独特优势，也加深了人们对中医药重要作用的认识，坚定了发展中医药的文化自信和行动自觉。坚持中西医并重，利用中

西医各自特点,增强内生动力,做到取长补短、相互促进、协同攻关,努力实现中医药健康养生文化的创造性转化、创新性发展,使之与现代健康理念相融相通,解决医学难题,服务于人民健康。

(三) 案例启示

每一个时代都需要坚强的领导核心和科学的理论指导,这是关乎党和国家前途命运、党和人民事业成败的根本性问题。中国特色社会主义进入新时代,中华民族伟大复兴展现出前所未有的光明前景,但党治国理政也面临一些重大考验。面对错综复杂的国际形势、艰巨繁重的改革发展稳定任务,以习近平同志为核心的党中央统筹"两个大局",团结带领全党和全国人民,战贫困、促改革、治污染、化风险,解决了许多长期想解决而没有解决的难题,办成了许多过去想办而没有办成的大事。在这一过程中,习近平总书记提出的一系列原创性战略性重大思想观点,形成了习近平新时代中国特色社会主义思想。习近平新时代中国特色社会主义思想是当代中国马克思主义、21世纪马克思主义,是中华文化和中国精神的时代精华,实现了马克思主义中国化新的飞跃。

坚持中西医并重和优势互补,大力发展中医药事业,是推进健康中国建设的重要内容。目前,对一些重大疑难疾病的诊疗,不管是西医还是中医,都存在不足和短板。中医药学包含着中华民族几千年的健康养生理念及其实践经验,治疗常常能收到良好的效果,但由于传统中医药体系与现代科学知识体系不同,往往缺乏高级别的循证医学证据。西医在诊断方面有一定的科学方法,但治疗上往往收效欠佳或不良反应明显。面对重大疑难疾病的挑战,综合运用中西医的力量联合攻关,实现临床疗效的最大化,是我国医疗卫生事业的独特优势。因此,要做好中医药守正创新、传承发展工作,建立符合中医药特点的服务体系、服务模式、管理模式和人才培养模式。牢牢把握我国医药卫生事业改革发展的新机遇,进一步促进中医药传承创新发展,走中西医结合的道路,最大限度地发挥中西医各自优势,更好地满足广大人民群众日益增长的医疗保健需求,为全面推进健康中国建设和增进世界人民健康福祉做出更大贡献,守护好人民健康。

习近平新时代中国特色社会主义思想在坚持和运用马克思主义基本原理

的同时，深深地扎根中国具体实际和中华优秀传统文化，秉持人民至上的理念，为新时代治国理政提供了基本遵循，为建设美好世界贡献了中国方案。促进中医药振兴发展，加强中西医结合，推动中医药文化的创造性转化和创新性发展，满足人民群众的健康需求，是习近平新时代中国特色社会主义思想将中华优秀传统文化传造性转化和创新性发展，解决实际问题的生动体现。

第九章　坚持和发展中国特色社会主义的总任务

一、案例阅读

2021年5月31日，中共中央政治局召开会议，听取"十四五"时期积极应对人口老龄化重大政策举措汇报，审议《关于优化生育政策促进人口长期均衡发展的决定》。会议研究决定进一步优化生育政策，实施一对夫妻可以生育三个子女政策及配套支持措施。这意味着我国的计划生育政策从"双独二孩""单独二孩""全面二孩"调整为"三孩生育"。

习近平总书记在不同场合多次强调人口问题的重要性："我国是世界上人口最多的国家，人口问题始终是一个全局性、战略性问题。""三孩生育"政策为何迫在眉睫，有何重大意义？央视网《热解读》关注到，此次会议中不止一次强调了"战略"一词：

——要贯彻落实积极应对人口老龄化国家战略，加快建立健全相关政策体系和制度框架。

——有利于改善我国人口结构、落实积极应对人口老龄化国家战略、保持我国人力资源禀赋优势。

——要深化国家人口中长期发展战略和区域人口发展规划研究，促进人口长期均衡发展。

从应对人口老龄化国家战略方面来看，我国人口总量庞大，近年来人口老龄化程度进一步加深。习近平总书记用"三最"形容我国人口老龄化程度，即老年人口数量最多、老龄化速度最快、应对人口老龄化任务最重，并将满足数量庞大的老年群众多方面需求、妥善解决人口老龄化带来的社会问题提高到"事关国家发展全局，事关百姓福祉"的高度。第七次全国人口普查数据显示，我国 65 岁及以上老年人口占比已经达到 13.5%，老龄化已成为今后一段时期我国的基本国情。人口老龄化既是发展问题，也是民生问题，是社会发展的必然趋势，也是世界性难题。它将减少劳动力供给数量、增加家庭养老负担和基本公共服务供给的压力。

从保持我国人力资源禀赋优势方面来看，人口是经济社会系统中最基础、最活跃的因素，是我国经济增长的重要力量。"十四五"时期，面对严峻复杂的国内外形势，面临传统优势趋于消失的处境，我国经济必须挖掘和释放超大规模市场新优势潜力。我国拥有世界上最大规模的劳动力群体，他们是各行各业的生力军。他们为我国各行各业持续注入新鲜血液，增添新生力量，将使我国具有更强的创造力和国际竞争力。

从深化国家人口中长期发展战略方面来看，适度生育水平是维持人口良性再生产的重要前提。2020 年，我国育龄妇女总和生育率低至 1.3。自 2013 年实施单独二孩政策、2016 年实施全面二孩政策后，二孩出生人数呈现持续增长趋势，占年度出生总量的比例也在不断增加，但生育率过低依然是中国人口的"新常态"。

因此，"十四五"规划和 2035 年远景目标纲要提出，制定人口长期发展战略，优化生育政策，增强生育政策包容性，提高优生优育服务水平，发展普惠托育服务体系，降低生育、养育、教育成本，促进人口长期均衡发展，提高人口素质。

在这些背景下出台的"三孩生育"政策，顺应时势，顺应民意，是面对我国人口老龄化问题，促进人口长期均衡发展的重大决策。

二、案例出处

热解读丨"三孩生育"政策背后关乎这项国家战略［EB/OL］. 央视网，2021-06-01.

三、思考讨论

1. 人口问题与实现社会主义现代化有什么关系？
2. 为什么实施"三孩生育"政策而不是全面放开？

3. "三孩生育"政策对卫生医疗保健工作提出了哪些要求？

四、教学建议

（一）组织教学建议

本案例从我国人口老龄化问题、保持人力资源禀赋优势、深化国家人口中长期发展战略三个方面分析实施"三孩生育"政策的原因，揭示了人口问题在国家发展中的重要性。我国正处于人口大国向人力资本强国转变的重大战略机遇期，实施一对夫妻可以生育三个子女政策及配套支持措施，能够最大限度发挥人口对经济社会发展的能动作用，牢牢把握战略主动权，积极应对生育水平持续走低的风险，统筹解决人口问题，为全面建成社会主义现代化强国创造良好的人口环境。通过该案例，学生理解坚持和发展中国特色社会主义，实现社会主义现代化和中华民族伟大复兴，还面临着各种各样的挑战。"三孩生育"政策关系着国家经济、政治、文化、社会、生态文明建设，与社会主义现代化建设密切相关。在全面建成社会主义现代化强国的新征程上，进行社会主义现代化强国的战略安排，立足新发展阶段、贯彻新发展理念、构建新发展格局，使行动与战略目标保持一致，建成富强民主文明美丽和谐的社会主义现代化强国，需要人口的现代化，需要与国家发展相适应的生育政策的实施。本案例适用于坚持和发展中国特色社会主义总任务。

（二）总结提升建议

1. 实现中华民族伟大复兴的中国梦

实现中华民族伟大复兴，是中华民族近代以来最伟大的梦想。这个梦想连接着中国的过去、现在和未来，昭示着国家富强、民族振兴、人民幸福的美好前景，为坚持和发展中国特色社会主义注入新的内涵和时代精神，是全党全国各族人民共同的奋斗目标。今天，全面建成小康社会如期实现，党和国家事业取得历史性成就、发生历史性变革，实现中华民族伟大复兴进入了不可逆转的历史进程。党团结带领中国人民在新的奋斗征程上所面临的机遇与挑战并存。2020年，65岁以上老年人口超1.9亿，占全国人口比重的13.5%，预计2033年将突破2.8亿。人口老龄化的进一步加快，必然会伴随劳动力数量的减少和劳动力结构的老化，从而使劳动力成本提高，相应地人口转变带来的"人口红利"将趋于消失，这在一定程度上不利于经济持续稳定的发展，而经济的发展是实现中国梦的重要支撑。"三孩生育"政策的实施，从中长期来看，新增的人口会转变为新增的劳动力，相对缓解社会压力，保持我国人力资源禀赋优势，增强我国的创造力和国际竞争力，推动中华民族伟大复兴中国梦的实现。

2. 建成社会主义现代化强国的战略安排

党的十九大围绕新时代实现中华民族伟大复兴新的历史使命，提出了分两步走，在21世纪中叶建成社会主义现代化强国的战略安排：第一个阶段，从2020年到2035年，在全面建成小康社会的基础上，再奋斗十五年，基本实现社会主义现代化；第二个阶段，从2035年到21世纪中叶，在基本实现现代化的基础上，再奋斗十五年，把我国建成富强民主文明和谐美丽的社会主义现代化强国。全面建设社会主义现代化国家，一个重要标准是实现人口现代化，也就是人口的数量、质量和结构与现代经济社会发展的适应程度日益提高的过程。2020年，我国人口总量高达14.1亿人，庞大的人口规模压力依然存在。与此同时，2020年我国总和生育率只有1.3，再创历史新低，而我国老年人口数量在增加，老龄化速度在加快，人口绝对基数大与快速老龄化共存。根据我国人口发展形势的变化，国家实施"三孩生育"政策兼顾了规模压力和结构挑战，在延续过去控制人口数量策略的同时，将生育进一步宽松化，既满足人民群众的生育需求，也有利于改善人口年龄结构，扩大新增劳动力供给，减轻老年人口抚养比，增加社会整体活力，为社会主义现代化战略目标的实现奠定基础。

3. 建设社会主义现代化国家要立足新发展阶段、贯彻新发展理念、构建新发展格局

新发展阶段，是全面建设社会主义现代化国家，向第二个百年奋斗目标进军的阶段，是我们党带领人民迎来从站起来、富起来到强起来历史性跨越的新阶段。进入新发展阶段后，发展面临的环境和形势发生了深刻变化，必须坚定不移贯彻创新、协调、绿色、开放、共享的新发展理念，构建与国内大循环为主体、国内国际双循环相互促进的新发展格局。实施"三孩生育"政策，是以习近平同志为核心的党中央站在中华民族伟大复兴的战略高度，

立足新发展阶段、贯彻新发展理念、构建新发展格局,科学把握人口发展规律做出的重大决策。这一决策,一方面可以平缓生育水平下降的趋势,积极应对生育水平持续走低带来的风险,推动实现适度的生育水平,改善人口结构,应对人口老龄化;另一方面促进人口长期均衡发展,继续巩固脱贫攻坚和全面建成小康社会的成果,推动经济持续健康发展。

(三) 案例启示

为中国人民谋幸福,为中华民族谋复兴,是中国共产党人的初心和使命。新中国成立后,这一初心和使命集中体现为把贫穷落后的新中国建设成为社会主义现代化强国。坚持和发展中国特色社会主义的总任务,是实现社会主义现代化和中华民族伟大复兴,在全面建成小康社会的基础上,分两步走在21世纪中叶把中国建成富强民主文明和谐美丽的社会主义现代化强国。这既规定了建设社会主义现代化强国的具体内涵,也深刻阐释了中国共产党的历史使命和行动纲领,阐明了中国社会的奋斗目标和前进方向。从全面建成小康社会到基本实现现代化,再到全面建成社会主义现代化强国,是环环相扣、依次递进的两个发展阶段,能否如期完成前一阶段的目标任务,直接关系社会主义现代化强国建设的质量和成效。

在全面建成小康社会之后,我国开启了全面建设社会主义现代化国家的新征程。在这一新的发展阶段,我国虽然人口多、人口规模压力大,但人口红利对我国经济的快速发展做出了巨大的贡献。然而,随着我国人口老龄化程度的加深,生育率的下降,人口红利会逐渐减弱。实施"三孩生育"政策是党中央立足我国的基本国情,着眼现代化建设全局和长远发展,积极应对人口形势变化的国家战略。要让"三孩生育"政策发挥作用,以提高生育率,配套支持措施必不可少。因此,要尽快完善社会保障体系,如完善医疗、养老等保障制度,加快保障房供应,发放教育补贴,发展普惠托育服务体系;要保障女性平等就业的权益;要加强妇女儿童健康服务能力建设,增加妇产、儿科优质医疗资源供给,综合防治出生缺陷,规范人类辅助生殖技术应用,提高优生优育服务水平;要倡导优良婚俗,提升全民婚育信心,促进人口长期均衡发展,提供良好的生育环境。

生育,一头连着千家万户的民生幸福,一头连着经济社会的持续发展。

"三孩生育"政策适合当下我国的现实社会环境，是全面两孩政策的有序衔接，是对生育政策的再次完善和优化，适应了时代的发展需要，为建设富强民主文明和谐美丽的社会主义现代化强国，为实现中华民族伟大复兴的中国梦提供了坚实基础和持久动力。

第十章 "五位一体"总体布局

一、案例阅读

"灵魂砍价"背后的意义

随着一段讲述国家医保局谈判代表与企业谈判压价的视频刷屏,"灵魂砍价"连上三个热搜,感动了无数网友。

视频中,在国家医保药品目录药品谈判现场,国家医保局谈判代表向企业谈判代表积极还价,尽最大努力降低药品价格。经过一个半小时的漫长谈判,企业代表8次离席商谈,最终,药品成交价比报价降低了2万多元。

谈判中,国家医保局谈判代表说:"每一个小群体都不应该被放弃。"言辞恳切,温柔而有力。当艰难的谈判结束时,现场响起掌声。

谈判全程

在谈判现场,第一轮报价,企业给出了每瓶53680元的价格。国家医保局谈判代表张劲妮说:"希望企业拿出更有诚意的报价……如果这个药能进入医保目录,以中国的人口基数、中国政府为患者服务的决心,很难再找到这样的市场了。"

经历几次商议,张劲妮对价格仍不满意:"相信企业感到很痛,但离我们能进一步谈,还有一定的距离。"

"你们是不是已经尽到最大的努力了?""你们确认尽最大努力了?"张劲妮反复同企业谈判代表商讨价格。她还说:"每一个小群体都不应该被放弃。""我觉得套路对这种价位的药品是没有价值的。"

第五次离席商量过后,医疗代表们给出了每瓶37800元的价格。张劲妮笑着说："谈判桌上，我们作为甲方，这么卑微，真的很难。"但对于价格的底线，表现出了坚决不让步的态度。

当企业进行第七次商量报价降到了 34020 元时，张劲妮的答复是："觉得前面的努力都白费了，我真的有点难过。"

经过谈判组的集体商议，张劲妮给出了 33000 元的报价，企业代表第八次离席商谈确认报价。一个半小时后，随着"成交"二字，这场漫长谈判终于落下了帷幕。每瓶药的成交价比最初的报价少了 2 万多元。

网友们被这段视频深深打动："你的卑微，让人民体面。你在人民面前最高尚。你为人民砍的不是价格，是给人民的尊严、信心。""这样的视频，能让更多百姓了解到国家在背后为百姓做的一切。""一边是代表国家维护社会上弱小群体的利益，一边是代表科技企业发展和生存空间。最终达成皆大欢喜的协议。赞叹！""很感动！整个谈判有进有退，有理有节，成功的基础本质来自以人民为主为基调的国家。""为民尽责，不辱使命，值得感佩。"

之后，国家医疗保障局公布 2021 年国家医保药品目录调整结果：共计 74 种药品新增进入目录，2021 年国家医保药品目录内药品总数 2860 种，将于 2022 年 1 月 1 日执行。值得注意的是，有 7 种罕见病用药纳入医保目录，曾经 70 万元一针的罕见病救命药被纳入医保，患者家属喜极而泣……

二、案例出处

"灵魂砍价"背后的意义．[EB/OL]．http：//cq.cqnews.net/html/2021-12/04/content_ 9168221735787248.html，2021-12-04.

三、思考讨论

1. 如何在发展中保障和改善民生？

2. 结合案例谈谈怎么理解发展中保障和改善民生要"把握好发展经济与改善民生的关系"？

3. 全面推进健康中国建设应该怎么做？

四、教学建议

（一）组织教学建议

本案例可用于本章第四节"加强以民生为重点的社会建设"相关内容的理解学习。

1. 民生是人民幸福之基、社会和谐之本。在发展经济的基础上不断提高人民生活水平，实现人民群众对美好生活的向往，是党和国家一切工作的根本目的。

我们的发展是以人民为中心的发展，始终坚持发展为了人民、发展依靠人民、发展成果由人民共享，在推动经济持续健康发展的基础上，保证全体人民在现实生活中有更多、更直接、更实在的获得感、幸福感、安全感。为何把昂贵的罕见药纳入医保？正是因为每一个小群体都不应该被放弃。诚然，罕见病并不多见，可对这少数的患者家庭来说，堪称天文数字，若非纳入医保，患者将忍受病痛和沉重经济负担的双重折磨。此次国家医保药品目录，将7种罕见病用药纳入医保目录，体现了我国以人民为中心的根本立场。想民之所想，解民之所盼，这才是真正为群众办实事。这场艰难的"灵魂砍价"也是一面镜子，是对"人民至上、生命至上"的生动诠释。掷地有声的八个字既是庄严承诺，又是真实写照。这八个字，也是这次"灵魂谈判"能触动群众的最好说明。全心全意为人民服务，人民看得见！

2. 要把握好发展经济与改善民生的关系。

经济发展是改善民生的前提，离开了经济发展，改善民生就会成为无源之水、无本之木。要紧紧抓住经济建设这个中心，在推动经济高质量发展中进一步把"蛋糕"做大，为改善民生奠定更加坚实的物质基础。同时，抓民生就是在抓发展。持续不断增进民生福祉，能够有效解决广大人民群众的后顾之忧，这样既能调动人民发展生产的积极性，又可以提升社会消费预期，扩大内需，催生新的经济增长点，实现民生与发展的有效对接、良性循环，使之相得益彰。

"罕见病患者人数少，药物研发成本高，再加上有些药企由于技术领先获得定价优势地位，因此，罕见病药品价格昂贵。"谈判不容易，"灵魂砍价"

锱铢必较的背后，是国家医保局相关工作人员的不懈努力。医保专家一次次压价，一次次将款款药品价格砍到最低，背后的努力和付出，让人动容。药品价格多以市场调节为主，企业生产研发也需要经费，谈判之艰难可想而知。"灵魂砍价"为的是多省点钱，医保资金毕竟有限，如何让其发挥更大作用，将之用在"刀刃"上，事关国计民生，意义重大。为了更好普惠人民群众，工作人员可谓殚精竭虑。"灵魂砍价"反映了我国始终把人民生命安全和身体健康放在第一位。

（二）总结提升建议

1. 习近平指出："以人民为中心的发展思想，不是一个抽象的、玄奥的概念，不能只停留在口头上、止步于思想环节，而要体现在经济社会发展各个环节。"[1] 在发展中保障和改善民生，就是要多谋民生之利、多解民生之忧，在发展中补齐民生短板、促进社会公平正义，抓住人民最关心最直接最现实的利益问题，在幼有所育、学有所教、劳有所得、病有所医、老有所养、住有所居、弱有所扶等方面不断取得新进展，不断满足人民日益增长的美好生活需要。

2. 改善民生要坚持尽力而为与量力而行的统一。经济发展是保障和改善民生的物质基础，没有民生保障，经济发展也难以行稳致远、提质增效。于稳中求进中持续改善民生，必须不断增强辩证思维能力，将推进经济发展和民生保障有机统一起来，实现良性循环。坚持改善民生与经济发展相适应，尽力而为、量力而行，持续改善居民收入状况，不断优化收入分配结构，调动人人参与共建的积极性，将民生保障水平的提高建立在经济社会可持续发展的基础之上。同时，民生的持续改善又能稳定社会预期，拉动居民消费，释放潜在需求，增强发展动力，推动产业结构调整优化，不断提高劳动者综合素质和全社会劳动生产率，提高人力资源对经济发展的贡献率，为促进经济发展方式转变注入充沛动能。实现经济发展与民生保障相互促进、相得益彰，必须按照中央的部署要求，悟透以人民为中心的发展思想，坚持正确政绩观，敬畏历史、敬畏文化、敬畏生态、慎重决策、慎重用权。

---

[1] 中共中央文献研究室. 习近平关于社会主义社会建设论述摘编[M]. 北京：中央文献出版社，2017：13.

要根据经济发展和财力状况逐步提高人民生活水平,让群众得到看得见、摸得着的实惠。"民生工程是快速提升共建国家民众获得感的重要途径,要加强统筹谋划,形成更多接地气、聚人心的合作成果。"① 改善民生不能脱离国情,要从人民群众普遍关心的突出问题入手,想群众之所想、急群众之所急、解群众之所困,做好普惠性、基础性、兜底性的民生建设,一件事情接着一件事情办,一年接着一年干,锲而不舍向前走,在事关基本民生的关键领域持续取得新进展。

3. 全面推进健康中国建设,既是解决好卫生健康领域主要矛盾的重大制度安排,又是促进经济社会高质量发展的有效路径,在党和国家事业发展中占有十分重要的位置。人民健康长寿是民族昌盛和国家富强的重要标志。把保障人民健康放在优先发展的战略位置,坚持预防为主的方针,深入实施健康中国行动,建设体育强国,完善国民健康促进政策,织牢国家公共卫生防护网,为人民提供全方位全生命周期的健康服务。

人民群众的健康不仅是社会民生问题,更是政治问题,要坚持走好中国特色卫生健康发展道路。没有中国共产党,就没有中华民族伟大复兴,这是中国人民在革命、建设和改革的伟大实践中得出的基本结论。习近平总书记指出:"中国共产党领导是中国特色社会主义最本质的特征,是中国特色社会主义制度的最大优势,是党和国家的根本所在、命脉所在,是全国各族人民的利益所系、命运所系。"改善民生是一项复杂而艰巨的系统工程,坚持和加强党的领导是改善民生的根本保证。同时,改善民生是践行中国共产党人初心使命的重要表现。一要坚持基本医疗卫生事业的公益性。无论社会发展到什么程度,我们都要毫不动摇地把公益性写在医疗卫生事业的旗帜上,不能走全盘市场化的路子。二要正确处理政府和市场关系。在基本医疗卫生服务领域,坚持政府主导,落实领导责任、保障责任、管理责任、监督责任;在非基本医疗卫生服务领域,市场要有活力,鼓励社会力量提供服务。三要推进基本医疗卫生服务均等化。政府负责保障全体人民公平获得基本医疗卫生服务,并随着经济发展、政府保障能力增强、医疗技术不断提高,逐步扩大

---

① 习近平出席第三次"一带一路"建设座谈会并发表重要讲话[EB/OL]. 新华网,2021-11-19.

基本医疗卫生服务范围，逐步提高服务标准。

（三）案例启示

民生是人民幸福之基、社会和谐之本。在发展经济的基础上不断提高人民生活水平，实现人民群众对美好生活的向往，是党和国家一切工作的根本目的。我们的发展是以人民为中心的发展，始终坚持发展为了人民、发展依靠人民、发展成果由人民共享，在推动经济持续健康发展的基础上，保证全体人民在现实生活中有更多、更直接、更实在的获得感、幸福感、安全感。

习近平总书记指出："要继续加大医保改革力度，常态化制度化开展药品集中带量采购，健全重特大疾病医疗保险和救助制度，深化医保基金监管制度改革，守好人民群众的'保命钱''救命钱'。"[1]

"十四五"规划中"全面推进健康中国建设"里提出：健全基本医疗保险稳定可持续筹资和待遇调整机制，完善医保缴费参保政策，实行医疗保障待遇清单制度。做实基本医疗保险市级统筹，推动省级统筹。完善基本医疗保险门诊共济保障机制，健全重大疾病医疗保险和救助制度。完善医保目录动态调整机制。推行以按病种付费为主的多元复合式医保支付方式。将符合条件的互联网医疗服务纳入医保支付范围，落实异地就医结算。扎实推进医保标准化、信息化建设，提升经办服务水平。健全医保基金监管机制。稳步建立长期护理保险制度。积极发展商业医疗保险。

---

[1] 习近平看望参加政协会议的医药卫生界教育界委员［EB/OL］.中国共产党新闻网，2021-03-07.

第十一章 "四个全面"战略布局

一、案例阅读

推动我国公立医院高质量发展

2021年5月，国务院办公厅印发《国务院办公厅关于推动公立医院高质量发展的意见》指出，力争通过5年努力，公立医院发展方式从规模扩张转向提质增效，运行模式从粗放管理转向精细化管理，资源配置从注重物质要素转向更加注重人才技术要素，为更好提供优质高效医疗卫生服务、防范化解重大疫情和突发公共卫生风险、建设健康中国提供有力支撑。为贯彻落实《国务院办公厅关于推动公立医院高质量发展的意见》要求、巩固"进一步改善医疗服务行动计划"成果、充分发挥公立医院在保障和改善民生中的重要作用，国家卫生健康委和国家中医药管理局在2021年9月联合制定印发了《公立医院高质量发展促进行动（2021—2025年）》，明确了"十四五"时期公立医院高质量发展的具体行动准则。

推动公立医院高质量发展是一项系统工程，核心是体系创新、技术创新、模式创新、管理创新。其中，"三个转变"是公立医院实现转型升级的重要路径，也是维护公益性、调动积极性、保障可持续发展的治本之策。

一是发展方式从规模扩张转向提质增效。目前，我国公立医院已经到了从"量的积累"转向"质的提升"的关键时期，必须把发展的着力点放在提升质量和效率上。公立医院要更加注重内涵发展、技术发展、能力水平发展、服务质量发展，提高发展的"含金量"。要加快优质医疗资源扩容和区域均衡布局，充分发挥优质医疗资源的辐射带动作用，提高卫生健康供给质量和服务水平。

二是运行模式从粗放管理转向精细化管理。进入新发展阶段，公立医院要善于运用现代管理理念和管理工具、管理方法、管理技术，将基于人的经验管理与基于制度和标准的循证管理相结合，进一步提升医院管理的精细化、信息化、规范化、科学化水平。借助信息化手段，将医院管理的基础精准到科室、诊疗组、每个医务人员和重点病种，科学评价绩效，引导医院回归功能定位，激发降低成本、提高效率的内生动力，使有限的医疗资源发挥最大的社会效益。

三是资源配置从注重物质要素转向更加注重人才技术要素。推动公立医院高质量发展，人才是第一资源。要从保护和发展生产力的高度，把医院资源配置的重点从硬件建设转向人力资源发展，从提高薪酬待遇、拓宽发展空间、改善工作环境等方面来入手，充分调动医务人员的积极性、主动性、创造性，从解决临床重大疑难问题入手，推动原创性疾病预防诊断治疗新技术、新产品、新方案和新策略等产出，不断推动医学技术进步，为人民提供更高质量、更高水平的医疗卫生服务。

二、案例出处

推动公立医院高质量发展（无影灯）　［N］.人民日报，2021-12-03（18）.

三、思考讨论

1. 请结合案例回答为什么改革开放是当代中国发展进步的活力之源，是我们党和人民大踏步赶上时代前进步伐的重要法宝，是坚持和发展中国特色社会主义的必由之路？

2. 全面深化改革的总目标是什么？

3. 如何认识坚持全面深化改革的方向、立场和原则？

四、教学建议

（一）组织教学建议

本案例可用于本章第三节"全面深化改革"的理解和学习。

1. 清楚全面深化改革的重要性

改革开放是我们党的一次伟大觉醒，正是这个伟大觉醒孕育了我们党从理论到实践的伟大创造，极大地改变了中国的面貌、中华民族的面貌、中国人民的面貌、中国共产党的面貌。随着改革进入攻坚期和深水区，遇到的阻力越来越大，面对的暗礁、潜流、漩涡越来越多。改革涵盖的领域愈加广泛、触及利益格局的调整愈加深刻、涉及的矛盾和问题愈加尖锐、突破体制机制的障碍愈加艰巨，继续推进改革的复杂性、敏感性、联动性前所未有。要破解发展中面临的难题，化解来自各方面的风险挑战，推动经济社会持续健康发展，必须依靠全面深化改革。

公立医院是我国医疗服务体系的主体。自党的十八大以来，我国公立医院资源总量和服务数量快速增加，技术水平和质量安全快速提升，在基本医疗服务提供、危急疑难重症诊疗、突发事件医疗处置和紧急救援、引领国家医学发展等方面发挥着骨干作用。当前，我国已转向高质量发展阶段，人民群众多层次、多样化的医疗健康服务需求持续增长，加快提高医疗健康供给质量和服务水平，是适应我国社会主要矛盾变化、满足人民美好生活需要的要求，也是实现经济社会更高质量发展的基础。

2. 认识全面深化改革如何做

新时代的全面深化改革具有许多新的内涵和特点，其中很重要的就是制度建设分量更重，改革更多面对的是深层次体制机制问题，对改革顶层设计的要求更高，对改革系统性、整体性、协同性要求更强，相应的建章立制、构建体系的任务更重。

《国务院办公厅关于推动公立医院高质量发展的意见》指出，力争通过5年努力，公立医院发展方式从规模扩张转向提质增效，运行模式从粗放管理转向精细化管理，资源配置从注重物质要素转向更加注重人才技术要素，为更好提供优质高效医疗卫生服务、防范化解重大疫情和突发公共卫生风险、建设健康中国提供有力支撑。推动公立医院高质量发展是一项系统工程，核心是体系创新、技术创新、模式创新、管理创新。其中，"三个转变"是公立医院实现转型升级的重要路径，也是维护公益性、调动积极性、保障可持续发展的治本之策。一是发展方式从规模扩张转向提质增效。目前，我国公立医院已经到了从"量的积累"转向"质的提升"的关键期,必须把发展的着力点放在提升质量和效率上。二是运行模式从粗放管理转向精细化管理。进入新发展阶段,公立医院要善于运用现代管理理念和管理工具、管理方法、管理技术,将基于人的经验管理与基于制度和标准的循证管理相结合,进一步提升医院管理的精细化、信息化、规范化、科学化水平。三是资源配置从注重物质要素转向更加注重人才技术要素。推动公立医院高质量发展,人才是第一资源。

(二) 总结提升建议

1. 全面深化改革的总目标

党的十八届三中全会做出了全面深化改革的决定,把"完善和发展中国特色社会主义制度、推进国家治理体系和治理能力现代化"确定为全面深化改革的总目标,围绕这个总目标,合理布局了全面深化改革的战略重点、主攻方向、工作机制、推进方式、时间表及路线图,取得了改革理论和政策的一系列新的重大突破。党的十八届三中全会就改革做出了自改革开放以来最为系统全面的顶层设计,是我国改革开放进程中的重要里程碑,标志着我国改革开放事业进入一个新的历史阶段,开创了我国改革开放的新局面。

2. 坚持全面深化改革的方向、立场和原则

改革开放是有方向、有立场、有原则的。全面深化改革必须始终坚持方向不变、立场不移、原则不改,无论怎么改、改到哪一步,都要始终坚持和完善中国特色社会主义制度,坚持以人民为中心的改革价值取向,坚持党对改革的集中统一领导。

全面深化改革必须始终站稳人民立场,坚持以人民为中心的改革价值取向。我们党干革命、搞建设、抓改革,都是为了让人民过上幸福生活。始终代表最广大人民的根本利益,保证人民当家作主,体现人民的共同意志,维护人民合法权益,是我国国家制度和国家治理体系的本质属性,也是我国国家制度和国家治理体系有效运行、充满活力的根本所在。同时,必须紧紧依靠人民,改革发展稳定任务越繁重,我们越要保持党同人民群众的血肉联系,善于从人民的实践创造和发展要求中完善政策主张,不断为深化改革开放夯实群众基础。

推动公立医院高质量发展，根本目的是提高人民群众的满意度。衡量公立医院发展质量高不高，关键是看人民群众满意不满意。因此，推动公立医院高质量发展，必须坚持把维护人民群众健康利益作为出发点和落脚点，进一步强化公立医院公益性，努力打造一批高水平的公立医院，提供优质高效的医疗卫生服务，不断增强人民群众的获得感、幸福感、安全感。

全面深化改革必须坚持党对改革的集中统一领导。党的集中统一领导是保证全面深化改革乘风破浪、奋勇向前的指南针、定盘星和压舱石。全面深化改革能否顺利推进，关键取决于党，取决于党的集中统一领导。《国务院办公厅关于推动公立医院高质量发展的意见》中提出坚持和加强党对公立医院的全面领导。全面执行和落实党委领导下的院长负责制，充分发挥公立医院党委把方向、管大局、做决策、促改革、保落实的领导作用，健全完善医院党委会和院长办公会议事决策制度，把党的领导融入医院治理全过程的各方面各环节。加强公立医院领导班子和干部人才队伍建设。全面提升公立医院党组织和党员队伍建设质量。落实公立医院党建工作责任。

（三）案例启示

党的十九届六中全会通过的《中共中央关于党的百年奋斗重大成就和历史经验的决议》（以下简称《决议》）用"十个明确"系统阐发了习近平新时代中国特色社会主义思想的科学内涵。这十个方面的战略思想和创新理论，是我们党对中国特色社会主义建设规律认识深化和理论创新的重大成果。其中，"明确全面深化改革总目标是完善和发展中国特色社会主义制度、推进国家治理体系和治理能力现代化"，从全面深化改革总目标的高度，进一步揭示了全面深化改革在坚持和发展新时代中国特色社会主义、建设社会主义现代化强国、实现中华民族伟大复兴中的重要战略地位。《决议》深刻指出："党的十八大以来，以习近平同志为核心的党中央不断推动全面深化改革向广度和深度进军，中国特色社会主义制度更加成熟更加定型，国家治理体系和治理能力现代化水平不断提高，党和国家事业焕发出新的生机活力。"

医疗卫生领域如何实现全面深化改革？实现"全面"深化改革目标，其中人才是关键。"人才怎样用好，用人单位最有发言权。当务之急是要根据需要和实际向用人主体充分授权，真授、授到位。行政部门应该下放的权力都要下放，用人单位可以自己决定的事情都应该由用人单位决定，发挥用人主体在人才培养、引进、使用中的积极作用。用人主体要发挥主观能动性，增强服务意识和保障能力，建立有效的自我约束和外部监督机制，确保下放的权限接得住、用得好。用人单位要切实履行好主体责任，用不好授权、履责不到位的要问责。"① 推动公立医院高质量发展，人才是第一资源。要从保护和发展生产力的高度，把医院资源配置的重点从硬件建设转向人力资源发展，从提高薪酬待遇、拓宽发展空间、改善工作环境等方面来入手，充分调动医务人员的积极性、主动性、创造性，从解决临床重大疑难问题入手，推动原创性疾病预防诊断治疗新技术、新产品、新方案和新策略等产出，不断推动医学技术进步，为人民提供更高质量、更高水平的医疗卫生服务。

---

① 习近平. 在中央人才工作会议上的讲话［EB/OL］. 2021-09-27.

第十二章 实现中华民族伟大复兴的重要保障

一、案例阅读

案例一：党为人民谋健康的 100 年

相关史料记载，我们党在井冈山小井村建立的第一所红军正规医院，医生数量稀缺，只有十几名护士和担架员，药品器械极度缺乏，只能用食盐水代替生理盐水、用烧酒代替乙醇、用竹片代替镊子，使用的药品大都是中草药。

就是在这种条件艰苦的情况下，为了人民的健康福祉，我们党于 1931 年创办第一份健康专业报纸、建立第一所卫生学校、成立第一个卫生管理机构，1932 年颁布卫生运动第一个法令性文件，1933 年发布第一个《卫生运动纲要》，1934 年第一次成立中央级别的防疫委员会。

"忆往昔，峥嵘岁月稠。"在革命战争时期，中国共产党始终不忘医学的发展，不忘医学教育在促进人民健康的初心使命。红色医学教育从无到有、从弱到强，走过了艰难困苦的发展历程，取得了从举办看护人员培训队开始，一直到形成由培训班、医护学校、医科大学比较完备的医学教育机构的建设成就，培养了从短期培训到中专、大学、研究生的大批人才，传承了"政治坚定，技术优良，无私奉献，全心全意为人民服务"的红医精神等精神财富。

案例二：救死扶伤：不能忘却的新四军军医故事

革命战争时期，部队每到一地，医务人员便向当地群众宣传卫生防疫知识，指导群众改灶，挖井，改良厕所、畜圈。1944 年，淮北地区脑膜炎流行，四师卫生部直属所、卫生学校组织九个防疫队到现场进行救治；各地农村医生组织在四师各级卫生机构的支援下，纷纷组成抢救队、防疫队进入疫区，共救治病人 7000 多人，种痘 8000 余人。轰轰烈烈的军民卫生运动，有效地制止了边区传染病流行，保证了军民健康，提高了部队的战斗力。淮北人民称赞新四军医务人员是"华佗早逝世，如今又复生"。

案例三：白衣战士英雄本色：勇挑重担为人民

"中国人民解放军誓死不退！"一句誓言，捧出了人民军医的一片丹心——在祖国和人民最需要的地方，就是中国军人的前线。

号令如山，使命如山。冲锋在抗击新冠疫情第一线，军队支援湖北医疗队勇挑重担，接收最危重的病人，接管最危险的病区，接手最困难的任务。

同舟共济，大医为民。火神山医院、泰康同济医院、湖北省妇幼保健院光谷院区，处处上演着新时代军队医务人员为了人民昼夜奋战、舍生忘死的故事。

"人民健康，是最大的军功章。"对生命的敬佑，是医者的初心，更是军人的使命。军队支援湖北医疗队的白衣战士们用一双双妙手，护佑百姓安康。

二、案例出处

（1）从"海上医院"到"苏中军区后方总医院"——重温新四军救死扶伤、守护革命火种的故事［J］. 中国医学人文，2021（10）.

（2）白衣战士英雄本色——记军队支援湖北医疗队［N］. 解放军报，2020-09-17.

（3）把生物安全纳入国家安全体系全面提高国家生物安全治理能力［EB/OL］. 光明网，2020-09-16.

三、思考讨论

1. 如何从生物安全的角度认识总体国家安全观的内涵？
2. 如何从红色军医精神的传承认识中国人民军队的性质？
3. 如何认识医学院校大学生在现代化国防建设中的重要作用？

四、教学建议

（一）组织教学建议

该案例所围绕阐述的核心观点是"人民军队的性质与宗旨"，通过革命时期红色军医为人民谋健康的事例,充分印证了党对军队绝对领导的根本原则和制度以及人民军队完全区别于一切旧军队的政治特质和根本优势。尤其是通过人民军医、红色军医精神的视角,使得医学院校的学生更加懂得人民军队是党和人民健康安全的坚强保障。

该案例从一个侧面"人民的生命健康与安全"阐释了"总体国家安全观"的一个重要内容——生物安全。"总体国家安全观"具有丰富内涵的同时又紧贴现实的发展,是习近平强军思想与时俱进发展创新的重要体现。尤其是通过中国人民解放军参与抗疫并取得胜利的过程,让医学生更加真切地了解到"总体国家安全观"与时俱进的科学性。

(二) 总结提升建议

1. 总体国家安全观的内涵。

确保人民群众生命安全和身体健康,是我们党治国理政的一项重大任务。中国共产党诞生于国家内忧外患、民族危难之时,对国家安全的重要性有着刻骨铭心的认识。总体国家安全观关键在"总体",突出的是"大安全"理念,涵盖政治、军事、国土、经济、文化、社会、科技、网络、生态、资源、核、金融、生物、太空、深海、极地、人工智能、海外利益等诸多领域,而且随着社会发展不断拓展。

坚持总体国家安全观,"必须坚持国家利益至上,以人民安全为宗旨,以政治安全为根本,统筹外部安全和内部安全、国土安全和国民安全、传统安全和非传统安全、自身安全和共同安全,完善国家安全制度体系,加强国家安全能力建设,坚决维护国家主权、安全、发展利益"[①]。

2. 人民军队的性质与宗旨。

"人民军队为党和人民建立了不朽功勋,是保卫红色江山、维护民族尊严的坚强柱石,也是维护地区和世界和平的强大力量。"中国人民解放军是中国共产党绝对领导下的人民军队,来自人民、植根人民、服务人民,是人民的子弟兵。全心全意为人民服务是这支军队的宗旨所系、本色所在,是人民军队一代又一代传承的光荣传统。忠诚,造就了人民军队对党的赤胆忠心,造

---

① 习近平. 决胜全面建成小康社会 夺取新时代中国特色社会主义伟大胜利:在中国共产党第十九次全国代表大会上的报告 [M]. 北京:人民出版社,2017:24.

就了人民军队和人民的鱼水情意，造就了人民军队为党和人民冲锋陷阵的坚定意志。

习近平主席在考察武汉火神山医院时指出，军队医务人员牢记我军宗旨，召之即来，来之能战，战之能胜，为党旗、军旗增添了光彩。沧海横流，方显英雄本色。你们真正做到了救死扶伤、大爱无疆。

（三）案例启示

该案例的主要启示是作为医学院校的学生，应如何关注和投身国家安全保障的建设过程中。医学院校的学生作为未来的医学研究者、医务工作者，可以结合自身的专业积极参与国家的生物安全防治、重大传染病的防治，传承红色军医精神与新时代医务人员的抗疫精神。

1. 深刻认识新时代国家安全的重要挑战。

习近平总书记指出，生物安全问题已经成为全世界、全人类面临的重大生存和发展威胁之一，必须从保护人民健康、保障国家安全、维护国家长治久安的高度，把生物安全纳入国家安全体系。要全面研究全球生物安全环境、形势和面临的挑战、风险，深入分析我国生物安全的基本状况和基础条件，系统规划国家生物安全风险防控和治理体系建设，全面提高国家生物安全治理能力。

2. 深刻认识到现代国防建设的新内容。

重大传染病和生物安全风险是事关国家安全和发展、事关社会大局稳定的重大风险挑战。生物安全作为国家总体安全的重要组成部分，坚持平时和战时结合、预防和应急结合、科研和救治防控结合，加强疫病防控和公共卫生科研攻关体系和能力建设。要统筹各方面科研力量，提高体系化对抗能力和水平。要加强战略谋划和前瞻布局，完善疫情防控预警预测机制，及时有效捕获信息，及时采取应对举措。要研究建立疫情蔓延进入紧急状态后的科研攻关等方面的指挥、行动和保障体系，平时准备好应急行动指南，紧急情况下迅速启动。

3. 深刻认识新时代军队建设要坚持的政治方向，传承红色军医精神，塑造党指挥枪的建军军魂。

在国家安全与人民生命健康受到威胁时，"广大医务工作者一定要坚持下去，发扬特别能吃苦、特别能战斗的精神，发挥火线上的中流砥柱作用，始终把人民群众生命安全和身体健康放在首位，全力以赴救治患者，打好武汉保卫战、湖北保卫战"。人民军队任何时候任何情况下都以党的旗帜为旗帜、以党的方向为方向、以党的意志为意志。

第十三章　中国特色大国外交

一、案例阅读

案例一：中医药的发展：立足中国走向世界

中医药学是中国古代科学的瑰宝，也是打开中华文明宝库的钥匙。广大中医药工作者要增强民族自信，勇攀医学高峰，深入发掘中医药宝库中的精华，充分发挥中医药的独特优势，推进中医药现代化，推动中医药走向世界，切实把中医药这一祖先留给我们的宝贵财富继承好、发展好、利用好。

中医药的国际认同度持续提升。中医药已传播到全球183个国家和地区，成为中国与东盟、欧洲、非洲等地区和卫生组织合作的重要内容。"中医针灸"列入联合国教科文组织人类非物质文化遗产代表作名录，《黄帝内经》《本草纲目》入选世界记忆名录。据世界卫生组织统计，已有103个会员国认可使用针灸，其中29个设立了传统医学的法律法规，18个将针灸纳入医疗保险体系。

案例二：中国对外援助：共建人类卫生健康共同体

中国对外医疗卫生援助成绩卓著。自1963年以来，中国先后向69个发展中国家派遣了援外医疗队，累计派出医疗队员2.5万人次，治疗患者2.8亿人次。2014年，西非暴发埃博拉出血热疫情，中国连续4轮向疫区国家和国际组织提供现汇和物资等援助，共计价值1.2亿美元。派遣1200多名医护人员和公共卫生专家赴疫区及周边国家，累计完成样本检测近9000份、留观诊疗病例900多例、培训1.3万名当地医疗护理和社区防控骨干。2015年，尼泊尔发生8.1级特大地震，中国先后协调安排4支共193人的中国政府医疗防疫队伍赴尼泊尔灾区开展救援，累计救治伤员2600多人次，培训卫生防疫技术骨干1000余人。

2015年9月,中国在联合国系列峰会上宣布将在未来5年为发展中国家提供100所医院和诊所、实施100个"妇幼健康工程"等重大卫生援助举措。截至2017年6月,中国共有1300多名医疗队员和公共卫生专家在全球51个国家工作,在华培养了2万多名受援国际医疗卫生管理和技术人才,建设了综合医院、专科中心、药品仓库等150多个标志性设施,提供了急救车、诊疗仪器、疫苗冷链等多批医用物资,向非洲捐赠抗疟药品,挽救了4000万人的生命。自2008年起,中国为非洲国家设立了30个疟疾防治中心,提供了价值1.9亿元的青蒿素类抗疟药品。

二、案例出处

(1) 全国卫生与健康大会19日至20日在京召开[EB/OL].中国政府网,2016-08-20.

(2) 中国健康事业的发展与人权进步[EB/OL].中国政府网,2017-09-29.

(3) 国务院新闻办发表《中国的中医药》[EB/OL].中国政府网,2016-12-06.

(4) 习近平对中医药工作做出重要指示[EB/OL].中国政府网,2019-10-25.

三、思考讨论

(1) 结合中国的对外医疗援助,谈一谈你对领导人外交思想核心要义的理解。

(2) 结合中医药立足中国走向世界的发展,谈一谈你对中国外交战略的理解。

(3) 中国坚持走和平发展道路的具体体现有哪些?

四、教学建议

(一) 组织教学建议

该案例以医学相关的三个重要事件,从不同的侧面展现中国外交政策的内容。

对中国与世界关系的科学认识是理解中国外交的一个重要前提。从中医药立足中国走向世界的发展过程，通过习近平总书记关于中医药发展的重要论述，从一个侧面展现中国与世界的关系，以中医药与西医药的融合发展，突出中国坚持独立自主的道路与积极主动对外开放的外交政策。

2. 中国外交政策的宗旨是维护世界和平、促进共同发展。通过中国长期对外医疗卫生援助所取得的重要成果，展现中国帮助其他国家改善医疗的现实行动，让医学院校的学生更真切地理解中国外交政策宗旨的真实性。

（二）总结提升建议

1. 科学把握中国与世界的关系

认识世界发展大势，跟上时代潮流，是一个极为重要并且常做常新的课题。党的十八大以来，习近平总书记科学研判世界格局和中国与世界关系的历史性变化，精准辨析国际体系转型过渡期与我国发展历史交汇期相互交织的阶段性特征，指出当今世界正面临着百年未有之大变局，以中国为代表的新兴市场国家和发展中国家群体性崛起，中华民族伟大复兴进入不可逆转的历史进程。

我们要站在世界历史的高度审视当今世界发展趋势和面临的重大问题，坚持和平发展道路，坚持独立自主的和平外交政策，坚持互利共赢的开放战略，不断拓展同世界各国的合作，积极参与全球治理，在更多领域、更高层面上实现合作共赢、共同发展，不依附别人、更不掠夺别人，同各国人民一道努力构建人类命运共同体，把世界建设得更加美好。

中国的发展离不开世界，世界的繁荣也需要中国。中国开放的大门永远不会关闭，我们欢迎各国搭乘中国发展的"顺风车"。中国愿意同各方一道，推动亚投行早日投入运营、发挥作用，为发展中国家经济增长和民生改善贡献力量。

2. 深入把握中国特色的外交战略

中国必须有自己特色的大国外交。我们要在总结实践经验的基础上，丰富和发展对外工作理念，使我国对外工作有鲜明的中国特色、中国风格、中国气派。

自党的十八大以来，在党中央的坚强领导下，我们积极推进外交理论和实践创新，完善和深化全方位外交布局，倡导和推进"一带一路"建设，深入参与全球治理体系改革和建设，坚定捍卫国家主权、安全、发展利益，加强党对外事工作的集中统一领导，走出了一条中国特色大国外交新路，并取得了历史性成就。我们以坚持和平发展为战略抉择，探索走出与传统大国崛起不同的和平发展道路，在中国与世界各国的良性互动和互利共赢中开拓前进，在维护中国国家利益与促进世界和平发展的辩证统一中走通走顺。以发展全球伙伴关系为着力点，构建共同而非排他的"朋友圈"，开辟结伴而不结盟、对话而不对抗的国与国交往新路。以引领全球治理体系变革为责任担当，践行多边主义，维护公平正义，共商共建共享，推动国际秩序朝着更加公正合理的方向发展。

3. 践行中国外交政策的宗旨

中国外交政策的宗旨是维护世界和平、促进共同发展。中国始终是世界和平的建设者、全球发展的贡献者、国际秩序的维护者，愿扩大同各国的利益交汇点，推动构建以合作共赢为核心的新型国际关系，推动形成人类命运共同体和利益共同体。

中国共产党是为中国人民谋幸福的政党，也是为人类进步事业而奋斗的政党。中国共产党始终把为人类做出新的更大的贡献作为自己的使命。面对"世界怎么了，我们怎么办"的世纪之问，习近平总书记高瞻远瞩，用共同利益、共同挑战、共同责任把各国的前途命运联系起来，提出构建人类命运共同体，关键在行动。在这面旗帜下为推动建设持久和平、普遍安全、共同繁荣、开放包容、清洁美丽的世界，明确了行动方向；为推动构建相互尊重、公平正义、合作共赢的新型国际关系，指明了必由之路；表明了中方坚守和平、发展、公平、正义、民主、自由的全人类共同价值。

我们主张大小国家一律平等，同时也认为大国要承担起应有的责任。多边主义的要义是谋求各国协商与合作，首先是大国合作。中国始终是世界和平的建设者、全球发展的贡献者、国际秩序的维护者。我们将高举和平、发展、合作、共赢的旗帜，同世界各国人民深化友谊、加强交流，推动建设新型国际关系，推动构建人类命运共同体，推动共建"一带一路"高质量发展，以中国的新发展为世界提供新机遇。

(三) 案例启示

1. 深刻把握中国外交政策的宗旨

中国坚定不移地奉行独立自主的和平外交政策,坚持互相尊重主权和领土完整、互不侵犯、互不干涉内政、平等互利、和平共处五项原则,走和平发展道路。近代以后,中国人民遭受列强的侵略、凌辱、掠夺达百年以上,但中国人民不是从中学到弱肉强食的强盗逻辑,而是更加坚定维护和平的决心。

人类命运休戚与共,各国人民应该秉持"天下一家"的理念,共同推动构建人类命运共同体。中国人民热爱和平、珍惜和平,把维护世界和平、反对霸权主义和强权政治作为自己的神圣职责,坚决反对动辄使用武力或以武力威胁处理国际争端,坚决反对打着所谓"民主""自由""人权"等幌子肆意干涉别国内政。历史证明,和平发展是中国基于自身国情、社会制度、文化传统作出的战略抉择,顺应时代潮流,符合中国根本利益,符合周边国家利益,符合世界各国利益,必须始终坚持。

2. 全面把握"人类命运共同体"理念的科学指向

习近平总书记深刻指出,流行性疾病不分国界和种族,是人类共同的敌人。国际社会只有共同应对,才能战而胜之。全人类只有精诚团结,才能共克时艰;只有共同努力,才能战胜病魔。与世界各国携手共进,坚决反对疾病政治化,是中国坚持正确义利观、践行人类命运共同体理念的必然要求,是中国作为一个负责任大国应有的担当,是一个曾在艰难时刻受人帮助的国家义不容辞的责任。

这一科学的理念把中国发展与世界发展结合起来,把中国人民的利益与世界人民的共同和根本利益结合起来,超越了国强必霸、大国冲突的传统现实主义理论窠臼,实现了对国际关系发展规律认识的创新和升华。针对结盟对抗、零和博弈的冷战思维,主张不设假想敌,不针对第三方,以共赢而非零和博弈的理念发展伙伴关系。针对少数国家损害别国安全、谋求绝对安全,倡导共同安全、普遍安全,营造公平正义、共建共享的安全格局。针对保护主义、反全球化逆流,引导经济全球化朝着开放、包容、普惠、平衡、共赢的方向发展,共建开放型世界经济。针对新冠疫情和气候变化两大挑战,倡导构建人类卫生健康共同体、人与自然生命共同体,弥补全球治理赤字。

3. 全面把握中国外交政策的具体实践

统筹国内国际两个大局,打造全球伙伴关系网络,拓展对外开放与合作共赢的新局面。习近平总书记带领我们深化对外工作战略布局。自党的十八大以来,习近平总书记共出访41次,足迹覆盖五大洲,实现了对重要地区、国家和国际组织的全覆盖。着力运筹同主要大国关系,深入发展中俄新时代全面战略协作伙伴关系,保持中俄战略协作高水平。推动美方与中方相向而行,共同致力于构建不冲突不对抗、相互尊重、合作共赢的中美关系,对美方损害我国利益的言行进行坚决斗争反制。加强同欧洲国家和欧盟沟通合作,积极打造中欧和平、增长、改革、文明的四大伙伴关系,深化气候变化、环境保护和数字经济等领域合作。按照亲诚惠容理念和与邻为善、以邻为伴的周边外交方针,加强同周边国家的睦邻友好关系,深化同东盟等地区组织的合作。秉持真实亲诚理念和正确义利观,推动同非洲、阿拉伯、拉美等发展中国家友好合作关系迈上新台阶,同非盟、阿盟、拉共体等地区组织联系更加紧密,合作成果更加丰硕。我国已同世界上108个国家和4个地区组织建立不同形式的伙伴关系,其中战略伙伴关系达93对,形成全方位、多层次、宽领域、立体化的全球伙伴关系网络。习近平总书记2013年提出"丝绸之路经济带"和"21世纪海上丝绸之路"重大倡议,8年来,"一带一路"已从倡议变为现实,从"大写意"步入"工笔画"。我国成功举办两届"一带一路"国际合作高峰论坛,秉持共商共建共享原则,践行绿色、开放、廉洁理念,追求高标准、惠民生、可持续目标,致力于高质量发展。"一带一路"成为广受欢迎的国际公共产品,先后有140个国家和32个国际组织加入"一带一路"大家庭。

第十四章 坚持和加强党的领导

一、案例阅读

自党的十八大以来,平均每年有1000多万人脱贫,这个脱贫人数相当于一个中等国家的人口。贫困人口的收入水平显著提高,全部实现了"两不愁三保障",即脱贫群众不愁吃、不愁穿,义务教育、基本医疗、住房安全有保障,甚至连饮水安全也都有了保障。2000多万贫困患者得到分类救治,曾经被病魔困扰的家庭挺起了生活的脊梁。近2000万贫困群众享受低保和特困救助供养,2400多万困难和重度残疾人拿到了生活和护理补贴。110多万贫困群众当上护林员,守护绿水青山,换来了金山银山。无论是雪域高原、戈壁沙漠,还是悬崖绝壁、大石山区,脱贫攻坚的阳光照耀到了每一个角落,无数人的命运因此而改变,无数人的梦想因此而实现,无数人的幸福因此而成就!

贫困地区发展步伐显著加快,经济实力不断增强,基础设施建设突飞猛进,社会事业长足进步,行路难、吃水难、用电难、通信难、上学难、就医难等问题得到历史性解决。义务教育阶段建档立卡贫困家庭辍学学生实现动态清零。具备条件的乡镇和建制村全部通硬化路、通客车、通邮路。新改建农村公路110万公里,新增铁路里程3.5万公里。贫困地区农网供电可靠率达到99%,大电网覆盖范围内贫困村通动力电比例达到100%,贫困村通光纤和4G比例均超过98%。790万户、2568万贫困群众的危房得到改造,累计建成集中安置区3.5万个、安置住房266万套,960多万人"挪穷窝",摆脱了闭塞和落后,搬入了新家园。许多乡亲告别溜索桥,天堑变成了通途;告别苦咸水,喝上了清洁水;告别四面漏风的泥草屋,住上了宽敞明亮的砖瓦房。千百万贫困家庭的孩子享受到更公平的教育机会,孩子们告别了天天跋山涉水上学，实现了住学校、吃食堂。28个人口较少的民族全部整族脱贫，一些新中国成立后"一步跨千年"进入社会主义社会的"直过民族"，又实现了从贫穷落后到全面小康的第二次历史性跨越；所有深度贫困地区的最后堡垒被全部攻克。脱贫地区处处呈现山乡巨变、山河锦绣的时代画卷！

二、案例出处

习近平. 在全国脱贫攻坚总结表彰大会上的讲话［EB/OL］. 人民网，2022-02-26.

三、思考讨论

1. 如何理解中国共产党的领导是中国特色社会主义最本质的特征？
2. 如何理解中国共产党在新时代的历史使命？
3. 如何理解中国共产党的领导地位是历史和人民的选择？

四、教学建议

（一）组织教学建议

关于该案例的使用，一是建议作为进行第十四章全章导入时使用。中国共产党自诞生之初，就将争取民族独立、促进国家富强、实现人民幸福作为自己的奋斗使命，将实现中华民族伟大复兴作为自己的目标指引，把促进全体人民共同富裕作为自己的目标任务并为之不懈奋斗。全心全意为人民服务，是我们党的根本宗旨。缓解和消除贫困，走共同富裕之路，是社会主义的本质要求，是建设社会主义和谐社会的题中应有之义。必须在党的领导之下实现全体人民的共同富裕。

二是可用为讲解第十四章第一节第三点"新时代中国共产党的历史使命"。新时代中国共产党的历史使命就是统揽伟大斗争、伟大工程、伟大事业、伟大梦想，在全面建成小康社会的基础上全面建设社会主义现代化国家，实现中华民族伟大复兴的中国梦。自党的十八大以来，习近平总书记多次指出，我们正在进行的中国特色社会主义事业，是前无古人的开创性事业，前进道路不可能一帆风顺，我们必须准备进行具有许多新的历史特点的伟大斗争。

(二) 总结提升建议

1. 始终坚持党的集中统一领导

党政军学民，东西南北中，党是领导一切的。坚持党的集中统一领导是中国特色社会主义制度的最显著优势，这一制度优势为中国发展进步提供了根本保障，也为我们实现脱贫攻坚走共同富裕之路提供保障。在探索推进共同富裕的过程中，我们必将会面临各个地区因发展程度不同而导致策略制定、推进效果各异等情况。这就需要我们在党的集中统一领导之下把握因地制宜、逐步推进的原则，对共同富裕的长期性、艰巨性、复杂性有充分估计和考虑，在探索过程中紧紧团结带领广大人民，依靠人民，鼓励更多民众通过勤劳创新致富，坚持让发展成果更多地惠及民生。同时，畅通向上流动通道，给更多人创造致富机会，形成人人参与、人人共享的发展环境。

2. 人民利益高于一切

自改革开放以来，我们党从意识到贫穷不是社会主义，逐步开始打破传统体质束缚，到允许一部分人、一部分地区先富起来，推动解放和发展社会生产力，再到党的十八大后着力改善民生，决胜脱贫攻坚，全面建成小康社会，到如今浙江已率先开始探索高质量发展建设共同富裕示范区。一系列事实充分证明，我党始终代表中国最广大人民的根本利益，始终坚定站稳人民立场，在带领人民群众持续"做大蛋糕"的同时，也在不断探索通过贯彻新发展理念提升"蛋糕"的质量，将"蛋糕"分配得更合理，从而缩小贫富差距以适应我国社会主要矛盾的变化，更好地满足人民日益增长的美好生活需要。

(三) 案例启示

脱贫攻坚取得举世瞩目的成就，靠的是党的坚强领导，靠的是中华民族自力更生、艰苦奋斗的精神品质，靠的是新中国成立以来特别是改革开放以来积累的坚实物质基础，靠的是一任接着一任干的坚守执着，靠的是全党全国各族人民的团结奋斗。党的领导是我们实现共同富裕的最大底气所在。相信在党的领导下浙江共同富裕示范区的建设能有重大进展，为其他地区提供宝贵的经验。也相信在全国各地因地制宜的探索过程中，在全国人民的支持配合下，我们能走上并走好共同富裕之路，为世界展示更多的中国智慧和中国方案。

中国共产党的领导是中国特色社会主义最本质的特征，是中国特色社会主义制度的最大优势。正是因为始终坚持党的集中统一领导，我们才能完成中国历史上最伟大最深刻的社会变革，才能实现伟大转折、开启改革开放新时期和中华民族伟大复兴新征程，才能有力应变局、平风波、战洪水、防非典、抗地震、化危机，才能成功应对一系列重大风险挑战、克服无数艰难险阻。站在新的历史起点，党带领全国各族人民实现中华民族伟大复兴，不知还要克服多少艰难险阻。在这样的历史背景下，完成光荣艰巨的历史使命，战胜前进道路上的风险挑战，必须坚持和加强党对一切工作的领导。

第三篇 03

中国近现代史纲要

第一章　近代中华民族的磨难和抗争

一、案例阅读

中国革命和中国共产党（节选）

毛泽东

（一九三九年十二月）

中国历代的农民，就在这种封建的经济剥削和封建的政治压迫之下，过着贫穷困苦的奴隶式的生活。农民被束缚于封建制度之下，没有人身的自由。地主对农民有随意打骂甚至处死之权，农民是没有任何政治权利的。地主阶级这样残酷的剥削和压迫所造成的农民的极端的穷苦和落后，就是中国社会几千年在经济上和社会生活上停滞不前的基本原因。

封建社会的主要矛盾，是农民阶级和地主阶级的矛盾。

而在这样的社会中，只有农民和手工业工人是创造财富和创造文化的基本的阶级。

地主阶级对于农民的残酷的经济剥削和政治压迫，迫使农民多次地举行起义，以反抗地主阶级的统治。从秦朝的陈胜、吴广、项羽、刘邦起，中经汉朝的新市、平林、赤眉、铜马和黄巾，隋朝的李密、窦建德，唐朝的王仙芝、黄巢，宋朝的宋江、方腊，元朝的朱元璋，明朝的李自成，直至清朝的太平天国，总计大小数百次的起义，都是农民的反抗运动，都是农民的革命战争。中国历史上的农民起义和农民战争的规模之大，是世界历史上所仅见的。在中国封建社会里，只有这种农民的阶级斗争、农民的起义和农民的战争，才是历史发展的真正动力。因为每一次较大的农民起义和农民战争的结果，都打击了当时的封建统治，因而也就多少推动了社会生产力的发展。只是由于当时还没有新的生产力和新的生产关系,没有新的阶级力量,没有先进的政党,因而这种农民起义和农民战争得不到如同现在所有的无产阶级和共产党的正确领导,这样,就使当时的农民革命总是陷于失败,总是在革命中和革命后被地主和贵族利用了去,当作他们改朝换代的工具。这样,就在每一次大规模的农民革命斗争停息以后,虽然社会多少有些进步,但是封建的经济关系和封建的政治制度,基本上依然继续下来。

这种情况,直至近百年来,才发生新的变化。

……

帝国主义列强侵入中国的目的,绝不是要把封建的中国变成资本主义的中国。帝国主义列强的目的和这相反,它们是要把中国变成它们的半殖民地和殖民地。

帝国主义列强为了这个目的,曾经对中国采用了并且还正在继续地采用着如同下面所说的一切军事的、政治的、经济的和文化的压迫手段,使中国一步一步地变成了半殖民地和殖民地:

一、向中国发起多次的侵略战争,如一八四〇年的英国鸦片战争,一八五七年的英法联军战争,一八八四年的中法战争,一八九四年的中日战争,以及一九〇〇年的八国联军战争。用战争打败了中国之后,帝国主义列强不但占领了中国周围的许多原由中国保护的国家,而且抢去了或"租借"去了中国的一部分领土。例如日本占领了台湾和澎湖列岛,"租借"了旅顺,英国占领了香港,法国"租借"了广州湾。割地之外,又索去了巨大的赔款。这样,就大大地打击了中国这个庞大的封建帝国。

二、帝国主义列强强迫中国订立了许多不平等条约,根据这些不平等条约,取得了在中国驻扎海军和陆军的权利,取得了领事裁判权,并把全中国划分为几个帝国主义国家的势力范围。

三、帝国主义列强根据不平等条约,控制了中国一切重要的通商口岸,并把许多通商口岸划出一部分土地作为他们直接管理的租界。他们控制了中国的海关和对外贸易,控制了中国的交通事业(海上的、陆上的、内河的和空中的)。因此他们便能够大量地推销他们的商品,把中国变成他们的工业品的市场,同时又使中国的农业生产服从于帝国主义的需要。

四、帝国主义列强还在中国经营了许多轻工业和重工业的企业，以便直接利用中国的原料和廉价的劳动力，并以此对中国的民族工业进行直接的经济压迫，直接地阻碍中国生产力的发展。

五、帝国主义列强经过借款给中国政府，并在中国开设银行，垄断了中国的金融和财政。因此，它们就不但在商品竞争上压倒了中国的民族资本主义，而且在金融上、财政上扼住了中国的咽喉。

六、帝国主义列强从中国的通商都市直至穷乡僻壤，造成了一个买办的和商业高利贷的剥削网，造成了为帝国主义服务的买办阶级和商业高利贷阶级，以便其剥削广大的中国农民和其他人民大众。

七、于买办阶级之外，帝国主义列强又使中国的封建地主阶级变为它们统治中国的支柱。它们"首先和以前的社会制度的统治阶级——封建地主、商业和高利贷资产阶级联合起来，以反对占大多数的人民。帝国主义到处致力于保持资本主义前期的一切剥削形式（特别是在乡村），并使之永久化，而这些形式则是它的反动的同盟者生存的基础"。"帝国主义及其在中国的全部财政军事的势力，乃是一种支持、鼓舞、栽培、保存封建残余及其全部官僚军阀上层建筑的力量。"

八、为了造成中国军阀混战和镇压中国人民，帝国主义列强供给中国反动政府以大量的军火和大批的军事顾问。

九、帝国主义列强在所有上述这些办法之外，对于麻醉中国人民的精神的一个方面，也不放松，这就是它们的文化侵略政策。传教，办医院，办学校，办报纸和吸引留学生等，就是这个侵略政策的实施。其目的，在于造就服从它们的知识干部和愚弄广大的中国人民。

十、从一九三一年"九一八"以后，日本帝国主义的大举进攻，更使已经变成半殖民地的中国的一大块土地沦为日本的殖民地。

上述这些情形，就是帝国主义侵入中国以后的新的变化的又一个方面，就是把一个封建的中国变为一个半封建、半殖民地和殖民地的中国的血迹斑斑的图画。

由此可以明白，帝国主义列强侵略中国，在一方面促使中国封建社会解体，促使中国发生了资本主义因素，把一个封建社会变成了一个半封建的社会；但是在另一方面，它们又残酷地统治了中国，把一个独立的中国变成了一个半殖民地和殖民地的中国。

……

帝国主义和中国封建主义相结合，把中国变为半殖民地和殖民地的过程，也是中国人民反抗帝国主义及其走狗的过程。从鸦片战争、太平天国运动、中法战争、中日战争、戊戌变法、义和团运动、辛亥革命、五四运动、五卅运动、北伐战争、土地革命战争，直至现在的抗日战争，都表现了中国人民不甘屈服于帝国主义及其走狗的顽强的反抗精神。

中国人民，百年以来，不屈不挠、再接再厉的英勇斗争，使得帝国主义至今不能灭亡中国，也永远不能灭亡中国。

二、案例出处

本案例来自人民出版社 1991 年版《毛泽东选集》第二卷中《中国革命和中国共产党》。那是 1939 年的冬季，由毛泽东和其他几个在延安的同志合作写作的一个课本。第一章《中国社会》，是其他几个同志起草，经过毛泽东修改的。第二章《中国革命》，是毛泽东所写，他对近代中国社会的本质、变化和规律的认识极其深刻，启发了无数人。第三章，本来准备写《党的建设》，因为担任写作的同志没有完稿而停止。但是这两章，特别是第二章，在中国共产党和中国人民中仍然起了很大的教育作用。他所写的关于中国社会矛盾和革命对象、任务、动力及性质的分析，能极大地帮助我们了解中国近百年的社会性质和主要矛盾以及中国革命的任务和性质，并由此深入理解新民主主义革命理论的内涵。毛泽东在这个小册子的第二章中关于新民主主义的观点，在 1940 年 1 月他所写的《新民主主义论》中有新的变化和发展了。

三、案例讨论

1. 如何看待鸦片战争前中国与世界的差距？中国全方面落后的根本原因是什么？

2. 帝国主义为把中国变成它们的半殖民地和殖民地，采用了哪些手段？他们同时给中国带来了现代化的契机，能"功过相抵"吗？

3. 中国人民的反侵略斗争屡战屡败，有什么历史意义呢？

四、教学建议

（一）理论引导

清朝在鸦片战争时期和外国最直接的差距，就是"大炮巨舰"，从军事显示出了清朝和西方资本主义殖民者之间的巨大差距，但是这并非最根本的差距，军事上差距的背后实则是制度上的弊端，即封建主义制度的落后。不过更可怕的是，这种差距和弊端，在此后的一次次对外战争中以类似的方式重复着，我们始终没有彻底丢下"天朝上国"这个虚荣的"皇帝的新装"，以至于在很长的一段时间内都仅仅承认"器物"不如人，从而错失变革机遇。经过太平天国、甲午战争、戊戌变法等诸多历史事件，清政府始终不愿对制度进行根本性变革。而正是这种制度上的弊端让我们认识到，依靠封建统治者使中国走向富强是行不通的，只有中国共产党的革命道路才能让中华民族重新走上复兴之路。

列强的侵略造成了中国的贫穷和灾难，"国家蒙辱、人民蒙难、文明蒙尘"，造成了半殖民地半封建的局面。资本—帝国主义侵略中国主要的四种形式：军事侵略、政治控制、经济掠夺和文化渗透。首先，结合资本—帝国主义对中国发动的数次侵略战争，分析帝国主义侵略中国的历史过程。资本—帝国主义列强通过第一次鸦片战争、第二次鸦片战争、甲午中日战争、八国联军侵华战争，对中国进行军事侵略和武力威胁，强迫中国签订一系列不平等条约。结合"第一次鸦片战争签订的不平等条约及其影响"问题，可说明资本—帝国主义割占中国大片领土，强占中国租界，强租中国港湾，并且在中国划分势力范围的行为。其次，帝国主义对中国进行政治控制、经济掠夺和文化渗透。重点讲清政治控制（控制海关）、经济掠夺（控制中国经济命脉）、文化渗透（宣传奴化思想）等主要表现形式。

（二）总结提升

西方殖民者的侵略打开了中国封闭的大门，带来了一些先进的生产方式和思想，不平等条约体系中某些西方近代外交准则的引进也有利于中国接触世界、了解世界，使中国也有或多或少的进步，这是殖民者的"双重任务"，这一点马克思早已有了结论，是不必否认的。但西方殖民者的所作所为并非为了让其殖民地或半殖民地进步，其动机是扩张自身的利益，其手段是野蛮卑鄙的，其后果是给殖民地或半殖民地的人民带来了深重的苦难，因此其行为毫无正当性可言。不过，总有人叫嚣"列强侵略使中国近代化"的"有功论"，这里引出这样一些问题：对外国侵略怎么看？殖民地国家是否意味着近代化？如何认识列强侵略所带来的文明？对此，以下几点是必须明确的：

第一，这一观点是在美化殖民侵略，是历史虚无主义的错误观点。

第二，外国侵略意味着血淋淋的掠夺。

第三，外国侵略不会促进中国资本主义发展壮大。

第四，殖民地化不等于现代化，也不会直接带来现代化，被殖民过的非洲、拉美、东南亚等地依然极其落后。

第五，从动机上看，资本—帝国主义国家主观上是要奴役中国人民，其居于次要方面的积极作用不过是因为其充当了历史的不自觉的工具。

第六，从矛盾主次方面的角度来看，资本—帝国主义侵略导致了中国社会的贫穷落后，阻碍了中国社会的进步，这是主要方面。资本—帝国主义侵略给中国带来了一些先进文明，刺激了中国资本主义的发展等，但是积极作用的一面是次要的方面。

第七，西学进入中国主要是中国人自己主动接受，中国的现代化进程是人民努力发展的结果。

第八，实践证明，赢得反帝斗争的胜利，获得民族独立，是中华民族最有效地学习西方文明，开展现代化建设的必要前提之一。

（三）案例启示

1. 反对外国侵略的斗争的历史意义

（1）中国人民前仆后继、英勇顽强的斗争，使我们的国家和民族历经劫难、屡遭侵略而不亡；（2）在义和团反帝爱国运动时期，中国人民以其不畏强暴、敢与敌人血战到底的英雄气概，打击和教训了帝国主义者，使他们不敢为所欲为地瓜分中国；（3）资本—帝国主义列强发动的侵华战争以及中国反侵略战争的失败，从反面教育了中国人民，促进了民族意识的觉醒。

2. 反复的失败给我们的反思

（1）反侵略战争失败的原因在于社会制度的腐朽与经济技术的落后，但社会制度的腐朽是根本原因。（2）反侵略战争失败的教训：一是必须从根本上铲除腐朽的半殖民地半封建的社会制度；二是落后就要挨打，这是历史的教训。

（四）实践教学建议

1. 组织学生就近参观有关纪念地、纪念馆、博物馆、展览馆，观看相关文献专题片，撰写心得体会，进行交流研讨。

2. 组织学生按政治、经济、文化、军事、科技等专题分组查阅相关资料，组织交流讨论。

第二章　从京师大学堂医学实业馆的成立看维新运动的意义和失败原因

一、案例阅读

"在新冠肺炎疫情防控斗争中，你们青年人同在一线英勇奋战的广大疫情防控人员一道，不畏艰险、冲锋在前、舍生忘死，彰显了青春的蓬勃力量，交出了合格答卷。广大青年用行动证明，新时代的中国青年是好样的，是堪当大任的！我向你们、向奋斗在疫情防控各条战线上的广大青年，致以诚挚的问候！青年一代有理想、有本领、有担当，国家就有前途，民族就有希望。希望你们努力在为人民服务中茁壮成长、在艰苦奋斗中砥砺意志品质、在实践中增长工作本领，继续在救死扶伤的岗位上拼搏奋战，带动广大青年不惧风雨、勇挑重担，让青春在党和人民最需要的地方绽放绚丽之花。"

在这封信中习近平总书记高度赞扬了北京大学援鄂医疗队全体"90后"党员在疫情中展现的新时代中国青年勇于担当的青春力量。北京大学医学部成立的历史可以追溯到1903年百日维新时期。1898年7月3日，清政府成立了今北京大学和北京师范大学的前身——京师大学堂，1903年在京师大学堂设立医学实业馆，1904年改名为医学馆。1898年的"百日维新"如同昙花一现，只经历了103天就夭折了，除京师大学堂（北京大学的前身）被保留下来以外，其余新政措施大都被废除，但中国却因此进行了一次自上而下的思想启蒙，西方诸多先进理念得以扎根、生长。其中，对西医教育的官方引入，就是戊戌变法对中国医疗教育的影响体现。

二、案例出处

[1] 习近平. 给北京大学援鄂医疗队全体"90后"党员的回信［EB/

OL］．新华网，2020-03-15.

2. 北大医学部官方网页。

三、案例讨论

1. 戊戌维新运动的意义。
2. 戊戌维新运动失败的历史原因。

四、教学建议

（一）理论引导

1. 戊戌维新运动的意义。

戊戌维新运动虽然失败了，但它在中国近代史上仍然有着重大的历史意义。它作为一场爱国救亡运动、政治改良运动和思想启蒙运动开创了中国近代改革的先例，冲击了封建桎梏，刷新了社会风气。

第一，戊戌维新运动是一次爱国救亡运动。维新派在民族危亡的关键时刻，高举救亡图存的旗帜，要求通过变法，发展资本主义，使中国走上富强的道路。维新派的政治实践和思想理论，不仅贯穿着强烈的爱国主义精神，而且推动了中华民族的觉醒。

第二，戊戌维新运动是一场资产阶级性质的政治改良运动。维新派突破洋务派"中体西用"思想的局限，主张用君主立宪制取代君主专制制度。戊戌维新运动虽然未能成功地建立起资本主义的君主立宪制度，其颁布的促进民族资本主义发展的若干措施也未能生效，但其在政治、经济等领域中的变革，一定程度上冲击了封建制度。

第三，戊戌维新运动更是一场思想启蒙运动。维新派大力传播西方资产阶级的社会政治学说和自然科学知识，宣传自由平等、社会进化观念，批判封建君权和封建纲常伦理，从而把顽固的封建主义思想壁垒打开了一个缺口，有利于民主思想在中国的传播，有利于人们的思想解放。在维新派的推动下，"诗界革命""文体革命""小说界革命""戏剧改良""史学革命"等相继而起，形成了广泛的文化革新运动。以维新运动为起点，资产阶级新文化开始打破封建文化独占文化阵地的局面。在教育方面，维新派主张采用西方近代教育制度，兴办新式学堂，这对中国近代教育的发展起了积极的推动作用。

维新派在改革社会风习方面也提出了许多新的主张。如主张革除吸食鸦片及妇女缠足等恶俗陋习，提出"剪辫易服"的主张，倡导讲文明、重卫生等。

2. 戊戌维新运动失败的历史原因

（1）客观原因：新旧力量对比悬殊，守旧势力力量强大，维新派实力不敌

中央从最高权力的实际掌控到官员的支持力量均由慈禧太后掌控，维新派的核心人物光绪皇帝18岁亲政，名义上是国家的最高统治者，但在变法期间，慈禧太后任命亲信荣禄为直隶总督兼北洋大臣，控制京津地区，又控制了人事任免权，以防止光绪帝破格提拔维新派，光绪皇帝实质上仍旧是慈禧太后的傀儡。历史学家陈旭麓就此评论过："光绪的悲剧，是在他的周围没有形成一个足以制服慈禧一伙的力量。"在地方，支持变法新政的只有湖南巡抚陈宝箴，其余地方大员或者观望，或者阳奉阴违，或者明目张胆地加以抵制。

维新派对与守旧势力力量对比的实情缺乏足够的认识，对矛盾冲突的激烈程度和复杂性估计过低。以湖广总督张之洞为例，张之洞在接到光绪帝一月内办竣覆奏的谕旨后，深感手足无措。在致湘抚片上级、江督刘坤一的电文中谓："裁汰事甚为难……尊处拟如何办法，祈酌示大略，以资启发。再湖北候补官道府州县佐杂共九百余员，甄别裁汰，一月办竣，尤不易莛筹。"张之洞在百日维新中的态度比起其他官员是相对积极的，但他对裁官之事亦深感为难。李剑农在《近百年中国政治史》中说："是因为变法的推行，要打破许多人的固定饭碗和得饭碗的机会，那些'假道求食'的先生们是断不甘心的。"维新派的这些激烈的措施带来的后果是始料未及的，裁撤冗官激起了守旧势力的强烈不满和坚决反对，最终招致反扑。

（2）主观因素：维新派自身的局限性

当时民族资本主义经济力量还十分微弱，民族资产阶级的社会基础相当狭窄。民族资产阶级的政治代表维新派的势力更是非常弱小，很多人自身还保留着封建士大夫的痕迹。他们既没有严密的组织，也不掌握实权和军队，更没有去发动群众。这样，他们就只能把自己实行改革的全部希望寄托在一

个没有实权的光绪皇帝身上。如此，焉能不败？

①不敢否定封建主义。政治上，他们不敢从根本上否定封建君主制度，只是幻想依靠光绪皇帝"以君权雷厉风行"，通过和平、合法的手段，实现自上而下的改良，让资产阶级和开明士绅的代表参加政权，逐步实现君主立宪。在经济上，他们虽然要求发展民族资本主义，却未触及封建主义的经济基础——封建土地所有制。在思想上，一般而言，思想解放是政治变革的先导和前提，政治变革的深入和广泛，往往取决于人们对变革必要性的认识程度和对变革实践的参与程度。然而，戊戌变法的发生却不是这样，变革的理念，尤其是政治体制改革的思想，只是不绝如缕地存在于先进知识分子的观念形态里，尚未汇成一股巨流，绝大多数士大夫还在"中国文物制度远在西人之上"（李鸿章）的迷梦中昏睡。是甲午战争的惨败，惊醒了他们，是19世纪90年代末西方列强瓜分中国的狂潮，促使他们反省器物层面改革的种种不是，进而激发起政治改革的热情。很显然，维新派的思想准备是不足的，理论根基是薄弱的。他们虽然提倡学习西学，却仍要打着孔子的旗号，借古代圣贤之名"托古改制"。康有为不惜篡改史实而炮制出孔子托古改制的理论，不过是为自己的变法改革找根据，即利用孔子的权威来抵制当时封建顽固势力对维新运动的阻挠和高压，所以，时人讽刺康有为等是"跪着造反"。在《新学伪经考》和《孔子改制考》中把孔子包装成资产阶级的改革者，一定程度上有利于改革的施行，但是也为改革预设了框架，即只能在孔子允许的范围内进行，这无疑是对改革者创造力的极大束缚。

②对帝国主义抱有幻想。戊戌政变发生前几天，资产阶级维新派曾向英、美、日寻求援助，他们虽然大声疾呼救亡图存，却又幻想西方列强能帮助自己变法维新。康有为在接到光绪帝"密诏"的当天（戊戌八月初三），就上了一道密折给光绪，告知如果皇上肯下令变法，"李提摩太曾向我保证，他可以向英国政府说项，取得英国的支持"，并请委托李提摩太做顾问，以保障皇上的安全。康有为还去拜访了正在中国访问的前日本首相伊藤博文，请他在觐见慈禧太后时为变法新政当说客，"极言宜引见汉臣，通晓外事，切莫受满洲一二老臣雍蔽，听宦官宫妾之拨弄，而与皇上讲求变法条理"，使其"回心转意"，改变原来的态度。英、日帝国主义虽然表面上同情维新派，但实质上

只是为了乘机扩大在华侵略势力,并寻找他们在中国的代理人,同时也是为了与俄国进行争夺。因此,在戊戌政变前夕,维新派分别乞求英、美、日公使的支持,结果都落了空。

③惧怕人民群众。维新派的活动基本上局限于官僚士大夫和知识分子的小圈子。他们不但脱离人民群众,而且惧怕甚至仇视人民群众。变法失败后,张荫桓受牵连发配新疆,甚至被沿途老百姓殴打。从本质上讲,戊戌维新运动是一场带有资产阶级性质的改革运动,它所依赖的阶级基础是民族资产阶级,他们本身又兼有地主、官僚、士绅的身份,因此与民众是有天然隔膜的,他们惧怕民众,康有为在上书中一再提醒要注意防备陈胜、吴广以及太平天国这些民众造反,"即无强敌之逼,揭竿斩木已可忧危",显示出他们对民众的轻视、对民众的惧怕,这种现状造成人们对国家前途和命运的漠不关心。戊戌变法运动局限在极小的范围,成为部分精英阶层的晚宴,更像是场"独角戏"。所以,在戊戌政变发生后,当戊戌六君子被押往菜市口行刑时,北京城的老百姓都跑去看热闹。当戊戌六君子人头落地、鲜血染红脚下大地时,绝大多数围观群众是带着一种麻木的心态来观看这一悲壮的瞬间。在当时,这是一个国家的悲剧之所在,一个民族的悲哀之所在。谭嗣同就义前大声疾呼"有心杀贼,无力回天,死得其所,快哉快哉",一方面体现了他为改革而奋斗,为改革而死而后已的无畏精神,一方面也反映了维新派的无力挣扎和无奈之举。回天之力究竟在哪里?其实就在亿万民众之中,而这恰恰是维新派没有认识到的。

(二)总结提升

结论1:在半殖民地半封建的中国,企图通过封建统治者走自上而下的改良道路,是根本行不通的。历史呼唤着新的革命阶级的到来。

结论2:要想争取国家的独立、民主、富强,必须用革命的手段,推翻帝国主义、封建主义联合统治的半殖民地半封建的社会制度。戊戌维新的失败再次暴露出清朝统治集团的腐朽与顽固,"戊戌六君子"喋血菜市口的教训促使一部分人放弃改良主张,开始走上革命的道路。此后,孙中山领导的资产阶级民主革命,就进一步发展起来。

(三)案例启示

鸦片战争是中国近代史的起点,中国闭关锁国的大门被英国打开,在清朝统治阶级中逐渐出现了一批睁眼看世界的人。第二次鸦片战争后，在内忧外患的形势下，洋务派又掀起一场名为"师夷长技以自强"的洋务运动。洋务运动的失败使得一些洋务派的人认识到，中国的落后并不只是在枪炮上，按照梁启超的说法，近代中国的变革，应随着从器物（西技）到文化（西学）再到政治（西法）的阶梯渐次上升。以康有为、梁启超为代表的维新派人士通过光绪帝发起了一场倡导学习西方，提倡科学文化，改革政治、教育制度，发展农、工、商业等的资产阶级改良运动。

然而维新派缺乏反帝反封建的勇气，一方面维新派虽提出了"救亡图存"的响亮口号，但他们天真地认为要挽救民族危亡，只要向西方学习，实行资本主义改革，使中国富强起来，就可免于侵略，甚至幻想英、美、日等帝国主义能来帮助变法，反映了维新派面对帝国主义的妥协性。另一方面，维新派与封建顽固势力做出对抗的同时又与封建主义保持着千丝万缕的联系。

虽然维新运动失败了，但中国民族资产阶级面对19世纪末帝国主义掀起的瓜分狂潮，挺身而出，为救亡图存奔走呼号，呼吁"保国"，反对"瓜分"，是近代中国摸索救国救民真理的一场爱国运动。维新派在中国最早创办近代报刊，把旧式书院和私塾逐渐转变为近代学校，大力提倡西方的社会政治学说和科学知识，打开了知识分子的眼界，使其重新认识世界，为后来人们接受新思想扫除了一些障碍，这些影响不会因维新运动的失败而消失。

因此，在百年未有之大变局中，青年人要开阔眼界，在真理的道路上积极求索，不畏险阻；要把个人的理想扎根于中华民族伟大复兴的中国梦中，坚持"四个自信"，砥砺奋进，在青春的舞台上绽放光芒。青年一代有理想、有本领、有担当，国家就有前途，民族就有希望。

第三章 辛亥革命与封建君主专制制度的终结

一、案例阅读

辛亥革命的成功和失败

胡绳

始于十九世纪中叶的近代中国,在外国资本帝国主义和本国封建势力的压迫下,陷入苦难深重和极度屈辱的深渊中。国家的主权被剥夺,经济命脉被控制在外人手中。封建专制主义的清皇朝统治中国已有二百年,在面对西方列强侵略的严重形势下,不能采取有效的自强措施,反而压制一切使中国政治和社会有所进步的趋势,顺从帝国主义的意愿,听任它们宰割中国。清皇朝在它的末期已成为一个卖国的、极端腐败的、扼杀中国的生机因而深受人民痛恨的政权。人民生活在水深火热之中。中国人是带着八国联军侵占首都北京的民族耻辱进入二十世纪的。那时,展现在中华民族面前的仿佛只是一片濒临毁灭的悲惨黯淡的前景。

曾经在人类历史上创造过光辉的古代文明的勤劳智慧的中华民族,绝不甘心长期忍受这种屈辱生活。

1902年到日本留学的鲁迅写下过这样的诗句:"灵台无计逃神矢,风雨如磐暗故园,寄意寒星荃不察,我以我血荐轩辕。"喊出了那时多少爱国者满腔悲愤的心情。

帝国主义和封建主义的联合压迫,是中国的民族灾难和人民痛苦的根源。它阻碍了中国社会的发展和政治的进步。

如何反对外国的侵略,争取民族独立?如何摆脱封建专制统治下造成的黑暗和愚昧?如何改变国家贫穷落后的面貌,使之臻于繁荣富强的境地?这是半殖民地半封建中国面临的主要问题,也是中国的先进分子反复思考的主要问题。

在中国共产党成立以前,已经有过许多献身于民族进步事业的人民英雄。为了改变祖国的境遇和命运,中国人民的反抗斗争几乎没有间断过。可是,历次反对外国侵略的战争也好,太平天国的农民革命也好,鼓吹爱国救亡和变法图强的戊戌维新运动也好,起自社会下层并有着广泛群众规模的义和团运动也好,一次又一次地都失败了,无数仁人志士为此而抱终天之恨。历史总是不停地前进着,并且不断地呈现新的内容。随着民族危机的进一步深刻化,随着中国社会内部新的社会力量(主要是资本主义近代工业)的初步成长,在中国民主革命先行者孙中山的领导下,一场新的革命运动又开始了。

孙中山是一个伟大的爱国主义者,也是一个伟大的民主主义者。当他1894年在檀香山成立革命小团体兴中会的时候,第一次响亮地喊出了"振兴中华"的口号。他在1905年发起成立的中国同盟会,完整地提出以建立一个资产阶级民主共和国为目标的政治纲领,并且努力用革命的手段来实现这个纲领。

同盟会的誓词写道:"驱除鞑虏,恢复中华,创立民国,平均地权。"

这场革命的直接目标是推翻清朝政府,而这个政府已经是帝国主义列强用来统治中国的工具,因此这场革命实质上具有反对帝国主义的性质。这场革命号召推翻了中国两千年来的封建君主专制制度。在这以前,虽然已有人受欧风美雨的影响而提出怀疑君主政治的思想,但他们不敢设想在中国推翻君主制度和由它代表的社会制度。孙中山鼓吹民主共和国的理想,在人们面前树立起一种新的目标。从这时候起,中国人民开始自觉地为建立一个独立的民主国家而进行斗争。

毛泽东曾经这样评论:"中国反帝反封建的资产阶级民主革命,正规地说起来,是从孙中山先生开始的。"

这场革命的目的是实现资本主义工业化。

1924年,《中国国民党第一次全国代表大会宣言》中在回顾辛亥革命时写道:"革命之目的,非仅仅在于颠覆满洲而已,乃在于满洲颠覆以后,得从事于改造中国。"那就是:"政治方面,由专制制度过渡于民权制度;经济方面,由手工业的生产过渡于资本制度的生产。"值得注意的是,当人们醉心于学习西方的时候，孙中山已察觉到西方国家的资本主义制度存在某些弊端，认为"欧美强矣，其民实困"，"社会革命其将不远"。

孙中山受到在西方已经兴起的社会主义运动的影响，企图使他提出的纲领带有某种社会主义的色彩，但不管他主观上怎么想，按照他"平均地权"的主张实行起来，客观上仍只能是在中国发展资本主义。

中国同盟会在成立后几年间，同在它影响下的其他革命团体一起，积极展开革命宣传鼓动工作，联络会党（主要是南方几个省的三合会等江湖帮会组织）和新军（清朝政府在甲午战争失败后建立的、采用新式军械和新式训练的军队）发动一次又一次的武装起义。每次起义的失败都在全国民众中扩大了革命的影响，加深了人们对清政府的憎恶。革命形势在全国范围内逐渐成熟。

1911年，辛亥革命的爆发和它取得的成功，证明帝国主义列强不能任意地支配中国的命运。

这次革命的意义在于它不仅推翻了清王朝，而且使几千年来的君主专制制度从此结束，使民主共和国的观念从此深入人心。

这对推动中国社会进步、促进中国人民思想解放所起的作用是不能低估的。被推翻的清王朝既是封建统治势力的总代表，又已成为帝国主义统治中国的驯服工具。人民战胜了这个卖国的封建的专制政府，就一下打乱了中国原有的反动统治秩序，使它再也无法重新稳定下来，从而为此后革命斗争的发展开辟了道路。从这个意义上说，辛亥革命取得的胜利是巨大的。

辛亥革命也有明显的弱点，它没有能提出一个明确而完整的反对外国帝国主义侵略和反对封建社会制度的政治纲领，没有能比较广泛地发动占中国人口最大多数的下层劳动群众，没有形成一个能够胜利地领导这场革命进行到底的坚强有力的革命政党。

原因是中国资产阶级的力量实在太微弱了，并且同帝国主义和封建势力有着难以完全割断的联系，而同广大的下层劳动群众严重脱离。这就使资产阶级革命派没有勇气也没有力量把反帝反封建的斗争进行到底。

辛亥革命以同旧势力妥协告终。帝国主义在中国的势力并没有受到削弱，在农村中也没有出现一次社会大变动。中华民国虽然成立了，革命果实却落到帝国主义所中意的以袁世凯为首的北洋军阀手里。中国仍是半殖民地半封建社会,依然处于极端贫穷落后的状态。孙中山曾沉痛地说:"政治上、社会上种种黑暗腐败比前清更甚,人民困苦日甚一日。"辛亥革命并没有达到预期的目的。从这个意义上说,它又是失败的。

尽管如此,辛亥革命在中国近代历史上的伟大功绩是不可抹杀的。作为马克思主义的历史唯物主义者,我们从不忘记中国共产党成立以前许多革命先驱者的业绩,而辛亥革命便是在中国共产党领导的人民革命以前的一次最重要的革命。如果脱离中国近代革命史的全过程来观察问题,也许会把辛亥革命看作一朵不结果实的花,但它并不是不结果实的,辛亥革命的胜利鼓舞着中国人民继续奋斗。它的失败,又给中国人民中的先进分子以深刻的启发,使人们逐渐觉悟到在中国的历史条件下建立资产阶级共和国是不可能的,必须另外探索新的道路来求得国家的独立富强和人民的自由幸福。

毛泽东曾经明确地指出:"研究中国共产党的历史,还应该把党成立以前的辛亥革命和五四运动的材料研究一下。不然,就不能明了历史的发展。"

从辛亥革命的爆发到中国共产党的成立,中间相隔只有十年。可以说,中国共产党的老一辈革命家们,几乎没有例外地参加过辛亥革命或受到过这次革命的深刻影响。这些老一代共产党人和许多后来同共产党合作的民主人士是从辛亥革命出发再继续向前迈进的。

共产党人林伯渠在回顾自己的思想历程时说:"辛亥革命前觉得只要把帝制推翻便可以天下太平,革命以后经过多少挫折,自己所追求的民主还是那样的遥远,于是慢慢地从痛苦经验中,发现了此路不通,终于走上了共产主义的道路。这不仅是一个人的经验,在革命队伍里是不缺少这样的人的。"

因此,可以把中国新民主主义革命和社会主义的胜利看作是辛亥革命的继续和发展,这些胜利也是辛亥革命最后结出的丰硕果实。

二、案例出处

中共中央党史研究室. 中国共产党的七十年 [M]. 北京:中共党史出版社,2016.

三、案例讨论

1. 为什么说孙中山领导的辛亥革命引起了近代中国的历史性巨大变化？
2. 辛亥革命失败的原因是什么？

四、教学建议

（一）理论引导

辛亥革命是孙中山领导的以反对君主专制制度、建立资产阶级共和国为目的的革命，是一次比较完全意义上的资产阶级民主革命。在近代历史上，辛亥革命是中国人民救亡图存、振兴中华而奋起革命的一个里程碑，它使中国发生了历史性巨变。第一，辛亥革命推翻了封建势力的政治代表、帝国主义在中国的代理人——清王朝，把"皇帝拉下马"了，把统治国家几千年的君主专制制度推倒了，沉重地打击了中外反动势力，人民革命的浪潮一浪接着一浪，此起彼伏，从袁世凯到蒋介石，像走马灯似的一个接着一个登场，但是中国反动统治秩序再也无法稳定下来。第二，多少年来，皇帝一直是封建主义的集中象征，"国不可一日无君"，皇权至高无上的意识历经数千年的漫长岁月已经成为中国人民的一个天然禁锢，辛亥革命结束了统治中国两千多年的封建君主专制制度，建立了中国历史上第一个资产阶级共和政府，使中国人民的反封建斗争跨出了历史性的一步，使民主共和观念深入人心，带来一次思想上的解放。不能把从君主专制到建立共和国，看作无足轻重的政体形式上的变化，甚至只看作换汤不换药的招牌的更换，这已经是一件了不起的大事。第三，辛亥革命促使社会经济、思想习惯和社会风俗等方面发生了新的变化：（1）革除社会陋习，如禁止蓄辫、缠足、赌博，严禁种植和吸食鸦片。（2）树立民主新风，如官员、官民之间均为平等关系，废除清朝官场称呼"大人""老爷"的恶习，废除跪拜之礼，改行鞠躬礼。（3）保障人权平等，允许女子参与政治，禁止买卖奴婢，禁绝贩卖华工，禁止刑讯、体罚等。（4）鼓励实业发展，保护私人财产和工商业者的经营活动，颁布一系列保护工商业发展的章程、则例，提倡垦殖事业。（5）实行教育改革，提倡男女同校、奖励女学，将各种旧式学堂改为学校，禁止使用清廷学部颁行的教科书，增设自然科学、商业和工艺方面的课程。毫无疑问，这些措施的推行，对社会经济、思想习惯和社会风俗等方面产生了新的积极的影响。

（二）总结提升

怎样才能争得民族独立、人民解放？近代中国历史表明，必须首先进行反帝反封建的民主革命。只有通过革命赢得民族独立、人民解放，中国人民才有可能集中力量进行现代化建设，实现国家富强、人民幸福，从而使无数爱国志士和革命先驱为之献身的中华民族伟大复兴的梦想真正成为现实。为了拯救民族危亡，中国人民奋起反抗，仁人志士奔走呐喊，太平天国运动、戊戌变法、义和团运动、辛亥革命接连而起，各种救国方案轮番出台，但都以失败而告终。没有独立自主的国家地位，不能主导自己的民族命运，中国半殖民地半封建社会性质没有改变，中国人民和中华民族悲惨命运没有改变。

南京临时政府于1912年元旦成立，到4月1日孙中山和内阁成员赴参议院举行正式解职典礼，只存在了三个月。那么，是哪些因素导致辛亥革命失败呢？从根本上说，是因为在帝国主义时代，在半殖民地半封建的中国，资本主义的建国方案是行不通的。尽管当时先进的中国人真诚地希望把中国建设成为资产阶级共和国，但是，帝国主义绝不容许中国建立一个独立、富强的资产阶级共和国，从而使自己失去中国这个占世界1/4人口的被剥削、被奴役的对象。帝国主义与以袁世凯为代表的大地主大买办势力以及旧官僚、立宪派一起勾结起来，从外部和内部绞杀了这场革命。

（三）案例启示

毛泽东说过："帝国主义的侵略打破了中国人学西方的迷梦。很奇怪，为什么先生老是侵略学生呢？中国人向西方学得很不少，但是行不通，理想总是不能实现。多次奋斗，包括辛亥革命那样全国规模的运动，都失败了。"这个历史教训是很深刻的，有以下三点比较明显的原因：

其一，内部原因，财政困窘，军心不稳。那时战争还在继续，南北尚未统一，军政开支很大。控制着各省军政大权的都督们在财政上对临时政府根本不予支持，相反，各都督还以各种名目，向临时政府要钱。革命军从表面上看人数不少，但士兵大多是新编入伍的人员，作战能力不强。

其二，列强干预破坏。半殖民地半封建的中国是帝国主义列强的掠夺对象和重要市场，它们绝不容许中国建立一个独立、富强的资产阶级共和国。列强通过政治、外交、军事、经济、财政等各种手段来破坏、干涉中国革命。

其三，袁世凯强力篡权。包括孙中山、黄兴等人在内，都把袁出凯当成了中国的华盛顿、拿破仑，希望他能建立丰功伟业，把中国建成一个强大的国家，但袁世凯并没有把中国引向一条共和强国之路，而是走了一条相反的路，袁世凯死后，帝国主义列强开始各自寻找和培植自己的代理人，扩张在华的侵略势力，军阀混战不休不止。

第四章 从陈独秀与中医剖析新文化运动

一、案例阅读

19世纪初,现代医学因为教会传教的需要开始进入中国。在其传入中国之时,还没有中医的概念。一开始,很多人把西医称为新医,中医唤作旧医。后来,因为现代医学是由来自西方国家的医生带来的,所以被称为西医,而中国的传统医学便被称为中医。从此便开始有了新旧医之争、中西医论争。中西医论争不仅是医学界内部的论争,更涉及西方科学与中国传统文化之间的论争,其实质是中西文化的论争。

其中,新文化运动的倡导者、发起者和主要旗手,"五四运动的总司令",中国共产党的主要创始人之一和党早期主要领导人陈独秀,就曾对中医有过评述。1915年9月15日,陈独秀在《青年杂志》第1卷第1号上发表论文《敬告青年》。《敬告青年》这篇文章大约四千字,共分六个部分,分别是"一、自主的而非奴隶的;二、进步的而非保守的;三、进取的而非退隐的;四、世界的而非锁国的;五、实利的而非虚文的;六、科学的而非想象的"。其中在该文的第六部分"科学的而非想象的"中,陈独秀描述中医"医不知科学,既不解人身之构造,复不事药性之分析,菌毒传染,更无闻焉,唯知附会五行、生克、寒热、阴阳之说,袭古方以投药饵,其术殆与矢人同科"。认为中医"只知附会阴阳五行,是杀人术"。此方种种论述,足以窥见拜"德""赛"两位先生为师的青年陈独秀对中医的态度是坚决反对的。

如果,故事仅止于此,那么今天便不再有提及此事的意义。偏偏在1922年的冬天,寒天风冷的上海,乌云密布,兵荒马乱。蒋介石为瓦解上海的共产党组织,先后派遣众多的中统和军统特务运用各种手段对全市进行封锁,妄图暗杀共产党领导者陈独秀,并扬言要花一万块银圆买陈独秀的人头。

上海地下党组织为确保陈独秀的人身安全,特派保卫人员陪同陈独秀秘密来到南京,住在一家地下党员开的客栈内。刚住不久,陈独秀感到全身麻木,心脏急剧跳动,时间不长进入休克状态,人事不知。店老板送开水时发现,连忙背上他,送进一家医院。经过医生诊断确认为风湿心脏病,经过一个礼拜的治疗,仍不见成效。

老板娘心急如焚不知怎样才好,只好到南京夫子庙求神拜菩萨,一次烧香的路上,在街头见到一位 30 多岁的文弱书生郎中。许多求医问药的人,将他团团围住。老板娘认为这个郎中一定是建树很深的医师,于是上前请他到自己的客栈为陈独秀诊断。经诊断之后,他细致地配制了几服中药,并亲手煎好让陈独秀服下,陈独秀服下几服药后,果然生效,在痊愈的过程中,陈独秀与这个郎中建立了深厚的感情。在攀谈中,陈独秀得知这位医生叫付国良,原是安徽省肥东县桥头集东付村人。当付国良知道他医治的病人原来是共产党领导者陈独秀时,异地逢老乡的他格外亲近,于是免费又精心护理 20 多天,直到陈独秀的病完全康复。

临分别时陈独秀备受感动,拿出重金表示感谢,付国良再三不受,并语重心长地说:"草医学业之浅,救国建树望君",于是陈独秀挥笔赠一副对联:"得福无我位,孤云杀老君"。

二、案例出处

本案例来自张效霞的《名人与中医》,该书于 2017 年在山东科学技术出版社出版。本书汇辑了 60 位近现代名人有关中医的观点和评论,并选取其中有代表性的 30 位,密切结合他们自身的时代特点、社会环境、个人经历及其著作,从史料出发,对诸位名人立论的前因后果及其发展变化进行了深入细致的探讨。

三、案例讨论

1. 请问你认同青年陈独秀对中医"只知附会阴阳五行,是杀人术"的评价吗?为什么?

2. 总结本案例中蕴含的以陈独秀为首的新文化运动的先锋人物对于中医

或中华传统文化的态度是什么？为什么？

3. 谈一谈你对中西医之争或中西文化论争的看法？

四、教学建议

（一）理论引导

第一，分享前半部分案例，以《青年杂志》和《敬告青年》为切入点，讲清楚新文化运动的兴起标志、主要阵地和口号。通过仔细讲解"德先生"和"赛先生"的内涵，明确五四以前的新文化运动的阶级属性是资产阶级的。

第二，分享后半部分案例，分析青年陈独秀为何对中医说出"只知附会阴阳五行，是杀人术"的恶评。同时，讲述 1922 年，作为中国共产党领导人的陈独秀在革命陷入危机之时，写下"得福无我位""孤云杀老君"的对联，体现了中国共产党人从成立之日起就深入骨髓的高尚品格。上联意思是说在国难当头，为救人民于水火之中，自己作为共产党人，有推翻黑暗社会、拨开乌云见青天的凌云壮志，未想到自己被病魔缠身，无能为力去干自己的事业。下联是立志要与病魔做斗争，争取早日恢复健康，以期东山再起，与敌人斗争到底的决心。而中医医者付国良对陈独秀的"草医学业之浅，救国建树望君"之言，则完全体现出中华文化的温良和谦逊。

（二）总结提升

第一，新文化运动的兴起。

1915 年 9 月，陈独秀在上海创办《青年杂志》（后改名《新青年》），标志着新文化运动的开始。他在《青年杂志》的第 1 卷第 1 号发表的论文《敬告青年》中，对青年提出"自主的而非奴隶的；进步的而非保守的；进取的而非退隐的；世界的而非锁国的；实利的而非虚文的；科学的而非想象的"六个方面的要求，淋漓尽致地阐述了新文化运动所倡导的"德"与"赛"。要注意的是，五四前新文化运动所拥护的"德"与"赛"两位先生所代表的是民主与科学。民主的内涵指的是资产阶级民主主义制度和资产阶级民主主义思想，科学的内涵是指工业革命后，西方建立起的自然科学体系和社会科学理论。总的说来，这个时候新文化运动所倡导的民主与科学，都是西方的，是完全西方的。

第二，如何看待五四以前的新文化运动。

青年陈独秀对中医先有"只知附会阴阳五行，是杀人术"的评价，后有"得福无我位""孤云杀老君"的感慨。再有中医医者付国良再三不受重金酬谢，兼有谦逊之言："草医学业之浅，救国建树望君。"透过此案，从西方科学与中国传统文化之争、中西文化之争的角度，我们足以窥见五四以前的新文化运动在评价中医、对待中华传统文化的态度上，是有待商榷的、是片面浅薄的，是缺乏唯物辩证、缺乏马克思主义批判精神的，似乎存在"反传统"甚至是"全盘反传统"的情况。

但我们站在新文化运动发生了100多年后的今天，再来反思这个问题时，或许我们能够发现其"反传统"的原因、内容与意义。首先，新文化运动所开展的对孔子、孔教、儒家纲常的批判，其真正动因并不是否定传统，而是为了反帝制、反复辟，保卫辛亥革命的成果。辛亥革命后，传统的儒家学说面临着深刻的危机。康有为却在此时发起了立孔教为国教的运动，企图维系儒家学说在现代中国的正统地位，并不惜将其与袁世凯称帝、张勋复辟直接捆绑在一起，使孔子、孔教、儒家纲常成为官僚野心家、复辟的工具。正是这个严峻的现实，激起了新文化运动对孔子、孔教、儒家纲常的否定和反对。其次，新文化运动所开展的对孔子、孔教、儒家纲常的批判，从实际内容看，是有区别、有分析的，并不是全盘否定、一概打倒的。孔教所受到的批判最为尖锐激烈，这是由于康有为发起的立孔教为国教运动为袁世凯称帝、张勋复辟提供了直接的思想意识基础。因此，对其的批判主要集中在"君为臣纲""父为子纲""夫为妻纲"的"三纲"上。最后，新文化运动对孔子、孔教、儒家纲常的这种批判，有力地冲击了袁世凯、张勋复辟的意识形态根基，从思想文化上终结了中国人对封建帝制的迷信。自此以后，恢复帝制的企图在中国彻底破产，共和国制度在中国稳固地确立起来。

（三）案例启示

第一，2014年5月4日，习近平总书记在北京大学师生座谈会上指出："北京大学是新文化运动的中心和五四运动的策源地，是这段光荣历史的见证者。"在这里，他对新文化运动和五四运动予以了明确的肯定和高度的赞扬，并称之为"这段光荣历史"。学习新文化运动，我们必须看到其对当时冲破封建思想、冲破对人们思想禁锢的伟大意义，对中国近代历史的发展起到的巨大推动作用。它对于孔子、孔教、儒家纲常的批判和否定，不可避免地掀起了一场思想上的解放潮流。对于当时中国人民认识新的世界、新的社会秩序，乃至新的社会文化都是十分有益的。

意义最重大的是，新文化运动解放了青年人的思想，让更多的青年人开始思考国家的命运与自身发展有什么关系？思考国家到底该往何处去？让他们自觉自主地投身革命的洪流之中。最明确的现实意义是，五四运动的爆发。这是新文化运动的高潮，也是新文化运动从政治思想领域的斗争跨越到现实政治斗争的具体表现。显然，新文化运动和五四运动的"这段光荣历史"，正是近代以来中国历史和文化的重要内容。可以说，只有对"这段光荣历史"有了正确理解，才能深入了解近代以来的中国历史和文化，并由此全面把握当代中国的社会状况，全面把握当代中国人民的抱负和梦想。总而言之，新文化运动是一场伟大的思想运动。

第二，在2015年8月23日致第22届国际历史科学大会的贺信中，习近平总书记又指出："不了解中国历史和文化，尤其是不了解近代以来的中国历史和文化，就很难全面把握当代中国的社会状况，很难全面把握当代中国人民的抱负和梦想，很难全面把握中国人民选择的发展道路。"在中央党校2021年秋季学期开学典礼上，习近平总书记强调："历史是从昨天走到今天再走向明天，历史的联系是不可能割断的，人们总是在继承前人的基础上向前发展的。"古今中外，概莫能外。

这给我们如何学习新文化运动，如何学习近现代史，提供了唯物辩证的方法论。历史细节浩如烟海，历史脉络盘根错节。学习历史要做到"不畏浮云遮望眼"，运用唯物辩证法和科学的历史思维，把握历史的主题和主线、主流和本质。否则，就会陷于历史细节的汪洋大海，一叶障目不见泰山。学习党史要严格遵循党的三个"历史决议"和以习近平同志为核心的党中央对重大党史事件和重要党史人物的新评价、新论断，在大是大非问题上，绝不能犯历史错误、政治错误。特别是"评价人物和历史，要提倡全面的科学的观点，防止片面性和感情用事"。学习新文化运动，必须将其前后的历史都联系起来学习。只有如此，才能准确把握新文化运动看似"反传统"的真实原因、内容和意义，才能看清新文化运动的历史意义，从而给新文化运动一个客观公正的评价，而不是粗暴地将其归结为片面"反传统"之流。

同时，学习近现代史要树立大历史观。所谓大历史观，一是指中国历史的长时段，一是指世界历史的宽视野。从中国历史长时段出发，学习中国共产党的百年征程，要在中国社会发展历史逻辑和科学社会主义理论逻辑的辩证统一中，挖掘其根植于中国大地、反映中国人民意愿、适应中国和时代发展进步要求的历史意蕴。从世界历史的宽视野出发，学习党史，需要国际比较的视野，不但要同其他社会主义国家比较，同发展中国家比较，也要同发达国家比较，比较不同的发展道路及其成效。只有如此，我们对历史的认识才可能完整、准确。

第五章 红军长征时期的中医药运用

一、案例阅读

长征途中红军的医疗卫生工作面临重重困境，中国共产党人和红军医务人员始终坚持"一切为了伤病员"的方针，及时救治和安置伤病员、就地取材中草药土法治疗、有效开展卫生预防工作和加强培养医疗卫生人才，挽救了无数红军将士的生命，维护了大多数红军将士的健康，增强了革命队伍的战斗力量，保证了长征取得最终的胜利。

长征期间，红军部队失去了根据地的依托，无论是药品还是医疗设备都没有后方补给，红军的药品主要靠缴获或购买来解决。随着红军部队不断前进，特别是进入人烟稀少的地区，补给医疗物资就越发困难，红军医护人员发挥聪明才智，利用一切可以利用的条件就地取材，采用中草药、土方土法为伤病员疗伤治病。例如：用碱放在锅里反复煮的棉布代替纱布；用猪油、牛油或酥油代替凡士林配制软膏；用树木、竹片代替夹板固定伤员骨折；用牛羊的肝脏来治疗雪盲症；吃大蒜预防或治疗痢疾和疟疾；等等。

长征途中，在恶劣的战争环境、自然环境和生活环境的多重因素作用下，红军将士极易患上伤寒症，有的发热到40℃以上，昏迷不醒，并常伴有肠出血，如得不到及时医治病死率会很高。在医疗条件极为简陋的情况下，以傅连暲为代表的红军医务人员采取土办法对这些患伤寒肠出血的病人进行治疗，先是冷敷退烧，即将浸了冷水的毛巾裹在病人头上和身上使病人退热；再是喝浓茶，利用茶叶中含有的鞣酸达到止血的目的，每两个小时喂一次。这种土办法对于治疗伤寒肠出血十分奏效，治好了王树声、邵式平、康克清等红军将士。

过草地时，董必武的脚部溃烂发炎，疼痛难忍，骑马、行走十分困难。

后来，医务人员用草药"钻地蜈蚣"捣烂涂敷在伤口上，治愈了董必武的脚伤。

红四军政治部主任洪学智患病发高烧，最初医生给他吃西药、打针，都未见转机。后来部队同志找来了一位老中医，老中医确诊洪学智得了伤寒并开了药方。工作人员在药铺购买、在野外采集，最终找齐了草药。洪学智喝了几剂药后，便开始退烧并很快康复。红四军军长王宏坤曾患痢疾，也是吃了这位老中医的几剂药后即告痊愈。

红一军第二师四团团长耿飚是长征的先头部队，部队出发前他正患疟疾，领导拟让他留在地方养病。耿飚软缠硬磨，终获批准出征。耿飚在湖南天堂圩遇到一位中医，自称有包治疟疾的秘方。大夫说："此药毒性甚大，能使人脱发毁容，讨不到堂客（老婆）的。"耿飚回答道："不怕，只要让我干革命，没有堂客也成。"大夫遂开了药方，主要成分是斑蝥，去掉头足，以桂圆肉赋型。一剂九丸分三次服用，耿飚吃了三丸病就好了。

红三军团卫生部部长饶正锡从苏区出发时，随身携带了一本《中草药手册》。他回忆说："这本书在长征路上可帮了大忙。因为我们这些医务人员基本都是学用西药治病，在长征路上，有许多西药来源断绝，只好就地取材，从山上采草药，而这本《中草药手册》正好充当了我们的老师。从中不但学会了一些中草药的识别方法，还学会了一些药方。"

二、案例出处

［1］叶福林，高哲. 红军长征中的医疗卫生工作［J］. 上海党史与党建，2016（11）.

［2］李金钢. 长征路上的中医力量［N］. 中国中医药报，2017-06-28（8）.

三、案例讨论

1. 中医药运用对长征胜利有怎样的重要作用？
2. 在当前形势下，如何把中国的中医药推向世界舞台？
3. 我们从红军长征中学到怎样的精神？

四、教学建议

（一）理论引导

红军不怕远征难，万水千山只等闲。在艰苦卓绝的长征路中，由于条件艰苦、战事频繁，伤病员日益增多，救治伤员成为长征途中一重大任务。红军不畏困难，在西医奇缺、西药匮乏的条件下，就地寻找中药药材进行治疗，保障了官兵的身体健康和挽救了伤员的生命，确保了红军长征的伟大胜利。本案例一方面体现出红军伟大的长征精神，在长征途中，党和红军凭借着坚定的理想信念和坚强的革命意志，四渡赤水、巧渡金沙江、强渡大渡河、飞夺泸定桥、翻越夹金山、过雪山草地，绝境重生，越战越勇，胜利完成举世闻名的万里长征的光辉历史和英雄壮举。另一方面，表现出中医在红军长征中发挥的重要作用，彰显出文化自信。近代以来，中医饱受争议，许多重量级人物都曾著文反对过中医，而在长征中，中医药却显现了强劲的力量和作用，为长征的胜利和有效保存中国革命的骨干力量做出了历史性贡献。面对突如其来的新冠疫情，中国还创造了中西医结合、中西药并用的方式，通过总结中医药治疗疾病的规律和经验，深入发掘古代经典名方，结合临床实践，筛选出疗效明显的"三药三方"，彰显出"中国智慧"。本案例可用于第五章第二节"红军长征胜利和迎接全民族抗战"中第三目"红军长征的胜利及其意义"的教学，通过本案例，学生可以了解到长征过程的艰难，深刻理解长征精神的内涵，以此来弘扬伟大的长征精神，激发当代大学生的历史使命感，让学生走好新时代的长征路。

（二）总结提升

1. 长征胜利的重要意义及长征精神的深刻内涵

国家主席习近平在纪念长征胜利82周年会议上，明确指出"长征是唤醒中华儿女的壮伟征程"。长征精神是在艰苦卓绝的中国革命实践中所催生的精神力量，是红军将士顽强的生命意志力与恶劣自然环境相较量的结果。红军在长征中表现出来的坚定的共产主义理想、革命必胜的信念、艰苦奋斗的精神和一往无前、不怕牺牲的英雄气概，揭示了"不忘初心，走好新的长征路"的时代内涵。

红军战士徘徊在生死边缘，但他们从未惧怕过，在缺粮少药、物资奇缺的情况下，他们始终坚定理想和信念，在草地上、在附近村落找粮食、找草药，把草药当作"革命菜"充饥来填饱肚子和预防疾病。这些红军战士坚定共产主义的理想信念，坚信正义事业必然胜利，保持着乐观积极的态度，用顽强的生命力与恶劣的自然环境抗战到底。

毛泽东同志写下了"五岭逶迤腾细浪，乌蒙磅礴走泥丸"的壮丽诗句，描绘了长征的艰辛。红军过草地时异常艰苦，没有足够的粮食使红军战士患上肠胃病，红四方面军炊事班老班长，找到了一根"金色的鱼钩"，煮出鲜美的鱼汤给战友喝，自己却从未喝过。红军过雪地，九个炊事员背着行军锅，坚持着炊事班的口号"不让一个战士牺牲在山上"，雪地过完了，除了战斗减员以外，没有因饥饿而牺牲一人，但九个炊事员倒下了。这位老班长、这九位炊事员的默默奉献让红军攻克了常人无法攻克的困难。

在医务人员匮乏时，红军医院相继吸纳了一些中医大夫。途中经过村落时，也去拜访当地的老中医。医务人员就地取材，一路行军一路采集草药。官兵们用生姜、辣椒、胡椒、白酒等辛温食物御寒，用万金油、杏仁油、山核桃油涂抹伤口，用针刺穴位治疗疟疾，用锅底灰（百草霜）向疟疾宣战。战斗一结束，批量的中草药便会流转至医院。为了便于携带和使用，中药房的工作人员常常夜以继日地加工制作……这一切有效地缓解了药品匮乏的状况。正是红军战士敢于创新、勇于牺牲的精神创造了长征的奇迹。

2. 长征精神的时代价值

在新的历史条件下，随着国际局势的改变，长征精神在建设中国特色社会主义的时代语境中有重要价值。

弘扬长征精神，传承红色基因。"让红色基因代代相传"是习近平总书记在新形势下提出的新要求和新命题。中国共产党领导的中国工农红军万里长征，数万名红军战士九死一生、矢志不渝、越战越勇的精神追求，是构建新时期宝贵精神的核心价值取向。知史爱国、知史爱党，在新形势下，长征精神彰显出巨大力量。

弘扬长征精神，增强文化自信。中医药学是中华民族的伟大创造，是中国古代科学的瑰宝，也是打开中华文明宝库的钥匙。发祥于中华大地的中医药，为中华民族繁衍昌盛做出卓越贡献，也对世界文明进步产生积极影响。中医药凝结着先人"尝百草"的智慧和勇气，是中华民族文化自信的流露。中医药学独特的生命观、健康观、疾病观、防治观，蕴含着深邃的哲学思想，凝聚着中国人民和中华民族的博大智慧。我们应该弘扬长征中运用中草药克服困难的智慧与决心，增强中国文化自信，增进中国特色社会主义文化强国建设。

弘扬长征精神，增强创新能力。中西医结合，彰显"中国智慧"。中医药是中华的瑰宝，我们应该积极发扬长征中勇于创新、敢于尝试的精神，发扬中医药学，增强中医药实力，为国家的发展做出贡献。

实现伟大的理想，没有平坦的大道可走。夺取坚持和发展中国特色社会主义伟大事业新进展，夺取推进党的建设新的伟大工程新成效，夺取具有许多新的历史特点的伟大斗争新胜利，我们还有许多"雪山""草地"需要跨越，还有许多"娄山关""腊子口"需要征服，一切贪图安逸、不愿继续艰苦奋斗的想法都是要不得的，一切骄傲自满、不愿继续开拓前进的想法都是要不得的。伟大的长征精神是中国共产党人革命风范的生动反映，我们要不断结合新的实际传承好、弘扬好。推进中国特色社会主义事业的新长征要持续接力、长期进行，我们每代人都要走好自己的长征路。

（三）案例启示

传承创新发展中医药是新时代中国特色社会主义事业的重要内容，是中华民族伟大复兴的大事，对于坚持中西医并重、打造中医药和西医药相互补充协调发展的中国特色卫生健康发展模式，发挥中医药原创优势、推动我国生命科学实现创新突破，对于弘扬中华优秀传统文化、增强民族自信和文化自信，促进文明互鉴和民心相通、推动构建人类命运共同体具有重要意义。

"传承精华，守正创新"是习近平总书记对中医药工作作出的重要指示。中医药学是中国古代科学的瑰宝，也是打开中华文明宝库的钥匙。2019年10月20日，《中共中央　国务院关于促进中医药传承创新发展的意见》（以下简称《意见》）的印发，提出传承创新发展中医药教育，强化学生中医思维培养，将师承教育贯穿临床实践教学全过程等措施，也是对中央《意见》中"加强中医药人才队伍建设"的落地落实。

在2020年疫情防控中，中医药彰显了在新发突发传染病防治中的重要作用，习近平总书记在主持召开专家学者座谈会时高度肯定了中医药在此次抗疫战场的表现，他指出"中西医结合、中西药并用，是这次疫情防控的一大特点，也是中医药传承精华、守正创新的生动实践"。

疫情肆虐烈如火，真金淬炼浑不怕。在抗击新冠疫情的战场上，中医药人交出了让党和人民满意的答卷，也展现了贯彻落实中央《意见》和全国中医药大会精神的成果。

回望长征，红军战士不畏困难、勇于创新，把中医药的力量发挥到极致。在抗击新冠疫情时，医学人员也发挥了"中国智慧"，把中医药与西医结合，成功研制出抗击疫情的良方。这些都是中国医学人员保持乐观精神，不畏困难，一切从实际出发，勇于尝试和创新，取得的优异成绩。我们应该珍惜这些经验，继往开来，特别是将红军在长征中彰显出来的伟大精神运用在现代的中医学技术发展上。心中有信仰，脚下有力量，作为新时代新青年，以一颗赤胆忠心，赓续红色血脉，传承红色基因，坚定理想信念、独立自主、实事求是，顾全大局，为我国的中医药事业贡献力量。

在新形势下，中医药事业进入了新的历史时期，我们应该发扬红军长征中宝贵的绝处逢生的创新性、创造性精神，不畏困难，不惧险阻，向宽处、远处、高处发展，为实现中华民族伟大复兴贡献出中医药力量。

第六章 抗日战争时期中国医学复兴研究

一、案例阅读

中国共产党创建的第一所军医学校

1931年11月，为满足革命战争对医务工作者的大量需求，中央军委总军医处处长贺诚提出创办军医学校的建议，中央军委很快予以批准，任命贺诚兼任校长并负责学校的筹备工作。同年11月20日，中国共产党创办的第一所军医学校——中国工农红军军医学校，在瑞金宣告成立，红军总司令朱德、总参谋长叶剑英亲自参加开学典礼。朱德在开学典礼的讲话中指出："中国工农红军已有了很大发展，但医务人员缺乏，必须培养自己的红色医生。"并勉励学员"要学好本领，为红军服务"。贺诚在开学典礼的报告中传达了毛泽东同志对办学工作的亲切关怀，强调了毛泽东为学校确立的关于培养"政治坚定，技术优良"的红色医生的办学方针。

学校从红军中招收25名学员作为军医学校的第一期学员。这些人中有3人后来成为新中国的将军，他们是张汝光、游胜华、刘放。其中，游胜华在抗日战争期间曾协助过白求恩工作，被白求恩称为"我最好的外科医生"。军医学校在瑞金办学期间共招收了9期学员。

中国工农红军军医学校的成立，结束了中国共产党没有自己的专业医学教育机构的历史，中国工农红军军医学校从此跟随共产党成为夺取中国革命胜利的重要力量。

二、案例出处

本案例引自中国医科大学官网——校史资料："中国医科大学：长征路上

走来的红色医生摇篮",内容有删减改。另见期刊文章:刘玉.长征中的红军卫校[J].解放军健康,2006(6):41.

三、案例讨论

1. 抗日战争时期中国医学如何在艰难环境中取得进展?

2. 抗日战争时期中国共产党在推动中国医学复兴中发挥了什么作用?

3. 抗日战争时期中国共产党采取哪些措施促进医学发展?该时期中国医学取得了哪些主要进展?其意义是什么?(可从公共医疗卫生政策、医学教育、医学研究、医疗卫生事业发展具体成就等方面思考)

四、教学建议

(一)理论引导

1. 向学生展示"中国医科大学:长征路上走来的红色医生摇篮"文字资料案例,辅之以扩展讲授和观看"《生命线》医心向党·初心记忆"视频,帮助学生了解抗日战争时期各根据地先后成立了延安中国医科大学、新四军军医学校等一大批高等医药院校,培养了一大批医药卫生干部。

2. 向学生展示"抗日战争期间医学高校迁川"的图表案例,辅之以扩展讲授,使学生简洁明了地了解抗日战争时期中国公共医疗卫生事业在艰难中曲折发展的状况。民国时期,各大医学院校应运而生,培养了一大批各类医疗卫生领域的人才。在医学教育的主体方面,主要有政府、私人及教会办学,三者相互补充,构建起一个较为完善的医学教育体系。全面抗战爆发后,国家原有的医学教育体系受到冲击,直接影响了全国医学院校的布局。政府包括学界不甘心数十年积累的医学教育成果付诸东流,青年学子也深感报国无门,为在非常时期延续保存医疗教育资源,众多医学院校纷纷内迁,而大后方的四川则是主要目的地。抗战期间迁川的医学高校有12所,这些学校辗转千里,数易校址,损失惨重。在迁川之初,各医学院校办学条件均相当艰苦,资金、校舍、教学仪器等都十分缺乏。尽管如此,各校仍坚持克服困难,努力建设,一些学校采取联校办学的模式,取得了不少的成就。全面抗战爆发后,前线十分需要医疗卫生救护人才,随着迁川高校在四川的稳步发展,培养的学生人数逐步增加，一定程度上保障了军医署和红十字会等机构能够较为顺利地在川征用医疗专门人才。仅在1944年冬，同济大学就有364人奔赴抗日前线，其中很多人便来自医学相关专业。医学高校的迁川，在帮助前线医疗救护输送有生力量的同时，也促进了四川以及大后方各省卫生事业的发展。据战后1947年的资料显示，整个四川的医疗人员达2492人，位居全国第一，从战前医疗资源匮乏的省份变为全国卫生大省。其间的变化与12所医科高校迁川有着直接关系。迁川高校还普遍承担起社会责任，积极参与社会工作，如救治感染霍乱病人、组建五大学战时服务团、组建暑期乡村服务团、组建"野火文艺社"出《野火》等壁报宣传抗日救亡思想……

3. 抗日战争时期，世界反法西斯力量对中国提供了各方面的大量援助。加拿大医生白求恩、印度医生柯棣华不远万里来华救死扶伤，法国医生贝熙叶开辟运输药品的自行车"驼峰航线"……各援华医疗队为抗战时期中国公共医疗卫生事业的发展做出了重大贡献。教师可播放教学视频"白求恩医生逝世，毛主席写下文章纪念他，称赞他是伟大的战士"，使学生通过观看视频，深刻地体会到抗日战争的胜利，同世界所有爱好和平与正义的国家和人民、国际组织以及各种反法西斯力量的同情和支持是分不开的。教师在讲授该部分内容时，也可围绕案例组织学生表演话剧《诺尔曼·白求恩》，加深学生对该部分学习内容的印象。最后，教师展示或讲述"抗战服务体系中的红会与教会"案例，帮助学生获得世界反法西斯力量对中国抗战的医疗援助对该时期中国医学复兴的重要作用及其对反法西斯战争取得胜利的意义的"由感性到理性"的理解和认识。在抗日战争时期，有两个"会"在卫生服务系统中开展了大量卓有成效的工作，一个是红十字会，另一个是基督教会。各级红会与教会所开展的战时服务工作，在一定程度上减轻了战争所造成的伤亡，弥补了政府卫生工作的不足，同时体现了国际人道主义精神。

（二）总结提升

公共卫生与战争之间有着十分密切的关系，卫生管理与卫生政策的得失对战争的走向有着至关重要的影响。抗日战争时期，中国的政治、经济情势相对较为复杂，各个地区之间的具体社会状况也有所不同，在卫生管理机构与政策上也存在差异。该时期，在国民党政府领导下的国统区和中国共产党领导下的抗日根据地，均根据战时的自身情况，建立了相应的卫生管理机构，确立了相对完善的战时卫生组织体系，为抗战胜利奠定了重要基础。因此，抗日战争时期，国共两党均为中国医学复兴做出了各自的努力和贡献。

中国共产党的初心和使命是为中国人民谋幸福，为中华民族谋复兴。抗日战争时期，中国共产党以人民为中心，出台了一系列医疗卫生政策，在推动中国医学教育、医学研究和医疗卫生事业发展中发挥了重要和独特的作用。

在抗日战争实践中，在中国共产党领导人民卫生事业创建的过程中，形成了以"政治坚定、对党忠诚的政治品格，救死扶伤、大爱无疆的价值取向，埋头苦干、无私奉献的工作作风，技术优良、求是创新的科学研究精神"为内涵的伟大"红医精神"。红医精神是在中国革命战争特定历史背景下形成的包含理想信念、价值取向、工作作风和专业技术四个维度的思想体系，中国革命是红医精神形成的实践基础，毛泽东题词是解读红医精神的基本依据，红医精神深刻而丰富的价值内涵，不仅在革命战争年代发挥了重要作用，在社会主义革命和建设时期、改革开放时期也发挥了重要作用，乃至在中华民族走向伟大复兴的征程中，也必将成为中国特色社会主义医疗卫生健康事业发展的核心价值理念，是推进健康中国建设、实现民族伟大复兴的重要精神支撑力量，至今仍有着广泛而深刻的时代意义。①

抗日战争时期是中国公共卫生事业面临大冲击的时期，也是迎来大发展的时期，战争的爆发使国人对发展国家医疗卫生事业的迫切性和重要性有了深切的认识。到全面抗战时期，基于战时救护、疫病防控、兵员补给等需要，发展公共卫生事业的重要性和迫切性进一步显现，并直接与抗战能否取得胜利、民族的生死存亡以及国家间的竞争紧密联系起来。抗日战争期间，东部沦陷地区的公共卫生体系遭到严重冲击。抗战在冲击着原有的医疗卫生体系的同时，也给国家医疗卫生事业的发展带来了特殊的机遇，特别是中西部地区内陆省份，承接了东部沿海地区的部分医疗卫生资源，迎来了难得的发展机遇，进入近代以来卫生事业发展的黄金期。抗日战争时期，在深重的民族危机之下，中国近代化的探索始终因应着救亡图存的时代主题，在困难中摸

---

① 赵群，孙海涛，李春雨. 红医精神的价值内涵及时代意义 [J]. 中国医学伦理学，2021, 34 (7): 787-791.

索前进，走出了一条兼蓄中西的道路。从整体上看，这一时期中国公共医疗卫生事业的近代化历程是在曲折中前进的。经过抗日战争的洗礼，中国的公共卫生事业淬火弥坚，在近代化的进程中继续向前迈进。

（三）案例启示

首先，中国人民抗日战争的胜利，是近代以来中国抗击外敌入侵的第一次完全胜利。其原因在于：

第一，以爱国主义为核心的民族精神是中国人民抗日战争胜利的决定因素。在近代中国医学复兴的历史上，处处体现着这样的民族精神。近代以来，中国人民为争取民族独立和解放进行的一系列抗争，是中华民族觉醒和民族精神升华的历史进程，这在抗日战争时期达到全新高度。中华儿女众志成城、共御外侮，谱写了伟大的爱国主义篇章。红医精神就是以爱国主义为核心的民族精神的生动体现之一。

第二，中国共产党的中流砥柱作用是中国人民抗日战争胜利的关键。中国共产党自成立之日起就把实现中华民族伟大复兴作为自己的历史使命。抗战期间，中国共产党始终代表中国最广大人民的根本利益，把人民的生命安全和身体健康放在第一位，克服重重困难，全方位采取措施护卫人民的生命安全和健康。中国共产党以卓越的政治领导力和正确的战略策略，指引了中国抗战的前进方向，并在实践中探索出一条符合中国实际的中国特色医学发展的道路。在抗日战争中，无数红色医生勇敢战斗在抗日战争最前线，在抗日战争中发挥着重要而独特的作用，支撑起中华民族救亡图存的希望。

第三，全民族抗战是中国人民抗日战争胜利的重要法宝。抗日战争时期，为适应战时需要，国民政府加强卫生事业管理，国统区的卫生事业管理体制和组织机构进一步健全、医务人员管理与培训进一步强化，并将大量的人力、物力、财力投入战时卫生体制中，四川、重庆、云南、贵州、陕西、甘肃、宁夏等国统区的现代医药和公共卫生事业较战前有了明显发展。尽管由于各种客观历史条件的制约，战时国统区各省公共卫生事业还存在覆盖面窄、发展不平衡、质与量发展不协调等缺陷，远不能满足当时民众和社会的需要，但不可否认，国民政府推行的战时卫生体制，的确改善了大后方各省的医疗卫生条件，增强了民众的卫生意识，为战时社会的稳定与抗日战争的胜利提供了重要保障。在广大的抗日根据地,中国共产党为适应全民族抗战需要,确立了"以预防为主"的卫生工作方针,不断健全卫生组织机构,建立了一套具有战时特点的卫生管理体系,为抗战的胜利起到了有力的支援作用。如陕甘宁边区形成了包括中央卫生系统、军委卫生系统、边区卫生系统在内的卫生管理机构,在陕甘宁边区之外,在其他八路军、新四军、东北抗日联军及华南抗日武装领导的根据地,大多实行党政军合一的卫生管理方式,在地方政权机构中,卫生工作多由军队负责管理。在各抗日根据地,中国共产党动员人民、依靠人民,团结带领人民做好防疫工作,在战胜鼠疫、霍乱、天花、伤寒、赤痢、斑疹、回归热、流行性脑脊髓膜炎、白喉、猩红热等传染性疾病中发挥了重要作用,在有效的卫生管理体系之下,抗日根据地的医疗卫生事业蓬勃发展,卫生面貌有了极大改善。广大根据地在抗战期间从上到下构建起一个较为完整的医疗网,有力地支援了抗战,并为后来的卫生防疫工作积累了宝贵经验。抗日战争时期,在国共两党和全国人民的共同努力下,中国人民的公共卫生意识不断提升。

第四,中国人民抗日战争的胜利,同世界所有爱好和平和正义的国家和人民、国际组织以及各种反法西斯力量的同情和支持是分不开的。抗日战争时期,世界反法西斯力量对中国提供了各方面的大量援助,其中以军事援助和医疗援助为最。在医疗援助方面,涌现出加拿大医生白求恩、印度医生柯棣华、法国医生贝熙叶等国际人道主义战士,他们为中国人民抗日战争取得胜利做出了重要贡献。

其次,赓续红医精神对助力健康中国建设和实现中国医学复兴具有重要意义。

医学复兴是实现中华民族伟大复兴中国梦的题中应有之义,当代广大医学生是新时代推进健康中国战略的中坚力量,也是推动中国医学复兴的生力军,肩负着"公怀济世,卫祉康健"的使命担当,不仅要练就过硬的医技医术,也要涵养良好的医德医风,学习傅连暲等人悬壶济世、医心向党、矢志不渝、忠诚于党的医者情怀,发扬"红医精神"和国际人道主义精神,成为一名优秀的医疗卫生人才,成为一名顶天立地的"闪亮的医者"。作为一名医学生,要坚持知情意信行合一,要不负韶华努力汲取医学和各方面知识,要增强专业自信不断提升自身核心竞争力，为中国医药健康和医学复兴做出自己力所能及的努力，为中国特色公共医疗卫生事业发展、为提升"中国医学教育、医学研究、医疗卫生水平"国际竞争力、为人类医学事业进步贡献自己的青春力量。

第七章 为建立新中国而奋斗

一、案例阅读

解放战争时期人民支援下的战救工作

战救工作,即战伤救护工作,既包括因使用武器致伤的抢救与医治,也包括因战争环境、疾疫肆虐等自然灾害给部队造成的非战斗性伤亡的救治。

解放战争是国共两党一争胜负的最后决战,而我军战争的胜利,战救工作功不可没。解放战争时期,战争的规模大,流动性强,战线长,战区广,需要投入的人力、物力、财力巨大,又因为战争所涉地区的自然地理条件恶劣、气候复杂多变等因素,导致战士们水土不服,极易感染疾病,与抗战时期相比,伤亡竟更为惨重。

在战争这个特殊环境下,中共中央采取战时共产主义政策,集中力量办大事,建立了从前方到后方一条龙的战救服务体系。在中国共产党的领导下,从中共中央和中央军委到各军区和地方政府出台了一系列方针、命令、政策及制度等,并成立了系统而完善的战救组织领导机构。同时发扬自力更生、艰苦奋斗的精神,通过开办各类医药卫生学校、多样化的短期培训班以及利用战前或战争间隙进行的临时培训班,大力培养战救专门人才。整个解放战争期间,我军医务人员的数量和质量明显提升。

在后方,经过土地改革等一系列社会革命的边区人民早已深深地认识到"支援前线是自己的根本利益所在"。于是,翻身做了主人的老百姓,宁愿"倾家荡产也要支援前线",从捐钱捐物倾其所有到战救服务尽其所能,从火线抢救的青壮年到照顾护理伤病员的妇女儿童皆不遗余力。从前线到后方,承担战救服务已发展成为一种群众性的自觉行为。主要表现在三方面:第一,全力配合政府组织的战救工作。辽沈战役时，因战况发展神速，后方医院调动来不及，野战后勤部党委提出"村村设医院，家家是病房，人人当看护"的号召，正是依靠人民群众的力量，东北野战军才胜利地完成了伤员的收治任务。第二，自愿捐献财物。战救物资的筹备很大程度上都依赖于人民群众。当时医院虽有医药和被服方面的简单设备，但一切锅、碗、瓢、盆、桌、椅、板凳、床席等，都是从群众那里借用的。相当一部分民工自愿拿出自己的钱，买上红糖、白糖、冰糖，专给伤员冲开水喝。第三，自愿承担战救服务。胶东在"武昌"部队的担架队提出"晚上是担架员，白天是看护员"的口号；潼阳茆圩区上旺姐妹团做了2.2万个急救包。刘瑞龙在北线战役总结时说："无论男女老幼、工农商学，贫富各阶层、新老解放区，只要能为战争出力的，大多为战争贡献了自己的力量。许多地方，其民力动员广，几乎十余岁到五十五岁的男女，绝大部分都参加了后勤工作，真正做到'人人都参战，户户出后勤'的地步。"

"战争的伟力之最深厚的根源，存在于民众之中。"如果没有这样一支伟大的劳动人民志愿大军，解放战争要想取得胜利是不可能的。民众参加之多，覆盖范围之广，又一次成功地验证了党的群众路线的正确性。

二、案例出处

陈莹．解放战争时期人民军队的战救工作［J］．军事历史研究，2020，34(6)：93-108．

三、案例讨论

1. 结合案例，简述做好战救工作对赢得解放战争胜利的重要意义。

2. 为什么说"战争的伟力之最深厚的根源，存在于民众之中"？

3. 习近平总书记指出："群众路线是我们党的生命线和根本工作路线，是我们党永葆青春活力和战斗力的重要传家宝。"在实现中华民族伟大复兴的新征程上，如何坚持群众路线？

四、教学建议

(一) 理论引导

解放战争是中国共产党领导的新民主主义革命中的最后一个阶段。战争爆发之初，对中国共产党而言，形势是非常严峻的。当时，国民党从控制的国土面积和人口、装备等方面，占有优势，因此，蒋介石自负地认为这场战争"一定能速战速决"。面对严峻的形势，毛泽东对此却有着明确而清晰的判断：我们能够打败蒋介石，是因为蒋介石军事力量的优势和美国的援助，只是临时起作用的因素；蒋介石战争的反人民的性质，人心的向背，则是经常起作用的因素，而在这方面，我们则占着优势。人民战争所具有的爱国的正义的革命的性质，必然要获得全国人民的拥护。中国共产党放手发动群众，团结一切可能团结的力量，建立了最广泛的人民民主统一战线。正是得到了中国人民的支持，我们才打败了武装到牙齿的国民党反动派，最终赢得了解放战争的胜利。

解放战争时期的战救工作雄辩地证明了这一点。这一时期，无论是战救规模还是所涉问题之多，都是土地革命和抗日战争两个时期所无法比拟的。甚至可以说，没有实施得当的战救工作，就不会有解放战争的胜利。在中国共产党的领导下，从经济上、政治上翻了身的人民，从捐钱捐物倾其所有到战救服务尽其所能，从前线到后方，承担战救服务已发展成为一种群众性的自觉行为，无论男女老幼、工农商学，贫富各阶层、新老解放区，只要能为战争出力的，大多为战争贡献了自己的力量。许多地方，其民力动员广，从十余岁到五十五岁的男女，绝大部分都参加了后勤工作，真正做到"人人都参战，户户出后勤"的地步。在老百姓的支持下，既缓解了医务人员的短缺，又大大降低了死亡率和残废率，提高了治愈归队率。这为解放战争的胜利提供了坚实的人力保障。

本案例适用于本章第二节"全国解放战争的发展和第二条战线的形成"第二目"解放区的土地改革运动与农民的广泛发动"中"土地改革的热潮"部分的教学，用以说明土地改革使占中国人口绝大多数的农民认识到中国共产党是他们自身利益的坚决维护者，因而自觉地在党的周围团结起来。

（二）总结提升

1. 中国共产党的领导是解放战争时期战救工作顺利开展的有力保证

中国共产党是领导我们事业的核心力量。中国人民和中华民族之所以能够扭转近代以后的历史命运、取得今天的伟大成就，最根本的是有中国共产党的坚强领导。历史和现实都证明，没有中国共产党，就没有新中国，就没有中华民族伟大复兴。

解放战争时期战救工作的开展，正是在中国共产党的坚强领导下和有力组织下，才得以顺利开展。首先，从中共中央和中央军委到各军区和地方政府出台了一系列方针、命令、政策及制度等，如晋察冀军区卫生部颁发的《野战救护治疗工作暂行条例》，华北军区后勤部政治部颁发的《输血条例》，还有统计报告制度、供给制度、战费规定及标准、审计制度等，确保战救工作的顺利开展；同时，要求各级首长和相关领导看望并安慰伤病员，巡视战救工作的进展及各项政策的落实情况。同时，为了确保有限的医疗装备发挥最大的效用，中国共产党及其领导的人民解放军在战救实践中及时总结经验教训，制定规章制度，使战救工作逐步走向专业化、规范化和制度化。这为战救工作的顺利开展提供了有力的组织保证和制度保障。

2. 坚持人民至上是党和国家事业发展的出发点和落脚点、力量源泉和根本动力

为什么人的问题，是检验一个政党、一个政权性质的试金石。马克思、恩格斯指出："无产阶级的运动是绝大多数人的，为绝大多数人谋利益的独立的运动。"作为马克思主义政党，中国共产党摆脱了以往一切政治力量追求自身特殊利益的局限，始终把为中国人民谋幸福、为中华民族谋复兴作为自己的初心使命。坚持人民至上，是我们党始终如一的坚守、永恒不变的追求。对于中国共产党人而言，坚持一切为了人民、一切依靠人民，"人民"二字重于千钧。

解放战争时期，全国已有一亿四千五百万农业人口的地区实行了土地改革，消灭了封建剥削制度，做到了耕者有其田。正是把这场人民的疾风暴雨式的土地改革运动，以雷霆万钧之力，猛烈地冲击了几千年来的封建土地制度，改变了农村旧有生产关系，使亿万农民获得了政治、经济上的解放，并

由此迸发出难以估量的革命热情。他们踊跃参战,并以粮草、被服等物资支援子弟兵。

在解放战争时期的战救工作中,东北军区召开的卫生工作会议,提出以"一切为了伤兵、一切为了部队的健康"作为医疗卫生工作的指导思想,要求全体医疗卫生工作人员,要面向群众、面向基层;火线抢救中"不允许丢掉任何一个伤员",后送转运"一定要防止丢失伤病员",救治护理"一举一动都要慎重严巧,仔细周到,合乎规范",这些具体细节都凝聚着对生命的敬畏和对健康权益的尊重,都彰显着人民至上的执政理念。治愈后的伤员以更加无畏的革命精神和勇于拼搏的革命斗志重新投身战场,为了建立一个崭新的国家而冲锋陷阵。

(三)案例启示

中国共产党的百年历史,就是一部践行党的初心使命的历史,就是一部党与人民心连心、同呼吸、共命运的历史。在解放战争中牺牲的几十万官兵,在战争中前赴后继支援前线的上千万百姓,为了梦想中的新中国,他们情愿走向战场,情愿冲锋陷阵,哪怕粉身碎骨!历史证明:人心是决定历史走势的最强大政治力量,人心向背是最根本、最重要的政治力量对比。中国共产党领导的28年的新民主主义革命,为马克思、恩格斯的"历史活动是群众的活动"这句话作了最生动、最有力的注解。

党的十九届六中全会把"坚持人民至上"概括为党百年奋斗的十条历史经验之一,强调全党必须永远保持同人民群众的血肉联系,不断实现好、维护好、发展好最广大人民的根本利益,团结带领全国各族人民不断为美好生活而奋斗。我们要始终坚持全心全意为人民服务的根本宗旨,坚持党的群众路线,始终牢记江山就是人民,人民就是江山,坚持一切为了人民、一切依靠人民,坚持为人民执政、靠人民执政,坚持发展为了人民、发展依靠人民、发展成果由人民共享。

当今世界正经历百年未有之大变局,我国正处于实现中华民族伟大复兴的关键时期。我们的"赶考"之路远未结束。伟大成就凝聚人民力量,浩荡征程再启奋进新局。在新时代的伟大征程中,只要我们始终坚持以人民为中心的发展思想,密切联系群众,紧紧依靠人民推动国家发展,不断满足人民日益增长的美好生活需要，我们就一定能书写国家和民族发展的壮丽篇章！

新时代，新征程！作为新时代的青年医学生，我们要有弘扬"担当重若泰山"的担当精神，让医者使命更彰显，要"不驰于空想，不骛于虚声"；要"奋力打造健康中国，谱写新时代健康生活新篇章"，绘就新时代健康中国的蓝图，为全面建设社会主义现代化国家担当忠诚的健康卫士！

第八章 新中国成立初期党领导消灭血吸虫病的历史经验

一、案例阅读

自新中国成立以来，党中央高度重视人民群众的健康问题，始终把防疫工作看作一项重大的政治任务。血吸虫病是一种传染极广、危害极大的寄生虫病，在我国流行的历史长达两千多年。20 世纪 50 年代，面对血吸虫病疫情的严重危害，毛泽东同志发出"一定要消灭血吸虫病"的号召，亲自领导和部署消灭血吸虫病的斗争，并取得重大胜利。

在我国南方特别是长江中下游地区，血吸虫病长期肆虐，给人民留下刻骨铭心的惨痛记忆。在江西省余江县曾流传着这样的民谣："身无三尺长，脸上干又黄。人在门槛里，肚子出了房。"

新中国成立后，我们党高度重视血吸虫病的防治。1951 年 3 月，毛泽东同志派人到余江县调查，首次确认余江县为血吸虫病流行县。1953 年 4 月，他又派医务人员到余江县马岗乡进行防治血吸虫病的重点实验研究。1953 年 9 月，在上海养病的沈钧儒发现周围一些农村血吸虫病十分猖獗，便给毛泽东同志写了一封信，建议加强并改进血吸虫病防治工作。这封信让毛泽东同志意识到，血吸虫病是一个具有普遍性的重大问题，他很快复信指出："血吸虫病危害甚大，必须着重防治。"卫生部门和有关地方大规模的摸底调查发现，该病的危害比当时存在的其他慢性传染病要严重得多。

血吸虫病的特点有三：一是流行性广。病害流行遍及江苏、浙江、湖南、湖北、安徽、江西、四川、云南、广东、广西、福建和上海等 12 个省市的 350 个县市，患病人数约有 1000 多万，受到感染威胁的人口则在 1 亿以上。二是传染性强。血吸虫病大多流行在水稻种植区，农民在水田耕作和日常生活中，都随时与水接触，极易在不知不觉中被感染。而且此种病害传播迅速，据浙江省统计，病区每年新增病患约 10%。

面对这样的严峻形势，毛泽东同志的心情很沉重。1955 年 11 月，他在杭州召集华东、中南地区省委书记开会研究农业问题期间，特意把卫生部副部长徐运北叫来，要他详细汇报防治血吸虫病的工作。他一边听汇报一边强调指出："这么多病人，流行的地区又那么大，要认识到血吸虫病的严重性，我们一定要消灭血吸虫病。""广大农民翻了身，组织起来发展生产，必须帮助农民战胜危害严重的疾病。"1956 年 2 月，毛泽东同志在最高国务会议上提出号召："全党动员，全民动员，消灭血吸虫病。"

在全党全国人民的艰苦努力下，血吸虫病防治工作很快取得重大进展。1958 年 6 月 30 日，《人民日报》报道了江西省余江县首先消灭血吸虫病的喜讯。毛泽东同志看后"浮想联翩，夜不能寐"，欣然写下那两首脍炙人口的七律《送瘟神》。

二、案例出处

[1] 班和. 20 世纪 50 年代党领导消灭血吸虫病的历史经验［EB/OL］. 人民网，2020-04-15.

[2] 朱泽林，郝瑜琬，田添，等. 不忘初心送瘟神：中国共产党领导下的血吸虫病防治历程［J］. 疾病监测，2021，36（11）.

三、案例讨论

1. 结合案例，请简述新中国成立初期消灭血吸虫病的历史缘由和历史意义。

2. 新中国成立初期的防疫工作体现了中国共产党什么样的抗疫精神？

3. 无论是消灭血吸虫病还是抗击新冠疫情，中国都取得了卓越的成就，根本原因是什么？

四、教学建议

（一）理论引导

新中国成立后，中国共产党和各级人民政府积极领导开展爱国卫生运动。

"送瘟神"就是新中国成立初期重要的一项内容，领导和各个部门都非常重视，在党的领导和人民的积极防治下，1958年血吸虫病治理取得了一定成果。"文化大革命"期间，血吸虫病有卷土重来之势，党和人民依然综合治理，扭转局势。在中国共产党的领导下，经过70多年的积极防治，我国的血防工作取得举世瞩目的成就，也提炼出血防的"中国经验"。

血吸虫病防治对改善城乡卫生环境、保护群众健康、增强人民的国家观都有重要意义。特别是在新中国成立初期，党和人民面临着许多考验，能否巩固新生的人民政权是重要的一环。中国共产党人想民所想、执政为民，有效的血吸虫防治使人民看到中央领导克服困难、带领人民走向新中国的决心，人民更加坚定地选择中国共产党。

本案例适用于本章第一节"中华人民共和国的成立与新生人民政权的巩固"第二目"巩固新政权的伟大斗争"中"教育科学文化卫生事业除旧布新"部分的教学，用以说明新中国在医疗卫生方面取得的显著成就。

（二）总结提升

1. 血吸虫的防治体现的是中国共产党始终不渝的宗旨和初心

在国民党政府统治时期，血吸虫病已经肆虐，但由于缺乏有力的领导，没有科学的防治措施，没能遏制住病害的发展。新中国成立后，毛泽东同志成立党委统一领导的防治机构，一举扭转了防治血吸虫病缺乏统一领导的局面。在毛泽东等中央领导人的带领下，大批医疗队进村送医送药、查病治病。毛泽东认识到彻底消除血吸虫病的任务之艰巨，于是，1956年2月17日，毛泽东同志在最高国务会议上发出了"全党动员、全民动员、消灭血吸虫病"的号召。在党中央的筹划下，成立了"中共中央防治血吸虫病九人小组"，全面规划全国血防工作。在此后不到1年的时间内，流行区各省、市、县分别设立了血防领导小组，并确定我国血吸虫病的防治方针，切实掌握充分发动群众和科学技术相结合，防治工作和发展农业生产、兴修水利相结合，坚决与之进行反复的斗争。

毛泽东同志认识到血吸虫病是严重妨碍生产，是威胁健康，是有关整个民族的大问题时，他发表社论"一定要消灭血吸虫病"。毛泽东在听取进村调查工作人员的汇报后睡不着，说"那么多孩子，那么多年轻人，那么多上了岁数的老人，都得了血吸虫病，我们工作没有做好啊"。毛泽东心系百姓，心系国家，为了新中国的发展、人民的幸福，毛泽东带领党组织与群众走在一起，科学进行防治、改革医疗卫生，开展群众性的爱国卫生运动，消灭血吸虫病。

血吸虫病的防治，大大提高了人民群众的思想觉悟和科学知识水平。人们普遍认识到"求神不如防病治病，再不去迎神送鬼了"。他们说："神仙难医的'大肚子病'，难不住共产党，有了共产党，没有办不到的事情。"全国人民欢呼：中国人民有了毛主席、共产党的领导，不管是天灾还是人祸，什么都可以战胜！

疫区也发生了变化，出现了劳力增强、产量提高、人畜兴旺，欣欣向荣的新气象。能取得如此成就，与毛主席始终怀着对人民负责、以人民为出发点的初心，高度重视对血吸虫病的防治分不开，体现了共产党人始终以人民的安危为根本的精神。

2. 血吸虫病的防治彰显的是中国特色社会主义制度的显著优势

几千年来血吸虫病危害着中华民族的生存与发展，在旧社会是"千村薜荔人遗失，万户萧疏鬼唱歌"，对血吸虫病完全没有办法，但在社会主义制度和共产党领导下，依靠群众，积极防治，结合生产，发挥中西医力量，科学技术和群众运动相结合，进行反复斗争，"天连五岭银锄落""纸船明烛照天烧"，终于送走了"瘟神"，回应了一定要消灭血吸虫病的战斗号召。

在此次血吸虫病防治中，确定了科学的防治方针，切实掌握充分发动群众和科学技术相结合，防治工作和发展农业生产、兴修水利相结合，在防治血吸虫病的同时提高农业生产、促进科学的发展并提高人民的生活水平。这次血吸虫病的科学防治，是党组织、科学家和人民群众三者结合的伟大力量，展现了社会主义制度的优势。

新中国第一次防疫站"送瘟神"成功消灭了血吸虫病，在"文化大革命"期间，血吸虫病卷土重来，党中央召开会议，号召"全民齐动手、再次送瘟神"，通过理顺防治体系、健全工作机制、加强机构和人才建设、制定综合治理规划和制定技术标准等措施，迅速扭转了局面。在21世纪初，国务院办公厅转发了由卫生部、发展改革委、财政部、农业部、水利部、林业局等联合制定的《全国预防控制血吸虫病中长期规划纲要（2004—2015 年）》，在此基础上，各级政府与卫生、水利、农业等部门齐心协力，共同防治血吸虫病，共同把中国的卫生健康推向更高处。这些都体现出中国特色社会主义制度的显著优势。

3. 血吸虫病的防治展现出中华民族伟大凝聚力

长期以来，人民同血吸虫病的斗争是自发的、分散的，当毛泽东同志表明"一定要战胜血吸虫病"的决心，并在最高国务会议上发出"全党动员，全民动员，消灭血吸虫病"的战斗号召时，这个号召形成一股巨大的精神力量，激励着广大干部群众志成城向血吸虫病作斗争。

群众知道，打赢这场战役，是为了人民。在党组织的发动下，各地群众纷纷参与到消灭钉螺的运动中，比如，江苏省昆山、嘉定两个县动员全县绝大部分劳动力，车干了几千条河的水；安徽省芜湖县发动 20 万人连战 18 天，挖螺土 260 多万平方米，实现了基本无螺县的指标。截至 1958 年 5 月，全国血吸虫病流行区的 12 个省市消灭钉螺 15 亿多平方米，充分彰显了人民群众的伟大力量。

毛主席对当时广大农民和疾病做斗争的豪情壮举非常重视，在《中国农村的社会主义高潮》一书的序言中指出："许多危害人民最严重的疾病，例如血吸虫病等，过去人们认为没有办法对付的，现在也有办法对付了。总之，群众已经看见了自己的伟大的前途。"这说明了人民群众已经发挥了国家主人的作用，在党的号召下形成了巨大的力量。

（三）案例启示

中华人民共和国的成立是来之不易的，为了巩固伟大的成果，中国共产党带领人民进行艰辛探索。在巩固人民新生政权方面做出努力，恢复和发展国民经济，巩固民族独立，维护国家主权，发展科教文卫事业。在中国共产党的带领下，中国人民真正掌握国家主权。血吸虫病的防治作为新中国成立后的第一次"防疫战"，具有重大意义，一方面改变了城乡的卫生面貌，保障了人民的健康，另一方面，显示了中国在中国共产党带领下的无限潜力。

党的领导是中国血防的"源动力"，党的组织是血吸虫病防治战中的无畏将帅。中国共产党不忘初心、牢记使命，始终将卫生防疫工作作为保障民生的重中之重。坚持党的领导是建设健康中国的政治保障。

《"健康中国2030"规划纲要》指出：健康是促进人的全面发展的必然要求，是经济社会发展的基础条件，是民族昌盛和国家富强的重要标志，也是广大人民群众的共同追求。我国当前消除血吸虫病工作仍面临诸多巨大挑战，因此血防工作依然不能松懈，血防精神依然要继续传承。

在新时代，青年人应不忘领导人的初心，不忘共产党人为人民服务的初心，继承和发扬"血防精神"，以不达目标决不罢休的决心，为实现健康中国宏伟目标做出贡献。

第九章 从改革开放40周年看中国医疗卫生事业变迁

一、案例阅读

1978年12月18日,在中华民族历史上,在中国共产党历史上,在中华人民共和国历史上,都必将是载入史册的重要日子。这一天,我们召开党的十一届三中全会,实现新中国成立以来党的历史上具有深远意义的伟大转折,开启了改革开放和社会主义现代化建设的伟大征程。

回顾我国改革开放40年,"巨变"无疑是医疗卫生事业的真实缩影。自1978—2018年,中国改革开放已走过了40年的历程。2018年12月18日,庆祝改革开放40周年大会在人民大会堂举行,中共中央总书记、国家主席、中央军委主席习近平在大会上发表重要讲话。习近平指出:"40年来,我国建成了包括养老、医疗、低保、住房在内的世界最大的社会保障体系,基本养老保险覆盖超过9亿人,医疗保险覆盖超过13亿人。常住人口城镇化率达到58.52%,上升40.6个百分点。居民预期寿命由1981年的67.8岁提高到2017年的76.7岁。我国社会大局保持长期稳定,成为世界上最有安全感的国家之一。"会上,中共中央政治局常委、中央书记处书记王沪宁宣读了《中共中央国务院关于表彰改革开放杰出贡献人员的决定》。决定指出,党中央、国务院决定授予于敏等100名同志"改革先锋"称号,颁授改革先锋奖章。医疗界中,医药科技创新的优秀代表屠呦呦、公共卫生事件应急体系建设的重要推动者钟南山、"一带一路"卫生领域合作推动者陈冯富珍被授予"改革先锋"称号,获得改革先锋奖章。助力我国医疗卫生事业发展和对外合作的开拓者阿兰·梅里埃,被颁授中国改革友谊奖章。

二、案例出处

本案例来自 2018 年 12 月 18 日，习近平在庆祝改革开放 40 周年大会上的重要讲话。习近平指出，改革开放是我们党的一次伟大觉醒，正是这个伟大觉醒孕育了我们党从理论到实践的伟大创造。改革开放是中国人民和中华民族发展史上的一次伟大革命，正是这个伟大革命推动了中国特色社会主义事业的伟大飞跃！

三、案例讨论

1. 为什么说党的十一届三中全会是新中国成立以来的伟大历史转折？
2. 改革开放四十多年来，我国卫生与健康事业发生了哪些变化？
3. 谈一谈你对"没有全民健康，就没有全面小康"的理解和认识。

四、教学建议

（一）理论引导

1978 年 11 月 10 日至 12 月 15 日，中共中央工作会议在北京召开。12 月 13 日，邓小平在闭幕会上作了题为《解放思想，实事求是，团结一致向前看》的讲话。这个讲话实际上成为随后召开的中共十一届三中全会的主题报告，它为全会实现具有划时代意义的伟大转折奠定了重要基础，成为改革开放的宣言书。

1978 年 12 月 18 日，在中华民族历史上，在中国共产党历史上，在中华人民共和国历史上，都是值得永远铭记的重要时刻。这一天，中共十一届三中全会在北京京西宾馆召开。这次全会实现了新中国成立以来党的历史上具有深远意义的伟大转折，开启了改革开放和社会主义现代化建设的伟大征程。

为什么说中共十一届三中全会实现了历史性的伟大转折？

第一，从当时国际国内的背景看，中共十一届三中全会是在党和国家面临何去何从的重大历史关头召开的。在国际上，世界经济快速发展，科技进步日新月异，国际局势出现了有利于国内和平建设的新变化。在国内，尽管社会主义建设取得了重要成就，但由于发展起点低，建设过程中又遭受严重曲折，致使经济社会的进一步发展面临不少严重问题。人民温饱都成问题，国家建设百业待兴。党内外强烈要求纠正"文化大革命"的错误，使党和国家从危难中重新奋起。邓小平指出，"如果现在再不实行改革，我们的现代化事业和社会主义事业就会被葬送"。

第二，重新确立了实事求是的思想路线。全会否定了"两个凡是"的方针，高度评价了关于真理标准问题的讨论，重新确立了马克思主义实事求是的思想路线。

第三，做出把工作重点转移到社会主义现代化建设上来和实行改革开放的战略决策。全会果断地停止使用"以阶级斗争为纲"的口号，做出了把工作重点转移到社会主义现代化建设上来和实行改革开放的战略决策。

第四，进一步推动了全面拨乱反正。全会讨论了历史遗留问题，认为解决好这些问题，对于进一步巩固安定团结的局面，实现全党工作中心的转变，使全党、全军、全国各族人民万众一心向前看，调动一切积极因素为四个现代化努力，是非常必要的。

中国共产党做出实行改革开放的历史性决策，是基于对党和国家前途命运的深刻把握，是基于对社会主义革命和建设实践的深刻总结，是基于对时代潮流的深刻洞察，是基于对人民群众期盼和需要的深刻体悟。中国进入改革开放新时代，工作重心转移到经济建设上来，卫生事业也迎来了新的发展机遇。改革开放以来，我国卫生与健康事业加快发展，医疗卫生服务体系不断完善，基本公共卫生服务均等化水平稳步提高，公共卫生整体实力上了一个大台阶。我国居民健康水平持续改善，居民主要健康指标总体上优于中高收入国家平均水平。

（二）总结提升

改革开放是党和人民大踏步赶上时代的重要法宝，是坚持和发展中国特色社会主义的必由之路，是决定当代中国命运的关键一招。中国特色社会主义是党和人民奋斗、创造、积累的根本成就，必须倍加珍惜、始终坚持、不断发展。在改革开放一以贯之的接力探索中，我们党坚定不移高举中国特色社会主义伟大旗帜，既不走封闭僵化的老路，也不走改旗易帜的邪路。

改革开放以来，我国医疗卫生与健康事业加快发展，医疗卫生服务体系不断完善。我国人民健康水平不断提高，基本建立起遍及城乡的医疗卫生服务体系，初步建立了城镇职工医疗保险制度，开展了新型农村合作医疗制度试点，重大传染病防治取得了明显进展，妇女儿童卫生保健水平进一步提高。改革开放以来取得如此巨大成就的主要原因是什么呢？

第一，坚持党对一切工作的领导，不断加强和改善党的领导。中国共产党是中国特色社会主义事业的领导核心，确保我国经济社会事业的持续发展，不断推进理论创新、制度创新、科技创新、文化创新以及医疗卫生事业创新等，不断开创中国特色社会主义建设事业新局面。

第二，坚持解放思想、实事求是，不断与时俱进、求真务实。中国共产党和政府一切从实际出发，始终保持勇于变革、勇于创新的精神状态，历来高度重视卫生事业的发展，强调把保护人民健康和生命安全放在重要位置，克服我国医疗卫生工作面临的形势和严峻的挑战，党中央提出了努力构建社会主义和谐社会的战略任务，努力建设民主法治、公平正义、诚信友爱、充满活力、安定有序、人与自然和谐相处的社会。

第三，坚持以人民为中心，不断实现人民对美好生活的向往。中国共产党始终坚持一切为了人民、一切依靠人民，从群众中来，到群众中去，社会发展成果由全体人民共享，把"共享发展"看作改革开放和全面建成小康社会的检验标准。

2021年3月23日，习近平总书记在福建考察时指出："现代化最重要的指标还是人民健康，这是人民幸福生活的基础。把这件事抓牢，人民至上、生命至上应该是全党全社会必须牢牢树立的一个理念。"[①]

党的十八大以来，以习近平同志为核心的党中央把维护人民健康摆在更加突出的位置，召开全国卫生与健康大会，确立新时代卫生与健康工作方针，印发《"健康中国2030"规划纲要》，发出建设健康中国的号召，明确了建设健康中国的大政方针和行动纲领，人民健康状况和基本医疗卫生服务的公平性可及性持续改善。在抗击新冠疫情的斗争中，我国的医药卫生体系经受住了考验，为打赢疫情防控阻击战发挥了重要作用，为维护人民生命安全和身

[①] 为中华民族伟大复兴打下坚实健康基础：习近平总书记关于健康中国重要论述综述[EB/OL].人民网，2021-08-08.

体健康、恢复经济社会发展做出了重要贡献。

习近平总书记关于健康中国建设的重要论述，立意高远，内涵丰富，思想深刻，对于全面推进健康中国建设，加快推动新时代我国卫生与健康事业发展，努力全方位地保障人民身体健康，为实现"两个一百年"奋斗目标、实现中华民族伟大复兴的中国梦打下坚实健康基础，具有十分重要的指导意义。

（三）案例启示

2018年12月18日，这是一个特殊的日子，是伟大祖国改革开放40周年纪念日。在纪念大会上，习近平总书记的重要讲话，深刻总结了改革开放40年来党和国家事业取得的伟大成就和宝贵经验，高度赞扬了中国人民为改革开放事业作出的杰出贡献，郑重宣示了改革开放只有进行时没有完成时、改革开放永远在路上、坚定不移将改革进行到底的信心和决心，明确提出了坚定不移全面深化改革、扩大对外开放、不断把新时代改革开放继续推向前进的目标要求。让我们更加紧密地团结在以习近平同志为核心的党中央周围，高举中国特色社会主义伟大旗帜，不忘初心、牢记使命，持续深入推进改革开放，为实现"两个一百年"奋斗目标、建成富强民主文明和谐美丽的社会主义现代化强国、实现中华民族伟大复兴的中国梦，为维护世界和平、促进共同发展、推动构建人类命运共同体而不懈奋斗。

40多年来的改革与发展，给我们哪些启示呢？

第一，中国共产党领导是中国特色社会主义最本质的特征，是中国特色社会主义制度的最大优势。

第二，为中国人民谋幸福，为中华民族谋复兴，是中国共产党人的初心和使命，也是改革开放的初心和使命。

第三，创新是改革开放的生命。实践发展永无止境，解放思想永无止境。

第四，制度是关系党和国家事业发展的根本性、全局性、稳定性、长期性问题。

第五，解放和发展社会生产力，增强社会主义国家的综合国力，是社会主义的本质要求和根本任务。

1978年12月召开的党的十一届三中全会实现了历史性伟大转折，开启了改革开放和社会主义现代化建设的历史新时期。从此，中国共产党带领全国各族人民踏上了中国特色社会主义开创和接续发展的征程。以邓小平同志为主要代表的中国共产党人，成功开创了中国特色社会主义。以江泽民为主要代表的中国共产党人，成功把中国特色社会主义推向21世纪。以胡锦涛为主要代表的中国共产党人，在新的形势下坚持和发展了中国特色社会主义。以习近平为主要代表的中国共产党人，以巨大政治勇气和强烈的责任担当，推动党和国家取得了全方位的、开创性的历史性成就。

当代大学生在学习中要掌握党的基本理论、基本路线、基本方略，坚定马克思主义的信仰，深刻领会马克思主义中国化理论成果的精神实质，始终坚定中国特色社会主义"四个自信"，努力成为中国特色社会主义事业的建设者和接班人，自觉为实现中华民族伟大复兴的中国梦而奋斗。

第十章 从抗击新冠疫情看中国特色社会主义进入新时代

一、案例阅读

新冠疫情是百年来全球发生的最严重的传染病大流行，是新中国成立以来我国遭遇的传播速度最快、感染范围最广、防控难度最大的重大突发公共卫生事件。

病毒突袭而至，疫情来势汹汹，人民生命安全和身体健康面临严重威胁。我们坚持人民至上、生命至上，以坚定果敢的勇气和坚韧不拔的决心，同时间赛跑、与病魔较量，迅速打响疫情防控的人民战争、总体战、阻击战，用1个多月的时间初步遏制疫情蔓延势头，用2个月左右的时间将本土每日新增病例控制在个位数以内，用3个月左右的时间取得武汉保卫战、湖北保卫战的决定性成果，进而又接连打了几场局部地区聚集性疫情歼灭战，夺取了全国抗疫斗争重大战略成果。在此基础上，我们统筹推进疫情防控和经济社会发展工作，抓紧恢复生产生活秩序，取得显著成效。中国的抗疫斗争，充分展现了中国精神、中国力量、中国担当。

"天行健，君子以自强不息。"一个民族之所以伟大，根本就在于在任何困难和风险面前都从不放弃、不退缩、不止步，百折不挠地为自己的前途命运而奋斗。从5000多年文明发展的苦难辉煌中走来的中国人民和中华民族，必将在新时代的伟大征程上一路向前，任何人任何势力都不能阻挡中国人民实现更加美好生活的前进步伐！

让我们更加紧密地团结起来，大力弘扬伟大抗疫精神，勠力同心，锐意进取，奋力实现决胜全面建成小康社会、决战脱贫的攻坚目标任务，在全面建设社会主义现代化国家的新征程上创造新的历史伟业！

二、案例出处

本案例来自 2020 年 9 月 8 日，习近平总书记在全国抗击新冠疫情表彰大会上的讲话，提出："在这场同严重疫情的殊死较量中，中国人民和中华民族以敢于斗争、敢于胜利的大无畏气概，铸就了生命至上、举国同心、舍生忘死、尊重科学、命运与共的伟大抗疫精神。"

三、案例讨论

1. 联系实际，谈谈十八大以来，党和国家事业发生了怎样的历史性变革，其意义是什么？

2. 谈一谈你对怎样夺取新时代中国特色社会主义的伟大胜利的认识。

3. 习近平总书记在全国抗击新冠肺炎疫情表彰大会上的讲话中提出："在这场同严重疫情的殊死较量中，中国人民和中华民族以敢于斗争、敢于胜利的大无畏气概，铸就了生命至上、举国同心、舍生忘死、尊重科学、命运与共的伟大抗疫精神。"请你联系历史和现实，谈谈伟大抗疫精神的意义和启示。

四、教学建议

（一）理论引导

2020 年 9 月 8 日，习近平总书记在全国抗击新冠疫情表彰大会上的讲话，提出："在这场同严重疫情的殊死较量中，中国人民和中华民族以敢于斗争、敢于胜利的大无畏气概，铸就了生命至上、举国同心、舍生忘死、尊重科学、命运与共的伟大抗疫精神。"

1. "生命至上"彰显中国人民的仁爱传统和价值追求

"生命至上，集中体现了中国人民深厚的仁爱传统和中国共产党人以人民为中心的价值追求。"推崇仁爱是中华民族自古以来的优秀传统和高尚品格。孟子强调"亲亲而仁民、仁民而爱物"，荀子强调"仁者自爱"等思想。从推崇仁爱的精神出发，古人强调社会和谐，倡导团结友爱。在中国共产党的百年历程中，以"人民为中心"的思想是我党百年发展最集中的体现。面对突如其来的新冠疫情，习近平总书记多次主持召开会议，仅用十余天就建成了武汉火神山和雷神山医院以及快速改造的方舱医院，"应收尽收、应治尽治"，人民群众的生命都得到了全力护佑，人的尊严、价值和群众的生命得到了悉心呵护，这就是中国共产党和中国人民敬重生命的最好印证。

2. "举国同心"展现中国人民的万众一心和团结伟力

"举国同心，集中体现了中国人民万众一心、同甘共苦的团结伟力。"《团结就是力量》："团结就是力量，这力量是铁，这力量是钢……"苦难深重的中国人民正是唱着这首歌，豪迈地站了起来，走向富起来，走向强起来，走进了伟大的新时代。全国医护人员驰援湖北，民营企业复工生产，社区工作人员、志愿者、快递员等无惧冷暖、恪尽职守，危急时刻，又见遍地英雄，14亿中国人民的团结伟力绘就了"团结就是力量"的新时代画卷。

3. "舍生忘死"呈现中国人民的家国情怀和顽强意志

"舍生忘死，集中体现了中国人民敢于压倒一切困难而不被任何困难所压倒的顽强意志。"舍生忘死的抗疫精神，源于中华民族优秀传统文化。孟子提出"生亦我所欲，所欲有甚于生者，故不为苟得也"、文天祥写出"人生自古谁无死，留取丹心照汗青"等，都是中华民族优秀传统文化的真实写照。面对新冠疫情，无数党员和医护人员递交"请战书"，第一时间奔赴抗疫战场，视死如归，以生命赴使命，用大爱护众生，书写下可歌可泣、荡气回肠的壮丽篇章。

4. "尊重科学"体现中国人民的求真务实和实践品格

"尊重科学，集中体现了中国人民求真务实、开拓创新的实践品格。"习近平总书记指出："纵观人类发展史，人类同疾病较量最有力的武器就是科学技术，人类战胜大灾大疫离不开科学发展和技术创新。"在此次抗疫过程中，"科学防治"贯穿始终。在没有已知特效药物的情况下，实行中西医相结合的治疗方式，夜以继日研发新冠疫苗，采用大数据、云计算追踪溯源和健康码识别等方式，都是对科学精神的尊重，为战胜疫情提供了强有力的科技支撑。

5. "命运与共"凸显中国人民的道义担当和大爱无疆

"命运与共，集中体现了中国人民和衷共济、爱好和平的道义担当。"大道不孤，大爱无疆。习近平总书记指出："公共卫生安全是人类面临的共同挑战，需要各国携手应对。"在全球抗击疫情过程中，中国始终坚持和践行人类命运共同体的理念，及时准确地向世界卫生组织和国际社会通报我国疫情防治现状并分享科研攻关成果，这些都诠释着我国同舟共济和构建人类命运共同体的大国担当。

（二）总结提升

党的十八大以来，在以习近平同志为核心的党中央的坚强领导下，在习近平新时代中国特色社会主义思想科学指导下，中国共产党以巨大的政治勇气和强烈的责任担当，自信自强、守正创新，统揽伟大斗争、伟大工程、伟大事业、伟大梦想，解决了许多长期以来想解决而没有解决的难题，办成了许多过去想办而没有办成的大事，推动党和国家事业取得历史性成就、发生历史性变革。经过长期努力，中国特色社会主义进入了新时代，这是我国发展新的历史方位。中华民族日益走近世界舞台中央，迎来了实现伟大复兴的光明前景，比历史上任何时期都更接近伟大复兴的目标，比历史上任何时期都更有信心、有能力实现这个目标。

党的十八大以来，以习近平同志为核心的党中央统筹推进"五位一体"总体布局、协调推进"四个全面"战略布局，"十二五"规划胜利完成，"十三五"规划顺利实施，党和国家事业全面开创新局面。经济建设取得重大成就，全面深化改革取得重大进展，民主法治建设迈出重大步伐，思想文化建设取得重大进展，人民生活不断改善，生态文明建设成效显著，全面从严治党成效卓著，强军兴军开创新局面，港澳台工作取得新进展，全方位外交深入开展。

如何认识中共十八大以来取得的历史性成就、发生的历史性变革的原因？

第一，以习近平同志为核心的党中央的坚强领导。党的领导是中国特色社会主义的本质特征，也是中国特色社会主义制度的最大优势。中共十八大以来取得历史性成就，发生历史性变革，是坚持党的全面领导的结果。

第二，习近平新时代中国特色社会主义思想的科学指引。实践需要理论指导，中国共产党人的实践是科学理论指导下的实践。以此为指导，党中央对我国经济社会发展进行了顶层设计和精心安排，强化了各项方针政策的执行力，将习近平新时代中国特色社会主义思想转化为发展举措、发展实践，取得历史性成就、发生历史性变革。

第三，全国各族人民的共同奋斗。人民是历史的创造者，是我国经济社会发展的主体。中共十八大以来取得的历史性成就、发生的历史性变革，既凝聚了人民群众的创造和智慧，也是人民群众实践的结果。

（三）案例启示

习近平总书记指出："精神是一个民族赖以长久生存的灵魂，唯有精神上达到一定的高度，这个民族才能在历史的洪流中屹立不倒、奋勇向前。"[1] 伟大抗疫精神就是当下的中华民族和中国社会最为亮丽的精神标识。伟大抗疫精神在惊心动魄的抗疫大战和艰苦卓绝的历史大考中孕育形成，在统筹国内国际两个大局、统筹推进疫情防控和经济社会发展的战略运筹中强劲发力，更将在全面建设社会主义现代化国家、实现中华民族伟大复兴的新征程中发扬光大。

作为当代的青年大学生，通过伟大抗疫精神的生动实践，从新时代中国特色社会主义的伟大胜利中得到怎样的启示？

1. 坚持以习近平新时代中国特色社会主义思想为指导

习近平新时代中国特色社会主义思想是在中国特色社会主义进入新时代，科学社会主义迈向新阶段，当今世界经历大变局，中国共产党面临执政新考验的历史条件下形成和发展起来的，回答了新时代坚持和发展什么样的中国特色社会主义、怎样坚持和发展中国特色社会主义的问题，贯穿了为人民谋幸福、为民族谋复兴、为世界谋大同的主线，明确了新时代坚持和发展中国特色社会主义的基本问题，阐明了新时代坚持和发展中国特色社会主义的实践要求。习近平新时代中国特色社会主义思想彰显着坚定理想信念，展现着真挚人民情怀，贯穿着高度自觉自信，体现着鲜明问题导向，充满着无畏的担当精神，是实现"两个一百年"奋斗目标的行动指南。

2. 深入推进党的建设新的伟大工程

习近平在中共十九大报告中指出：伟大斗争，伟大工程，伟大事业，伟大梦想，紧密联系、相互贯通、相互作用，其中起决定性作用的是党的建设

---

[1] 习近平谈治国理政：第二卷［M］. 北京：外文出版社，2017：47-48.

新的伟大工程。中国特色社会主义最本质的特征就是坚持中国共产党的领导，没有中国共产党的领导，就没有中国特色社会主义事业的坚持和发展。

3. 坚持和完善中国特色社会主义制度、推进国家治理体系与治理能力现代化

2019年1月21日，习近平在省部级主要领导干部坚持底线思维着力防范化解重大风险专题研讨班开班式上发表重要讲话时强调：面对波谲云诡的国际形势、复杂敏感的周边环境、艰巨繁重的改革发展稳定任务，我们必须始终保持高度警惕，既要高度警惕"黑天鹅"事件，也要防范"灰犀牛"事件；既要有防范风险的先手，也要有应对和化解风险挑战的高招；既要打好防范和抵御风险的有准备之战，也要打好化险为夷、转危为机的战略主动战。坚持底线思维，防范化解重大风险，才能避免"黑天鹅""灰犀牛"事件对中国特色社会主义事业的干扰，进而夺取新时代中国特色社会主义的伟大胜利。

第四篇 04
思想道德与法治

第一章 领悟人生真谛 把握人生方向

一、案例阅读

"生为人民服务，逝为医学献身"

2019年9月25日，一对为共和国医学奉献一生、身后捐献遗体的医学伉俪，以一种特殊的方式相遇。医学教授李秉权、胡素秋的骨骼标本，按照他们的生前遗愿，捐献给学校用于医学教学。他们的骨骼标本被一起安置在昆明医科大学生命科学馆入口处。

李秉权，1922年出生于云南省腾冲市一个贫寒家庭。青少年时期，他目睹国家深重的民族灾难，立志要为振兴中华民族而献身。中学毕业后李秉权考入云南大学医学院，在这里，他遇见了将门之女胡素秋。寒门学子与军长的女儿相知相爱。毕业后，他们进入云南大学医学院附属医院工作，成为新中国首批医师，从事医学工作近60年。

李秉权作为新中国培养的首批神经外科医师之一，在无专门病床、无固定助手、无开颅专科器械设备、无专科护理的情况下，与同仁们创立了云南第一个脑系科，被称为云南"开颅术第一人"。胡素秋是妇科专家，一生兢兢业业，退休后还坚持门诊直到85岁。

在李秉权、胡素秋儿子李向新的记忆中，自己小的时候，父母总是太忙，一家人甚至过年都在食堂吃饭。父母白天忙碌，深夜还总在读书著文。父母一生勤俭。家里的第一张沙发是1983年买的，是用淘汰的破旧木板做架，用若干弹簧支撑的简易沙发，几十年过去了，还一直在使用。

退休后，两位老人一起做了个决定：百年后，要把自己的遗体捐献出来。刚得知这个消息，家人很难接受，中国人讲求入土为安，把遗体捐出来，子孙怎么拜祭，在哪缅怀呢？可在李秉权心中，他们上大学时，正值抗战时期，学校没有足够的标本，只能到外面乱葬岗把尸体抬回来清理干净后做成标本供同学们学习。李秉权说："我做了一辈子的医生，死了以后也要拿这身'臭皮囊'为医学做一些贡献，学生在我身上练熟后，病人就可以少受些痛苦。我患过脑腔梗、高血压血管硬化，可以做病理解剖；解剖切完用完之后，再做成一副骨架，供教学使用。"2005年李秉权去世，子女捐出了父亲的遗体，没留下任何一部分作为骨灰葬在公墓里。10年后，胡素秋追随丈夫李秉权而去，也将遗体捐赠给昆明医科大学。她在遗嘱中称："眼角膜、进口晶体、皮、肝、肾等供给需要的病人，最后再送解剖。"

为表达敬意，学校将两人的骨架立在一起，置于科学馆入口的屏风前。"生为医学教授，逝做无语良师。"夫妇的后人看到他们再次并肩，"感觉他们'重生'了，以一种特殊的方式在延续他们的爱情，也回到他们热爱的讲台，世世代代向学生传授人体骨架奥秘，传授这种精神。"

在李秉权、胡素秋夫妇"重逢"的人体科学馆内，还有着众多捐献者的标本群体。1990年至2016年，向昆明医科大学申请志愿捐献遗体的民众已达600人，其中85名捐献者完成了夙愿。他们之中，有离退休干部、高级工程师，也有中学校长和老革命家。"生为人民服务，逝为医学献身。"在昆明医科大学生命科学馆的捐献墙上，抬头写着这样的字。而《入馆须知》里，学校告诫学子："人体标本是具有非凡勇气的遗体捐献者们生命的另一种延续。敬重无语良师，志做医学精英。"

二、案例出处

余苏晏，李晓雪. 昆明医科大学举行李秉权、胡素秋夫妇遗体捐献仪式 医院伉俪"特殊重逢"[EB/OL]. 昆明信息港，2019-09-27.

三、思考讨论

医学伉俪李秉权和胡素秋相守50载，为杏林事业毕生奉献，生为人民服务，逝为医学献身。他们从传奇开始，以永恒作古，奋斗不朽，爱情不朽，精神不朽，一生都在印证着无私和高尚。他们，是真正值得我们致敬的人。

1. 李秉权、胡素秋的人生故事给我们青年学子怎样的思考和感悟？

2. 结合案例，思考青年学子可以选择怎样的人生目的？怎样的人生是值得过的一生？

3. 结合案例，思考青年人、青年医者如何树立正确的生死观？

四、教学建议

（一）组织教学建议

本案例可适用于第一章第二节、第一章第三节教材内容的辅助教学，可以重点就以下三个问题进行分析、探讨：

1. 高尚的人生追求

结合案例，重点探讨以下几个问题：人生为什么需要目的？青年学生如何选择自己的人生目的？青年学生应确立什么样的人生目的？这些问题是每个人的人生都绕不开的课题，更是青年学子在其特殊的人生阶段必须直面的问题。通过教学引导学生树立服务人民、奉献社会的科学高尚的人生目的。

2. 人生价值的评价与实现

对人生价值及其相关问题的正确认识，是人们自觉朝着选定的目标努力前行，创造有价值的人生的重要前提。什么样的人生才有价值？怎样的人生是有意义的人生？通过教学，引导学生树立科学的人生价值评价标准，正确评价自己的人生价值，不断增强实现人生价值的能力和本领。

3. 辩证对待人生矛盾，树立正确的生死观

生与死是贯穿人生的一对基本矛盾。在人类历史的长河中，个体的生命相对而言是短暂的。从一定意义上说，正是因为生命短促，人生苦短，才更显示了人生的弥足珍贵。如何认识和对待生与死，体现了一个人人生境界的高低，更直接影响着他的生活。结合案例，引导学生辩证地对待人生矛盾，树立正确的生死观。

（二）总结提升建议

1. 高尚的人生追求

人生需要目标从根本上讲是由人类活动的目的性决定的，是人之为人的本性使然。此外，人生之所以需要目标，还有其重要的现实指向。人生目标

很重要，迷失人生目标将带来人生的极度困惑。人生目标规定了人生的大方向，能够指引我们走上不同的人生道路；人生目标能够激发人生态度，赋予人生不同的精神力量；人生目标还告诉我们人生真正的意义、价值是什么？并决定其实现程度。很多优秀人物，他们所走的人生道路、在人生历程中展现出的人生态度和精神力量，以及他们人生价值的实现程度都与他们的人生目标密切相关。

多样的人生需要必然催生多样的人生目标，我们可以选择的人生目标必然也是多样、多层次、动态发展的。马克思主义认为，高尚的人生目标总是与奋斗奉献联系在一起。终其一生，我们并非孤立地存在，而是生活在一定的社会关系中。我们的人生与很多人相关，这样的社会关系要求我们承担相应的责任。从小处来讲就是要为家庭、为亲人朋友担当责任，从大处讲就是要为社会、国家、民族担当责任。只有当一个人能够自觉地意识到个人是社会的一部分，并自觉地把人生责任纳入人生目标的考量中的时候，我们在社会层面倡导为人民服务的人生目标才具备了必备的基础。高尚的人生目标需要有自觉的认识和自主的选择，也需要有责任的担当与郑重的践行。新时代大学生要把为国家和人民事业无私奉献作为人生的最高追求，在服务人民、奉献社会中收获成长和进步。

2. 人生价值的评价与实现

什么样的人生才有价值？怎样的人生是值得过的、有意义的人生？人的一生作为个体生命的状态，内含许许多多的要素，如物质与精神、个人性与社会性、贡献与索取等，各要素协调互动构成个体的人生系统。从某种意义上说，对人生不同要素的看重与抉择，构成了不同的人生价值主张。

我们反对把自我价值看成唯一的价值，反对人只对自己负责。我们亦反对把自我价值看成人的价值的主要方面，而更多地提倡社会价值的实现。马克思说："如果一个人只同自己打交道，他追求幸福的欲望只有在非常罕见的情况下才能得到满足，而且绝不会对己对人都有利。"在马克思主义看来，人生有没有价值，不能仅以"自我"是否满足为唯一标准或主要标准，不能由自己来裁判，而应以是否满足社会的需要和得到社会承认为标准，由社会来评判。

评价人生价值的根本尺度，是看一个人的实践活动是否符合社会发展的客观规律，是否促进了历史的进步。习近平总书记强调："劳动是推动人类社会进步的根本力量。"衡量人生价值的标准，最重要的就是看一个人是否用自己的劳动和聪明才智为国家和社会真诚奉献，为人民群众尽心尽力服务。客观、公正、准确地评价社会成员人生价值的大小，既要看其贡献的大小，也要看其尽力的程度，既要尊重其物质贡献，也要尊重其精神贡献，既要注重社会贡献，也要注重自身完善。面对人生价值的多样选择，青年大学生在"大我"中成就"小我"是我们应有的一种人生选择。

3. 辩证对待人生矛盾，正确看待生与死

17世纪法国著名的思想家帕斯卡尔说，人是世界上最脆弱的一棵苇草，一缕烟、一滴水便足以杀死他。但人却是一棵高贵的苇草，因为人知道自己要死亡，明白宇宙比他强大，而宇宙对此一无所知。人无法选择生，更无法逃避死。人活着就得面对死亡，并且需要科学地去认识死亡。

从古至今，人类曾竭力抗拒死亡。比如信仰宗教迷信以求永生，寻求灵丹妙药以求不死，活在当下，得过且过，毁灭生命以求解脱等。其实，还有一种更加积极的方式，即通过理性地认识死亡的价值，而坦然面对死亡，并且在现世积极作为。生命的有限性和对死亡的思考可以使我们更加珍惜生命，注重实现人生的价值。正因为这样一种价值，人类在自然界保持了勃勃生机，个体生命在短暂的生命历程中绽放了夺目的光彩，活出了更大的意义。

人不可以不死，但却可以不朽。人活着不能追求不死，但可以追求不朽。人在自然生命的基础上，要理性地探寻精神生命和社会生命。人应当被看作是一种有着双重生命的存在——本能生命和超本能生命。这种双重生命、双重本性就是人的特质，是人之为人、人区别于动物的关键所在。虽然我们的生理生命结束了，但是我们的社会生命和精神生命却可以延续与不朽。《左传·襄公二十四年》谓："大上有立德，其次有立功，其次有立言。虽久不废，此之谓不朽。"此"三不朽"成为中国古人孜孜以求的一种凡世的永恒价值。臧克家的诗《有的人》，更是把"有的人"之不朽进行了清晰的表征。诗中写道："有的人活着，他已经死了；有的人死了，他还活着。"我们的生理生命结束了，精神生命却可以延续和永存。

(三) 案例启示

小葬于墓,大葬于心。李秉权和胡素秋夫妇"生为人民服务,逝做无语良师"。他们的人生跨越了生与死的界限。他们不仅教会了青年学子解剖的知识、身体的奇妙,更多的是给予了我们一份精神,深深启迪我们思考生命的意义和价值。

死亡不过是生命的另一种开始,死亡也可以是一段新生。"人固有一死,或重于泰山,或轻于鸿毛。""有的人活着,他已经死了;有的人死了,他还活着。"人生价值没有一个绝对的顶点,人生价值的创造也没有一个绝对的终点。个体生命的长度总是有限的,但为人民服务、为人类进步事业贡献力量是无限的。

个体的人生目标会有不同,职业选择也有差异,但只有把自己的小我融入祖国的大我、人民的大我之中,与历史同向、与祖国同行、与人民同在,才能更好地实现人生价值,升华人生境界。青年是标志时代的最灵敏的晴雨表。时代的责任赋予青年,时代的光荣属于青年。青年要自觉将人生目标同国家和民族的前途命运紧紧联系在一起,才能最大程度地实现人生价值。青年学子只有走与人民群众相结合的道路,从人民群众中汲取营养,做中国最广大人民群众根本利益的维护者,才能使自己的人生大有作为。

青年学生要牢固树立生命可贵、敬畏生命的意识,倍加爱护自己和他人的生命,努力使自己的生命绽放出人生的光彩。同时,新时代的大学生也要有为了崇高目的而勇于奉献、敢于牺牲的精神。孔子谓"杀身成仁",孟子曰"舍生取义",司马迁讲"人固有一死,或重于泰山,或轻于鸿毛"。这些千古名句说明,人的生命价值在于个体生命付出背后的意义。新时代的大学生应在服务人民、投身民族复兴伟大事业中发掘出生命所蕴藏的巨大潜能,努力给有限的个体生命赋予更大的意义。

第二章　追求远大理想　坚定崇高信念

一、案例阅读

2021年"最美医生"顾玉东：行医做人常怀"四心"

2021年8月19日是第四个中国医师节，主题是"百年华诞同筑梦，医者担当践初心"。中国工程院院士、复旦大学附属华山医院手外科主任顾玉东教授荣膺2021年"最美医生"。"对于每一个患者，医生都要做'加法'，每一次手术都要让患者有所得。"这是顾玉东从医大半个世纪，始终践行的不二诺言。顾玉东教授自1961年从上海第一医学院（现复旦大学上海医学院）毕业，投身手外科，从零起步，带领华山医院手外科屡创世界第一。"听党的话，学白求恩，做好医生。"他总是用这三句话总结自己的从医经历，这也是"最美医生"对一代代青年人的深情寄语。

一份恻隐，助力攻克难题

对患者要有同情心。温文尔雅的顾玉东教授，将这句话视为行医准则。从93%到100%，半个世纪前的一份恻隐，帮助青年医生顾玉东跨越了"医学天堑"。1966年2月13日，顾玉东参与完成导师杨东岳医生主持的世界第一例足趾移植手术。此后十五年里，他们共为100名失去手指的患者进行了足趾移植，其中93例成功，7例失败。每次为青年医生讲课，顾玉东总会提及一个失败的病例：一名19岁花季女孩被机器轧烂了拇指，从千里之外来到华山医院。顾玉东按常规为她做了手术，但手术过程中发现，患者的足背动脉和进入第二趾的血管非常细，不足1毫米，风险很大。患者术后新造的人拇指每况愈下，最终由红色变成了黑色。虽然家属一再表示理解，但顾玉东无法原谅自己。痛心的失败案例，促使顾玉东努力钻研，历时5年分析研究，首创"第二套供血系统"，最终攻克血管变异难题。

执着精神，带来次次惊喜

一颗赤子之心，六十载励学修术，几千张手写病历卡，追求每个手术"零"失败率……顾玉东是个完美主义者，这份执着成就了医学上的重大突破。1986年，一名黑龙江的小伙子在摩托车事故中受伤，左侧臂丛受伤，左胸多根肋骨骨折，面临左手瘫痪的残酷现实。他怀着一线希望来到华山医院找到顾玉东。一系列检查后发现：当时所有4组神经移植法都不适合患者。彼时的顾玉东已做了1000多例臂丛手术，他从1000多例手术中发现一个奇特规律：臂丛的5大神经根中，颈7神经根在损伤后很少有症状出现，只有当4根以上的神经根同时损伤时，颈7神经根的临床症状才会出现。这说明：颈7神经根支配的肌肉，可由其上下两根神经代偿支配。顾玉东利用未受伤的健侧颈7神经移位，修复了患侧受损的臂丛。次日，顾玉东早早来到病房，检查发现患者健侧上肢除两个指尖有些麻木外，其余活动自如。患者笑了，顾玉东也松了一口气。这样的执着精神，指引顾玉东带领团队斩获一次次惊喜：这支"梦之队"先后荣膺国家科技进步二等奖6项、国家发明奖两项。顾玉东本人则先后被授予国家级有突出贡献专家、全国先进工作者、上海市科技精英、上海市科技功臣、全国"五一劳动奖章"、卫生部"白求恩奖章"获得者等称号。

成果丰硕，仍然谦逊奋进

对患者有同情心，对工作有责任心，对事业有进取心，对同志有团结心，这"四心"是顾玉东教授多年前为自己和手外科同事们立下的行为准则。从医大半个世纪，顾玉东仍向着心中的"哥德巴赫猜想"发起挑战。3年前，"2018年度中国十大医学科技新闻"出炉，"改变外周神经通路诱导大脑功能重塑"跻身十大新闻之一。这项刊登在顶尖学术期刊《新英格兰医学杂志》上的科研成果，针对中风等脑损伤导致的上肢偏瘫后续治疗。顾玉东的学生徐文东教授在顾教授的研究基础上，提出"健侧颈神经根交叉移位手术"全新策略，借助神奇的"手—脑"互动，单侧手臂瘫痪患者有望恢复上肢功能。

突破性成果为人类认识大脑、调控大脑提供了激动人心的新视角。这一切，正是基于顾玉东教授30多年前国际首创"颈7移植"的新拓展，但他仍然谦逊，"对臂丛神经损伤患者而言，我们尚不能帮他们重获一双功能健全的手。每想到此，我就深感自己离好医生尚有很大的距离"。

我国这位手外科"泰斗"常对青年医生谆谆教诲：要做一名合格的医生，首先要学会做"人"，要把个人融入集体之中，希望一代代后来人，为手内部肌持续奋斗下去。

二、案例出处

顾泳. 学名医典范 做苍生大医｜"最美医生"顾玉东：行医做人常怀"四心"[N/OL]. 解放日报，2021-08-19.

三、思考讨论

1. 通过"最美医生"顾玉东的事迹，谈谈你怎样去践行自己的青春誓言？

2. 美好生活都是奋斗出来的，请谈一谈新时代如何将个人理想变为现实？

3. 顾玉东对青年医生谆谆教诲："要做一名合格的医生，首先要学会做'人'，要把个人融入集体之中。"你是如何理解这句话的？

四、教学建议

（一）组织教学建议

第一，本案例可用于第一节第二目"理想信念是精神之'钙'"时使用。可以在课前先让学生做个问卷，根据对学生的调查结果，特别是他们在理想信念方面存在的误区，引出要讲述的内容，使得引用的调查结论更有说服力。

第二，本案例可用于第二节"坚定信仰信念信心"作为导入，通过本案例的教学，使大学生明确实现中华民族伟大复兴的中国梦需要一代一代青年矢志奋斗，生逢其时、肩负重任，应当志存高远、脚踏实地，切实增强对马克思主义、共产主义的信仰，增强对中国特色社会主义的信念，增强对实现中华民族伟大复兴的信心，把个人理想追求融入党和国家事业之中。

第三，在讲述本案例时，可以组织学生就案例中"顾玉东对青年医生谆谆教诲"这一问题进行分组讨论，并派代表发言。结合第三节"在实现中国梦的实践中放飞青春梦想"还可以启发学生寻找身边类似的人和事，强化理想信念对于大学生的引导作用，进而引导学生树立科学、崇高的理想信念。帮助大学生明确自身肩负的历史使命和历史责任，当代青年须坚定理想信念，牢固确立自我人生的信念并为之不懈努力。青春只有在为祖国和人民的真诚奉献中才能更加绚丽多彩，人生只有融入国家和民族的伟大事业才能闪闪发光。教师在讲述过程中要注意引导学生，随着时代的进步，人们的理想也是在不断发生变化的，但同人民一道拼搏、同祖国一道前进，服务人民、奉献祖国，是当代中国青年正确的人生方向。

（二）总结提升建议

1. 理想信念不是拿来说、拿来唱的，更不是用来装点门面的，只有见诸行动才有说服力

在现代医学学科里，手外科算是"年轻学科"。1961年，从上海第一医学院（现复旦大学上海医学院）毕业，顾玉东就投身于刚建立的手外科，从零起步，一点点拓荒，他带领华山医院手外科屡创中国乃至世界范围的"第一"：成为国际上用"膈神经"移位治疗臂丛神经损伤的第一人；首创"第二套供血系统"使足趾游离移植再造拇指手术成功率提升到100%；用伤者健康侧的颈7神经来修复瘫痪的手臂……因大量原创成果，顾玉东六获国家科技进步二等奖。

2. 实现理想的长期性、艰巨性和曲折性

理想的实现是一个过程。一般来说，理想越是远大，它的实现过程就越复杂，需要的时间也就越漫长。纵观人类社会发展史，任何一种理想的实现都不是轻而易举的，必然会遇到各种各样的困难和波折，充满着艰险和坎坷。实现理想、创造未来，必须有战胜种种艰难险阻的坚定不移的信心和坚韧不拔的毅力，这才有了顾玉东从1000多例臂丛手术到一根特别神经的"再发现"。生命奥秘难穷尽，医学之涯也如同登山，永远有下一个更高更险的山头等着攀登者。作为科室主任，作为一名党龄32年的共产党员，顾玉东很注重科室成员的思想道德教育，强调要做一名合格的医生，首先要学会做"人"。

"对臂丛神经损伤患者,我们尚不能使他们重新获得一双功能健全的手。每想到此,我就深感自己离'好医生'尚有很大距离。我的所有成果加在一起,还没有做到这个'零'的突破,我希望我的学生、一代代后来人为之奋斗。"

3. 得其大者可以兼其小

个人只有把人生理想融入国家和民族的事业中,才能最终成就一番事业。大学生对自己未来生活的追求和向往,不能脱离当代中国的社会现实。坚持和发展中国特色社会主义,实现中华民族伟大复兴,是当代中国最大的现实,也是全体中国人民共同的社会理想。顾玉东院士就是这样一名执着医者,他用六十载励学修术,几千张手写病例卡,追求每个手术"零"的失败率,希冀更多"零"的突破,他用半个多世纪的从医执教经历兑现着对患者的承诺——"别让病人带着希望来,带着痛苦走"。

(三)案例启示

顾玉东院士的案例,充分说明了理想信念能够催生前进动力,体现了敬畏生命、救死扶伤、甘于奉献、大爱无疆的崇高精神,顾玉东是世界上第一个发现膈神经能够"移位"替代臂丛肌皮神经,使完全瘫痪的上肢重新恢复屈肘功能的人;他是世界上第一个证实可以采用伤者健康一侧手臂"颈7神经"修复患肢的运动功能和感觉功能,让中国臂丛神经损伤治疗走到全球前列的人。他始终把党和人民的事业放在心中最高位置,将之融入精神血脉,化为自觉行动。年逾八十的顾玉东,既追求每个手术"零"失败,又追求学术上每个"零"的突破。通过本案例,可引导学生学习顾玉东的理想信念、奉献精神、奋斗精神,以更多的实践不断谱写新时代奋斗者光彩夺目的新篇章。面对新时代新青年,面对中华民族伟大复兴的中国梦终将在一代代青年的接力奋斗中变为现实的前景,习近平总书记深情寄语,殷切期望。每一代青年都有不同的际遇和机缘,不同的际遇和机缘形成了不同时代的青年精神,它蕴含了理想的力量。坚持个人奋斗目标与国家、民族的奋斗目标相统一,把个人理想融入社会理想之中,在为实现社会理想而奋斗的过程中实现个人理想,这是大学生成长成才的必由之路。大学生肩负实现中华民族伟大复兴的中国梦的历史重任,要不断培育青年精神,坚持青春理想、激发青春活力、投身青春奋斗,只有把实现理想的道路建立在脚踏实地的奋斗上,才能放飞青春梦想,实现人生理想。

第三章 继承优良传统 弘扬中国精神

一、案例阅读

百岁医生阻击千年麻风

李桓英，女，汉族，1921年8月生于北京，中共党员，世界著名麻风病防治专家，首都医科大学附属北京友谊医院医生，北京热带医学研究所研究员。20世纪50年代初，她曾在世界卫生组织工作7年，为了新中国的卫生健康事业，舍弃国外优厚条件，回国投身麻风病防治工作，长期面对面接触麻风病人，严谨细致开展临床试验，科学稳妥进行治疗研究。她推广的"短程联合化疗"方法救治了无数的麻风病患者，她提出的垂直防治与基层防治网相结合的模式，被称为麻风病"全球最佳的治疗行动"，为我国乃至世界麻风病防治工作做出了巨大贡献。曾荣获国家科技进步奖一等奖、首届中国麻风病防治终身成就奖，2019年荣获"最美奋斗者"称号，2021年入选"3个100杰出人物"，2021年中共中央宣传部授予李桓英同志"时代楷模"称号。

回忆："我的根在中国"

1921年8月，李桓英出生。童年时，她曾跟随父母在德国柏林一起生活，1945年，李桓英以优异成绩从上海同济大学医学院毕业，次年前往美国约翰斯·霍普金斯大学攻读细菌学和公共卫生学硕士学位，毕业后留校任教。

1950年，世界卫生组织成立，李桓英被推荐成为世卫组织首批官员。那时，李桓英全家已移居美国，父母兄弟都希望她能留在身边。然而，此时的李桓英，内心却思念着多年未亲近的祖国。导弹专家钱学森毅然回国的消息更触动着李桓英的心，她说："那时我已经三十多岁，时不我待，作为中国人，我很渴望回到祖国的怀抱，想把最好的年华奉献给祖国。"

1957年，李桓英工作已满7年。世界卫生组织向她发出续签邀请，李桓英婉拒了。她瞒着家人，只身一人绕道伦敦，几经周折，于1958年从莫斯科回到了祖国。这一年，她37岁。回忆起那段毅然回国的经历，李桓英说："国籍比家庭更重要，在国外跑了那么多国家，飘来飘去，就像浮萍似的，没有根。我是中国人，我的根在中国，我的事业在中国。离开了祖国，我的人生还有何价值？"

立志：没有条件也要创造条件干

1958年冬，李桓英回到阔别20多年的北京，被分配到中央皮肤性病研究所工作。为配合国家彻底消灭性病的规划，李桓英接受了回国后的第一项任务：梅毒螺旋体制动试验。因为螺旋体那时还不能体外培养，实验室设备简陋，甚至没有紫外线消毒设备。李桓英因陋就简，土法上马，用二氧化碳的喷雾水来消毒，还自制了二氧化碳卵孚箱，用自己饲养的兔子做试验，最终取得了成功。

此后，李桓英又开展了麻风抗原检测，自力更生制作的麻风菌脂质抗原提取成功。为了验证效果，李桓英和同事先在自己身上做试验。这是非常冒险的实验，当时麻风病还没有特效药，如果感染了就真的成了麻风病人。至今，李桓英手臂上还留有清晰可见的疤痕。

一项项科学实验的成功，奠定了李桓英的学术地位，也让大家看到这样一个李桓英：有条件干，条件简陋也干，没有条件也要创造条件干。

1970年，李桓英在江苏省的一个麻风村第一次见到了麻风病患者。麻风病是一种古老的疾病，它是由麻风杆菌引起的一种慢性传染病，主要侵犯皮肤和周围神经。患了麻风病后，脸部毁容，手脚畸形，由于没有有效药物，麻风病患者常常被赶到偏僻的地方。麻风病给患者带来的痛苦，让李桓英深受触动。不服输的她立志要攻克麻风病。1978年年底，李桓英调到北京友谊医院，在北京热带医学研究所任职研究员，从此，她将全部精力贡献给了麻风病的防治和研究工作。

1982年，李桓英向世界卫生组织递交了关于中国麻风病情况的详细报告，世界卫生组织批准了在中国进行联合化疗方法的实验项目。1996年，她又率先在国内开展消除麻风病运动，首次提出了麻风病垂直防治与基层防治网相结合的模式。

誓言："为麻风事业奋斗终生"

为了我国麻风病防治事业，李桓英长期奔波在云贵川贫困边远地区，7个地州、59个县，几乎每一个村寨都留下了她的足迹。

1979年，已近60岁的李桓英第一次走进云南勐腊县南醒"麻风寨"。她居然不戴手套，不穿隔离服，就与病人亲切握手，为他们仔细检查身体。她敢喝病人家里的水，敢吃病人家里的饭。在当时，这些举动大家连想都不敢想。李桓英告诉大家：麻风病的传染性并不强，内心的恐惧才是最可怕的。

经过两年的治疗，云南省勐腊县的麻风病患者被全部治愈。1990年4月17日，这里"麻风寨"的帽子被摘掉了。

2016年9月，第19届国际麻风大会召开，李桓英荣获首届"中国麻风病防治终身成就奖"。当月，95岁高龄的李桓英向党组织递交了入党申请书。李桓英说："我虽已进入耄耋之年，但愿意以党员的身份为麻风事业奋斗终生！"2016年12月，李桓英成为一名中国共产党党员。

如今，百岁高龄的李桓英仍关注着麻风病治疗进展。她说，我国虽然基本上消灭了麻风病，但还没有彻底消灭，我们还有很多工作要做。

二、案例出处

胡挹工．百岁医生阻击千年麻风［N/OL］．北京晚报，2021-08-20．

三、思考讨论

李桓英同志是党领导卫生健康事业发展的见证者、亲历者和参与者。她对党忠诚、热爱祖国，始终心系人民健康福祉，把毕生精力贡献给了卫生健康事业；她视病人如亲人，精心医治、破除歧视，为数以万计的病患解除了疾苦；她尊重科学规律、坚守科学认知、勇于探索创新，致力于建设人类卫生健康共同体，为破解麻风病防治的世界难题贡献了中国智慧，鲜明体现了心有大我、赤诚报国的爱国情怀，体现了生命至上、护佑苍生的医者仁心，体现了求真务实、勇于攀登的科学精神。

1. 在危急时刻，总有人挺身而出，中国从不乏爱国人士，请思考，在李桓英的身上我们看到了怎样的中国精神？

2. 人无精神则不立，国无精神则不强，结合案例，谈谈为什么中国精神是兴国强国之魂？

3. 结合案例，思考作为未来的医务工作者在新时代应该如何爱国？

四、教学建议

（一）组织教学建议

本案例适用于第三章第一节、第二节内容。通过案例讲授与讨论相结合，引导学生思考并参与课堂讨论，得出结论中国精神是伟大的奋斗精神、伟大的团结精神、伟大的创造精神、伟大的梦想精神，以及在新时代如何爱国的问题。

1. 中国精神内涵

伟大的奋斗精神在中国发展的历程中得以体现，中国人自古就明白，没有坐享其成的好事，要幸福就要奋斗。新时代所取得的成就，凝聚着无数像李桓英这样人们的付出，浸透着中国人的辛勤汗水，蕴含着国人的巨大牺牲。纵观几千年历史长河，中国人民始终团结一心、同舟共济，建立了统一的多民族国家，形成了守望相助的中华民族大家庭。近代，我国各族人民浴血奋战，打败了外来的侵略者。今天，各族人民更是同向同行取得了举世瞩目的成绩，伟大的团结精神得以进一步体现。通过讲解，引导学生认识到只要十四亿多中国人发扬这种奋斗精神、团结精神、创造精神、梦想精神，就能形成无坚不摧、勇往直前的强大力量。

2. 爱国主义基本内涵的表现

爱国主义基本内涵的表现之一是爱自己的骨肉同胞，同胞之爱反映了对民族利益共同体的自觉认同，是检验一个人对祖国忠诚程度的试金石。个人梦想与伟大的中国梦息息相关，实现自身价值与为国家和人民做出贡献同根同源。身处一个伟大的新时代，每个人都应向时代楷模李桓英学习，与国家同步、与信仰同行，干一行爱一行精一行，创造新的传奇。

3. 做新时代忠诚的爱国者

通过引导学生讨论，从身边的事情入手，帮助大学生思考新时代该如何爱国，为其成长为担当民族复兴大任的时代新人提供正确的精神指引和强大的精神支撑。

（二）总结提升建议

教师在案例讲授及学生讨论完成以后，进一步引导内容与课程相结合，并进行教学总结。

1. 中国精神内涵

（1）中国精神的历史底蕴。中国精神的历史底蕴主要体现在中华民族重精神的历史传统上。中华民族在五千多年的历史长河中也孕育着伟大的爱国精神，这是实现中华民族伟大复兴的精神支柱。（2）中国精神的内容构成。中国精神是以爱国主义为核心的民族精神和以改革创新为核心的时代精神的有机统一体。中华民族精神的核心。爱国主义是中华民族精神的核心。改革创新是时代精神的核心。改革创新精神之所以居于时代精神的核心地位，是因为它与时代主题和时代根本特征相契合。和平与发展是当今世界的主题，中国特色社会主义现代化建设是当代中国正在全力推进中的伟大实践，改革开放是决定当代中国命运的关键一招，改革创新精神是全面深化改革、继续对外开放不可或缺的强大精神支撑。同时，民族精神和时代精神具有辩证关系。

2. 爱国主义基本内涵的表现

通过案例讲解，进一步全面阐述爱国主义的基本内涵，即爱祖国的大好河山、爱自己的骨肉同胞、爱祖国的灿烂文化、爱自己的国家，通过讲授，揭示"四爱"之间的内在关联，引导和帮助学生理解爱国主义的深层意蕴和根本属性，明确爱国主义是历史的、具体的，在不同历史条件下具有不同内容，把握中华民族悠久的爱国主义传统，尤其是中国共产党弘扬爱国主义精神的历史进程。

3. 做新时代忠诚的爱国者

科学把握新时代弘扬爱国主义精神的主要内容，引导学生积极弘扬爱国主义精神，自觉维护祖国统一和民族团结，把自己的理想同祖国的前途、把自己的人生同民族的命运紧密联系在一起，忠于祖国、忠于人民，做新时代的坚定爱国者。

（1）坚持爱国主义和社会主义相统一。案例中李桓英始终坚持只有社会主义才能救中国，只有中国特色社会主义才能发展中国，祖国的命运和党的命运、社会主义的命运密不可分。只有坚持爱国和爱党、爱社会主义相统一，爱国主义才是鲜活的、真实的，这是当代中国爱国主义精神最重要的体现。

（2）维护祖国统一和民族团结。在新的时代条件下，弘扬爱国主义精神必须把维护祖国统一和民族团结作为重要着力点和落脚点。民族复兴、国家统一是大势所趋、大义所在、民心所向。

（3）尊重和传承中华民族历史和文化。对祖国悠久历史、深厚文化的理解和接受，是人们爱国主义情感培育和发展的重要条件。中华优秀传统文化是中华民族的突出优势，也是我们最深厚的文化软实力。要善于把弘扬优秀传统文化和发展现实文化有机统一起来，努力实现传统文化的创造性转化和创新性发展。同时进一步认清历史虚无主义的实质是从根本上否定马克思主义的指导地位和中国共产党的领导，要警惕和抵制历史虚无主义的影响，坚持用唯物史观来认识和记述历史，正确评价历史人物、勇于捍卫民族英雄，坚决反对一味贬低中华民族、盲目崇拜西方文明的错误倾向。

（4）坚持立足民族又面向世界。国际社会越来越成为你中有我、我中有你的命运共同体，日益走入世界舞台中央的中国既面临更多发展机遇也面临更大风险考验。习近平总书记郑重提出构建人类命运共同体这一解决人类社会何去何从的中国方案。

在讲解及进行实践教学过程中既要遵循教材内容，又要适度进行内容拓展和补充。一是可以纵向拓展，补充近代以来在中国梦历史演进进程中怎样生成和铸就了伟大的中国精神，引导学生以历史的大视野来深刻理解中国精神作为中华民族生存和发展之魂的重大历史意义；二是结合当今世界和中国实际，引导学生从当今世界百年未有之大变局中的中国梦梦想成真的关键时刻所面临的机遇和挑战，来深刻认识弘扬新时代中国精神的重大现实意义；三是紧扣大学生成长成才实际，从青春梦与中国梦的内在一致性中激发其弘扬中国精神、担当民族复兴使命的责任感和自豪感。

(三) 案例启示

爱国，是人世间最深层、最持久的情感，是一个人的立德之源、立功之本。李桓英归来时，新中国百废待兴；李桓英百岁时，中国已经全面建成小康，正昂首阔步走在伟大复兴的路上。在前无古人的壮举中，有包括李桓英在内一批批杰出科学家的无私奉献。

当前，全国各族人民正意气风发向着第二个百年奋斗目标迈进。只有坚持爱国和爱党、爱社会主义相统一，爱国主义才是鲜活的、真实的。而爱国，从来就不是一句华丽空洞的口号，而是脚踏实地的行动。

近代以来，无数有志青年将自身成长与振兴中华的历史进程紧密联系在一起。革命时期为民族独立、人民解放冲锋陷阵、抛洒热血，建设时期到祖国最需要的地方艰苦创业，改革开放新时期为祖国繁荣富强开拓奋进、锐意进取，一代又一代青年将青春和理想融入实现国家富强的拼搏奋斗之中。越是国家和民族遭遇危险、经受考验的危急时刻，青年人越是能迸发出强烈的爱国情感，为守护国家和人民的利益挺身而出、义无反顾。他们的名字也因此载入史册，他们的生命因为奉献、奋斗而更有意义。

当代青年要厚植爱国主义情怀，始终让爱国主义旗帜在心中高高飘扬，要深知历史和人民为什么选择了马克思主义、选择了中国共产党、选择了社会主义道路、选择了改革开放；要深知中国共产党是中国人民的主心骨、中华民族的中流砥柱、中国特色社会主义事业的领导核心，中国特色社会主义道路是实现国家富强的必由之路。听党话、跟党走，把爱党爱国之心转化为敢闯敢拼、锐意进取的行动，把忧国忧民之情转化为勤奋学习、努力工作的动力，在为全面建设社会主义现代化国家的砥砺奋斗中书写精彩人生。

第四章 明确价值要求 践行价值准则

人类社会发展的历史表明，对一个民族、一个国家来说，最持久、最深层的力量是全社会共同认可的核心价值观。社会主义核心价值观是当代中国精神的集中体现，是中国特色社会主义道路、理论、制度、文化的价值表达，凝结着全体人民共同的价值追求。大学生要深刻领会社会主义核心价值观的重要意义和科学内涵，扣好人生的扣子，从日常点滴做起，从细微之处做起，成为社会主义核心价值观的坚定信仰者、积极传播者、模范践行者。

医学是维护人类生命安全和身体健康的高尚事业，而医学生是我国医疗卫生事业的主力军和后备人才。高等医学教育不仅要培养技术精湛的医务人员，更要培养具有社会主义核心价值观的医学人才，从而进一步提高医疗卫生队伍的素质与水平，促进我国医疗卫生事业的发展以及社会的进步。为了最大限度地提高教育效果，在医科院校思想政治理论课全程教学环节中，需要采用多形式、全方位的教育模式，推进思想政治理论课实践教学，培养具有"爱国、敬业、诚信、友善"价值观的医学人才。

一、案例阅读

新华社北京 3 月 3 日电　近日，中宣部命名第七批全国学雷锋活动示范点和岗位学雷锋标兵，强调要以习近平新时代中国特色社会主义思想为指导，深入学习贯彻党的十九大和十九届历次全会精神，认真贯彻习近平总书记关于弘扬雷锋精神的重要指示，弘扬伟大建党精神，推动岗位学雷锋活动常态化，让雷锋精神在新时代绽放新的光芒。

此次命名的第七批全国学雷锋活动示范点和岗位学雷锋标兵各 50 个，都是来自企业、农村、机关、学校、社区、医院等基层一线的单位和个人，覆盖了各行各业、各个领域、各条战线。他们爱岗敬业、积极进取，自觉践行雷锋精神，在平凡的工作岗位做出了不平凡的业绩和贡献，以实际行动书写了新时代的雷锋故事，是社会主义核心价值观的生动践行者，在弘扬新风正气、推动新时代公民道德建设方面发挥了良好的示范带动作用。

中宣部要求，各地区各部门要深入学习贯彻习近平新时代中国特色社会主义思想，深刻认识"两个确立"的决定性意义，增强"四个意识"，坚定"四个自信"，做到"两个维护"，以命名第七批全国学雷锋活动示范点和岗位学雷锋标兵为契机，坚持守正创新，加强组织领导，扎实深入开展学雷锋活动，不断提升公民道德素质和社会文明程度，汇聚起奋斗"十四五"、奋进新征程的强大精神力量，以实际行动迎接党的二十大胜利召开！

二、案例出处

中宣部命名第七批全国学雷锋活动示范点和岗位学雷锋标兵［N］. 人民日报，2022-03-04（4）.

三、思考讨论

1. 中宣部命名第七批全国学雷锋活动示范点和岗位学雷锋标兵，在全社会各个行业和领域内开展学雷锋活动，践行社会主义核心价值观，意义何在？
2. 作为新时代的大学生，应该如何培育和践行社会主义核心价值观？
3. 为什么说社会主义核心价值观是当代中国精神的集中体现？

四、教学建议

（一）组织教学建议

社会主义核心价值观是当代中国精神的集中表现，是中国特色社会主义道路、理论、制度、文化的价值表达，凝结着全体人民共同的价值追求。

结合第四章第一节"当代中国发展进步的精神指引"教学，以引起学生对践行社会主义核心价值观重大意义的深入思考，提高他们对社会主义核心价值观的重视，进而促使学生做社会主义核心价值观的积极践行者。

培育和践行社会主义核心价值观，是有效整合我国社会意识、凝聚社会价值共识、解决和化解社会矛盾、聚合磅礴之力的重大举措；是保证我国经济社会沿着正确的方向发展、实现中华民族伟大复兴的价值支撑；是当代中国发展进步的精神指引。

培育和进行社会主义核心价值观，是贯彻习近平新时代中国特色社会主义思想的重要体现，有利于发挥社会主义核心价值观对国民教育、精神文明创建、精神文化产品创作生产传播的引领作用；有利于把社会主义核心价值观融入社会发展各方面，转化为人们的情感认同和行为习惯；有利于强化教育引导、实践养成、制度保障，更好构筑中国精神、中国价值、中国力量。

（二）总结提升建议

人类社会的每一次跃进，人类文明的每一次升华，都伴随着文化的历史性进步，价值观更加先进和完善，更加符合人类共同的价值追求。西方文艺复兴时期，个性自由的价值观为突破中世纪宗教神学统治、孕育资本主义提供了价值引领；启蒙运动和法国大革命时期，自由、平等、博爱的价值理念，使资本主义价值观具有了更加广泛的世界影响。马克思主义提出在生产力高度发展和生产资料公有制的基础上，建立真正实现人人平等的公平正义的社会，是迄今为止人类最先进、最广泛的价值追求。这也正是社会主义核心价值观先进性、感召力之所在。社会主义核心价值观，集中体现了马克思主义所倡导的价值理念，是中国特色社会主义的根本价值导向。中国特色社会主义是全面发展、全面进行的社会主义。它既需要不断完善经济、政治、文化、社会和生态文明等各方面的制度，也需要不断探索社会主义在精神和价值层面的本质规定性；既需要为人们描绘未来社会物质生活方面的目标，也需要为人们指出未来社会精神价值的归宿。在全社会大力弘扬社会主义核心价值观，明确中国特色社会主义事业到底追求什么、反对什么，要朝着什么方向走、不能朝什么方向走，坚守我们的价值观立场，坚定中国特色社会主义的道路自信、理论自信、制度自信、文化自信，为社会的有序运行、良性发展提供明确价值准则，保证中国特色社会主义事业始终沿着正确方向前进，是中国特色社会主义的铸魂工程。

青年的价值取向决定了未来整个社会的价值取向，而青年又处在价值观形成和确立的时期，抓好这一时期的价值观养成十分重要。习近平总书记多次在讲话中强调青年的历史地位和青年在实现中华民族伟大复兴中国梦进程中的重要作用，并鼓励当代青年要树立与这个时代主题同心同向的理想信念，勇于担当这个时代赋予的历史责任。因此，广大青年要自觉践行社会主义核心价值观，要在勤学、修德、明辨、笃实上下功夫，下得苦功夫、求得真学问，加强道德修养、注重道德实践，善于明辨是非、善于决断选择，扎扎实实干事、踏踏实实做人。

（三）案例启示

"社会主义"是社会主义核心价值观的"底色"。社会主义核心价值观的先进性，集中体现在它是社会主义所坚持和追求的价值理念，是社会存在的反映。在阶级社会中，核心价值观体现的是这个社会占统治地位阶级的根本利益。奴隶社会的核心价值观体现奴隶主阶级的根本利益，封建社会的核心价值观体现封建地主阶级的根本利益，资本主义社会的核心价值观体现资产阶级的根本利益。科学社会主义，既是对社会主义运动规律的科学把握，又是基于历史必然性的价值诉求；既吸收人类社会共同向往的价值观，又前无古人地站在最大多数人民的价值立场上，提出自己的价值目标和价值追求。回顾社会主义500年来的风雨历程，既有高歌猛进又有坎坷曲折，但科学社会主义始终代表着人类社会的前进方向，不断推动着伟大的社会革命和社会变革。社会主义作为人类社会迄今为止最先进的社会制度，其价值观同社会主义经济基础和上层建筑相适应，充分彰显了社会主义社会的本质要求。

中国走上中国特色社会主义道路，是近代以来中国社会发展的历史必然，是历史的选择、人民的选择，凝聚着中国共产党带领全国各族人民奋斗的实践经验。事实也雄辩地证明，加快推进社会主义现代化，实现中华民族伟大复兴，必须坚定不移地坚持和发展中国特色社会主义。新时代中国特色社会主义所取得的开创性成就，使科学社会主义在21世纪的中国焕发出强大的生机和活力，彰显了社会主义制度的独特创造力和强大生命力。社会主义核心价值观清晰地展现了社会主义的基本特征和根本追求，并渗透于经济、政治、文化、社会、生态文明建设的各个方面，是我国社会主义制度的内在精神之魂。社会主义核心价值观生成于中国特色社会主义建设实践，同当今中国最鲜明的时代主题相适应，是中国特色社会主义本质规定的价值表达。

大学生的成长成才和全面发展离不开正确价值观的引领，当今世界和当代中国都处于大变革之中，这种变革反映到人们的思想观念中，自然会产生多种多样的观点想法和价值理念，面对世界范围内各种思想文化交流交融交锋的新形势，面对整个社会思想观念呈现多元多样、复杂多变的新特点，大学生健康成长成才更加需要正确的价值观引领。大学生要坚持由易到难、由近及远，从现在做起，从自己做起，努力把社会主义核心价值观的要求变成日常的行为准则，形成自觉奉行的信念理念，并身体力行地大力将其推广到全社会去，为实现国家富强、民族振兴、人民幸福的中国梦凝聚强大的青春能量。

第五章　遵守道德规范　锤炼道德品格

一、案例阅读

追忆人民军医吴孟超——肝胆相照济苍生

2021年5月22日，99岁的吴孟超院士走了，走得悄无声息。人们的哀思，穿过淅淅沥沥的细雨，回荡在黄浦江畔。人们记得，那一年，"感动中国"颁奖词这样形容吴孟超：手中一把刀，心中一团火，他是一匹不知疲倦的老马，把病人一个一个驮过河。吴孟超自己这样说："我是一名医生，更是一名战士，只要我活着一天，就要和肝癌战斗一天。即使有一天倒在手术台上，也是我最大的幸福。"如今，这匹不知疲倦的老马走了，留下一串数字：他主刀16000多例手术，救治20000多名患者。在医学界，这是一个几乎难以复制的奇迹——97岁，他还完成了一台高难度的手术。一个人，找到和建立正确的信仰不容易，用实际行动捍卫信仰，更是一辈子的事。吴孟超说，他"一辈子做了一件事"。如今，这匹不知疲倦的老马走了，留下了一颗星星供人们仰望——在璀璨的星河上，有颗编号17606号的小行星，就叫"吴孟超星"。这星光，与日月同辉。

一双神奇的手

这双手，在肝脏的方寸之地破译生命密码，创造了中国肝胆外科的无数个第一。"外科医生，就是一双手一把刀。"在吴孟超看来，手是刀的支点，刀是手的延伸。在很多肿瘤患者心里，吴孟超的双手象征着生命的希望。"我哪怕是化成千手观音，一天也只能做一台手术。手术也好，化疗也好，放疗也好，都不能解决问题，根本性的治疗方案要靠基础科学。"20世纪90年代以来，吴孟超带领学生研制成功可使免疫系统识别并杀死肝癌细胞的新型疫苗，开启了免疫系统防治癌症的大门。

一双仁爱的眼

一场手术下来，累得瘫坐在沙发上的吴老的脸上，却洋溢着孩子般的笑意。那年，吴孟超的门诊迎来了一个两岁的孩子。吴老笑眯眯地望着孩子，伸出手摸了摸孩子的肚子。孩子看着白眉爷爷慈祥的脸，也笑了。孩子的眼睛不会说假话，他看到的到底是一双怎样的眼睛？这双眼睛很"温柔"。吴老常说，不管病人多么啰唆，医生一定要盯着病人。每个患者的背后，都是一个大家庭。病人渴求希望的眼神，他不敢辜负，更不忍辜负。

一颗纯粹的心

一个好医生，眼里看的是病，心里想的是人。"医学是一门以心灵温暖心灵的科学。"一踏进海军军医大学第三附属医院的走廊，医护人员抬眼就能看到吴孟超的这句"格言"。

一个大写的人

在患者的心中，吴孟超是一个可以托付生命的恩人。了解吴孟超的战友和亲人知道，吴老并不是一个超人，只是一个可敬可爱的人。吴孟超的学生满天下，许多人也已是小有名望的专家教授，但吴孟超依然把他们当孩子一般一遍遍地教诲："这世界上不缺乏专家，不缺乏权威，缺乏的是一个'人'——一个肯把自己给出去的人。当你们帮助别人时请记得医药有时是会穷尽的，唯有不竭的爱能照亮一个受苦的灵魂。"

二、案例出处

柳刚，高立英，陈国全，等. 追忆人民军医吴孟超：肝胆相照济苍生［EB/OL］. 中国军网，2021-05-24.

三、思考讨论

世间一切美好，往往都蕴含着职业道德的光芒，凝聚着建设者的品德风范。

以无尽赤忱善待患者，以赤子之爱发展肝胆外科事业，我们要从吴孟超院士的先进事迹中汲取无穷的精神力量，请结合吴孟超院士的事迹，思考以下三个问题：

1. 结合案例材料分享吴孟超院士是怎样诠释作为一名医者的职业道德的？
2. 作为一名医学生，吴孟超院士的从医生涯对你有什么启发？
3. 作为新时代青年，应如何培养职业道德，为中华民族伟大复兴中国梦贡献力量？

四、教学建议

（一）组织教学建议

大学时期是道德观形成和发展的重要阶段，在这个关键时期形成的道德观对大学生一生的影响很大。大学生提高自身的道德素质，需要认真学习道德的基本理论，梳理马克思主义道德观，弘扬社会主义道德，自觉传承中华传统美德和中国革命道德，积极吸收借鉴人类优秀传统道德成果，在崇德向善的实践中不断锤炼道德品格、提升道德境界。职业生活中的道德规范，不仅对各行各业的从业者具有引导和约束作用，而且也是促进社会持续健康、有序发展的必要条件。

人类是劳动创造的，社会是劳动创造的。劳动没有高低贵贱之分，任何一份职业都很光荣。在职业生活中，必须牢固树立"劳动最光荣、劳动最崇高、劳动最伟大、劳动最美丽"的观念。医学教育是我国高等教育体系的重要组成部分，医学生的培养关系着国家卫生健康事业的发展，品学兼优的医学生是全面建成小康社会和全面建成社会主义现代化强国的重要人才支撑。只有帮助医学生树立崇高理想和坚定信念，才能让医学生更好地担负起建设健康中国、增进人民健康福祉、推动国家卫生健康事业发展的重任。思想政治理论课是高校实现立德树人根本任务的关键课程，其中实践教学是思想政治理论课教学的重要组成部分。思想政治理论课实践教学作为寓教于"行"、学思结合、知行合一的教学组织形式，是思想政治教育实践育人的重要途径，应符合"知、情、意、行"思想政治教育全过程教育。在理论教学形成相应价值观"知""情""意"的基础上,通过优化实践教学的"行"来强化和检验价值观"知""情""意",使思想政治教育"知、情、意、行"过程充足。在医学院校的思想政治理论课的教学中引用医学院士的案例,围绕以吴孟超院士为榜样的学习,其中采用课堂讨论、组织演讲比赛、撰写心得体会等方式,让吴孟超院士的医者仁心感染更多医学院校的学子,让他们对医生这份崇高神圣的职业能更加有崇敬之心。有的人生来就是一束光,让人崇拜、敬仰、追随。虽然吴孟超院士已离我们而去,但他的精神长存,任何一个时代的青年人,只要认识到并且肩负起那个时代的信仰和使命,他们就会是国家和时代的脊梁。吴孟超院士的贡献、医德值得当代青年学习,值得当代医学生敬仰和流传,通过讲授,能在未来的时空,依然如星辰灯塔,照亮前方,影响后人。吴孟超院士曾说,"最怕人家看不起我们中国人,因为在海外受的侮辱太多了,所以必须要强国"。吴孟超院士是马来西亚华侨,国贫民弱给他带来了切肤之痛。1937年,抗日战争爆发后,中国共产党的抗日主张和英勇作战的事迹成为马来西亚华侨的热议话题。他毅然回国参加抗日活动,因战乱无法奔赴延安,他决心"读书救国",报考了同济大学医学院。他曾说:"我这一生有三条路走对了:回国、参军、入党。选择回国,我的理想有了深厚的土壤;选择从医,我的追求有了奋斗的平台;选择跟党走,我的人生有了崇高的信仰;选择参军,我的成长有了一所伟大的学校。"对国家的殷殷赤子情、拳拳报国心让他终其一生为国家的医学发展贡献全部力量,也成就了一代医界传奇。他时常勉励年轻医生:知识分子只有把个人的理想追求,融入国家和民族的事业中,才能让知识发挥最大作用,最终成就一番事业!通过讲述吴孟超院士事迹,引导学生将自己的人生规划与国家和人民紧密连接在一起。

(二)总结提升建议

一个推崇敬业乐业的民族,必定是令人肃然起敬的民族;一个弘扬职业理想的社会,必定是一个活力涌流、文明进步的社会。在这个礼敬崇高职业理想、张扬高昂奋斗精神的社会主义大家庭,在"劳动最光荣、劳动最崇高、劳动最伟大、劳动最美丽"的新时代,职业道德的重要性不言而喻,不仅其本身是一笔宝贵的社会精神财富,更直接引领社会物质财富的创造;不仅厚植起个人安身立命的坚实基础，更为强国建设、复兴征程注入澎湃活力。

大学生的理想信念教育、道德品格引领工作是中华民族在伟大复兴征程中走好新时代长征路的关键，具有深刻的现实意义。医学生是普通大学生中的一个特殊群体，也是国家实现健康中国战略不可或缺的后备力量。医学教育是我国高等教育体系的重要组成部分，医学生是全面建成小康社会和全面建成社会主义现代化强国的重要人才支撑。只有帮助医学生树立崇高理想和坚定信念，才能让医学生更好地担负起建设健康中国、增进人民健康福祉、推动国家卫生健康事业发展的重任。大学生是国家复兴富强的后备力量，是新时代的见证者，也是新征程的开拓者。大学生只有志向高远，才会力量无穷。理想信念教育是指教育者运用马克思主义科学理论，以课堂教学和课后实践相结合的方式对大学生的世界观、人生观、价值观、政治观、道德观等进行有计划、有目的的培训，最终使学生树立崇高理想信念的教学活动。

理想信念教育、道德品德引领是大学生思想政治教育的灵魂，高校应该为学生的全面发展创设高远的人生境界，引导学生感悟并追寻自己的生命价值。这是对学生的终极关怀，作为未来的医务工作者，医学生尤其需要坚定的理想信念与清晰的价值取向，并要自觉把国家和社会需要转化成个人成长发展的目标，最终成长为医德高尚、医术卓越的医学人才。医生是医患关系的主体，医务工作者如果具有崇高的道德情操，不仅可以使自己知敬畏、守底线、存戒惧，更能激发自身强烈的爱国主义情怀，进而更加刻苦学习知识，为人民健康服务，推动国家卫生健康事业发展，勇担民族复兴之重任。引导医学生树立"人民至上，生命至上"的职业理念，医生从古至今都是一种神圣的职业。

一名卓越的医生，应该是患者需求的倾听者、防控疾病的传播者、人民健康的守望者、医学进步的推动者。习近平总书记强调，广大医务工作者要坚持人民至上、生命至上，崇尚医德、钻研医术、秉持医风、勇担重任，努力促进医学进步，为建设健康中国、增进人民健康福祉做出新贡献。大医精诚、医乃仁术，是对医学道德的经典表达与深刻诠释，也是医学道德的重要表现形式。医德定位了医学作为治病救人的行医观念，确立的医乃仁术的仁爱原则。道德不仅是一种外在规范，更是一种内在约束。职业道德是医生道德选择的体现,是医生实行救死扶伤、革命人道主义的首要前提,是使医疗行为符合社会需要并得以顺利实施的重要保证,为此医学生的职业道德观念培养在医学生的大学生活中显得尤为重要。

(三) 案例启示

吴孟超院士被评为"2011感动中国十大人物",感动中国组委会给吴孟超院士的颁奖词是:"60年前,他搭建了第一张手术台,到今天也没有离开。手中一把刀,游刃肝胆,依然精准;心中一团火,守着誓言,从未熄灭。他是不知疲倦的老马,要把病人一个一个驮过河。"推选委员任卫新说:"吴老以九十高龄,与患者肝胆相照。作为医生,作为军人,他都是一座丰碑。在中国医学界,肝脏医学曾长期处于荒芜。"几十年如一日的坚守是吴孟超院士对医生职业道德的最好诠释。与同事做出了中国第一个肝脏解剖标本,提出了"五叶四段"肝脏解剖理论,完成了我国首例肝癌切除手术。1999年建立的东方肝胆外科医院,每年收治逾万名患者,年均手术量达4000例。肝癌术后五年的生存率,从二十世纪六七十年代的16%上升到今天的53%。半个多世纪的呕心沥血,吴孟超推动了中国肝脏医学的起步与发展。从医近几十载,吴孟超始终认为医德比医术重要,"德"是他挑选弟子的首要标准。吴孟超定下规矩:在确保诊疗效果的前提下,尽量用便宜的药,尽量减少重复检查。据说这样做,每年能给病人节省7000多万元。和谐的医患关系可以促进医疗卫生事业的发展,进而推动社会主义和谐社会的建构进程。加强医学生的职业道德教育,使医护人员通过细心、耐心、贴心的服务促进医患关系的和谐发展。职业道德是社会主义道德建设的重点。马克思主义认为,既然人们的生产活动是人类最基本的实践活动,那么人们的职业生活也应该属于人类最主要的社会生活领域。与此相联系,社会职业生活领域中的道德也应该成为各个具体生活领域的道德的主体部分。职业道德是所有从业人员在职业活动中应该遵循的基本的行为准则,涵盖了从业人员与服务对象、职业与职工、职业与职业之间的联系。职业道德在职业领域的作用是一般道德、社会公德、家庭美德等无法替代的。当一个人步入社会,进入社会分工行业领域,职业道德的教育使人形成职业道德观念和意识,从而认识了集体以及个人行为在集体中的作用,在与职业活动共生存、共命运的同时走向成熟,在树立起职业信念和理想、养成好的职业道德和习惯的同时，职业观念也逐渐成熟。职业道德是社会主义道德的重要组成部分，爱岗敬业、诚实守信、服务群众、奉献社会是其基本要求。医生是众多职业之一，遵循医德是其职业基本要求。帮助医学生树立正确的职业态度与社会价值观，并提升他们对社会主义道德原则的认同。以医德医风教育为抓手，以建立和谐的医患关系为目标，在理想信念教育中融入生命教育，增强学生敬畏生命的意识以及对命运共同体理念的正确认识，从而更好地促进医学生的全面发展。

第六章 学习法治思想 提升法治素养

一、案例阅读

孙向波毕业于沈阳医学院，持有"乡村医生证"和"行医执照"，具有从医资质，便在沈阳市康平县开了一家药店。2017年9月7日上午8时左右，72岁的齐阿姨因感觉头晕，来到他开在康平县的药店买药。"我给她量了血压，当时非常高，就给她拿了降压药和心脑血管疾病的药。"孙向波说。在交流期间，齐阿姨就坐在他店里的凳子上，突然头一歪，晕了过去。有行医资质的孙向波出于医生的敏感，立即把手放在齐阿姨鼻子下面试试，但没有感觉到呼吸，再摸脉搏也摸不到。"我立即施救，给她做了心肺复苏。"孙向波说，他立即动手按压起来，大约做了三五分钟。很快，齐阿姨有意识了。就在齐阿姨恢复过来后，他马上就给老人的儿子和120救护打电话。孙向波救人的一幕，也被他店里的监控视频完整地拍了下来。当齐阿姨被送往医院做进一步治疗后，医生检查发现，孙向波在给老人做心肺复苏时，导致老人的12根肋骨被压断、右肺挫伤，还存在低钾血症。之后老人住了18天院，花费医疗费6010.64元后出院。其中，有5619.98元由新型农村合作医疗报销了，老人则自己承担医疗费390.66元。出院后老人的儿子特地到店里看了监控视频。数天后，对方又赶过来，说他妈妈的肋骨骨折是由他造成的，因此跟孙向波索要赔偿。"我就跟他说，在抢救过程中为了救人，需要一定的力度和频率，如果这些不够的话，就救不活。"

2017年10月，孙向波突然接到了当地法院的电话，说他被齐阿姨起诉。辽宁省康平县人民法院经过前期调查认为：2017年9月7日8时左右，72岁的原告因感觉头晕，到被告经营的药店买药，被告建议原告服用硝酸甘油片并给了原告一片，随后原告突然出现心搏骤停，被告对其实施心肺复苏进行抢救，原告恢复意识后，120 救护车将其送往医院住院治疗，原告被诊断为双侧多发肋骨骨折、右肺挫伤、低钾血症，共计住院 18 天。而双方的争议焦点如下：其一，原告服用硝酸甘油药物是否与心搏骤停存在因果关系；其二，被告在施救过程中造成原告的伤害是否违反诊疗规范。

为何此案的审理过程长达两年多？原因是针对孙向波给老人服用硝酸甘油药物的行为与老人心搏骤停是否有因果关系，以及救助行为是否存在过错等问题需审慎调查。当地法院曾先后委托多家鉴定机构进行鉴定，但是鉴定机构均认为超出鉴定能力，不予鉴定。直到 2018 年 11 月，法院选取沈阳市中级人民法院数据库中的医疗专家召开听证会，并对双方当事人进行询问后才有了结论，并于 2019 年 12 月做出一审判决：1. 原告是否服用硝酸甘油与心博骤停不存在必然的因果关系；2. 孙向波在给齐老太实施心肺复苏的过程中不违反诊疗规范，不应承担抢救过错。随后，齐老太一方不服，提出上诉。2021 年 11 月，辽宁沈阳市省中级人民法院做出二审判决：驳回上诉，维持一审原判。法院判定，被告孙向波系自愿实施紧急救助行为，虽然救助过程中导致原告损害，但被告孙向波具有医学资质，给老人进行心肺复苏造成肋骨骨折及肺挫伤无法完全避免，救助行为没有过错，不违反诊疗规范，被告作为救助人对原告的损害不承担民事责任，驳回原告的诉讼请求。

二、案例出处

中央政法委机关报《法治日报》持续关注和报道了孙向波案。2017 年 10 月 1 日起，《中华人民共和国民法总则》实施，被众人称为"好人法"，在该法则的第一百八十四条规定："因自愿实施紧急救助行为造成受助人损害的，救助人不承担民事责任。"2021 年 1 月 1 日，《民法典》正式施行，在第一百八十四条中，再次重复上述条款，从法律层面大大降低见义勇为的好心人所承担的风险，保护善意救助者。

三、思考讨论

1. 从德与法两个角度分别评述孙向波和齐阿姨的行为。
2. 结合此案，谈谈公民如何培养社会主义法治思维？如何理解社会主义德治与法治的关系和重要性？

3. 谈一谈民法典此"好人条款"之规定于医疗卫生工作的意义？

四、教学建议

（一）教学组织及运用建议

1. 运用案例教学法可以把抽象的理论学习变为生动的形象学习。首先，单一的理论知识讲解，容易让学生丧失学习积极性，而将理论知识与生动的案例相结合的教学法，能够使理论知识生动化深刻化，从而激发学生的学习兴趣。其次，运用案例教学法可以营造良好的教学氛围。案例教学法改变了传统填鸭式的教学方法，让学生从被动接受知识的形式中解放出来，进行独立思考学习，增长了知识和见解。最后，运用案例教学法可以加强师生互动，促进教学效果。教师要引导学生首先认真学习基本概念，然后组织学生讨论案例中重要的知识点。在课堂中讨论和分析引入案例，能够提高学生发现问题、研究问题和解决问题的能力，提升课堂教学效果。

2. 道德与法律的内涵、本质、两者的比较以及宪法内容等是高校思想政治理论课程"思想道德与法治"的重难点之一，也是在内容上属于本门课程特有之部分，需要重点讲授清楚，为系统深入学习中国特色社会主义制度体系和国家法治构建打下基础。本案例可在学习完第六章第一节"社会主义法律的特征和运行"之法律的概念及其历史发展、社会主义法律的本质特征、社会主义法律的运行、法律和道德的比较后进行教学安排。此案例的运用，可以生动全面地帮学生理解什么是道德、什么是法律、两者的区别与联系，以及德治与法治的关系，奠定进一步学习相关法治知识的基础。

3. 在学习辨析清楚道德与法律的内涵、本质与两者的比较的基础上，通过本案例，让学生认识到社会事物的复杂性和多面性，牢牢树立法治思维，运用法治思维来认识和处理社会事务。此案例还可运用在《思想道德与法治》第六章第四节"自觉尊法学法守法用法"之法治思维内容教学部分。

（二）总结提升建议

1. 通过此案例，要让学生能够准确把握法律的含义和历史发展，理解我国社会主义法律的本质特征和运行过程。法律是由国家制定或认可并依靠国家强制力保证实施的，反映由特定社会物质生活条件所决定的统治阶级意志的规范体系。其一，法律是由国家创制并保证实施的行为规范。作为社会规范，法律区别于道德规范、宗教规范、风俗习惯、社会礼仪、职业规范等其他社会规范的首要之处在于，它是由国家创制并保证实施的社会规范。其二，法律是由社会物质生活条件决定的，它产生于特定时代的物质生活条件基础上。社会物质生活条件指与人类生存相关的地理环境、人口和物质资料的生产方式等。其中，物质资料的生产方式既是决定社会面貌、性质和发展的根本因素，也是决定法律本质、内容和发展方向的根本因素。其三，法律是统治阶级意志的体现。法律所体现的是统治阶级的阶级意志，即统治阶级的整体意志，而不是个别统治者的意志，也不是统治者个人意志的简单相加。统治阶级不仅迫使被统治阶级服从和遵守法律，而且要求统治阶级的成员也遵守法律。法律所体现的统治阶级意志，并不是统治阶级意志的全部，而仅仅是上升为国家意志的那部分意志。我国社会主义法律体现了党的主张和人民意志的统一。

2. 通过此案例，要让学生了解建设中国特色社会主义法治体系的主要内容，特别是理解社会主义法治和社会主义德治的重要性和关系。法律和道德都属于上层建筑，都是为一定的经济基础服务的。它们是两种重要的社会调控手段，自人类进入文明社会以来，任何社会在建立与维持秩序时，都不能不同时借助它们，两者是相辅相成、相互促进的。法治和德治，是治国理政不可或缺的两种方式，如车之两轮或鸟之两翼，忽视其中任何一个，都将难以实现国家的长治久安。只有让法治和德治共同发挥作用，才能使法律与道德相辅相成，法治与德治相得益彰，做到法安天下，德润人心。坚持依法治国和以德治国相结合，既要强化道德对法治的支撑作用，重视发挥道德的教化作用，提高全社会文明程度，为全面依法治国创造良好环境；又要把道德要求贯彻到法治建设中，以法治承载道德理念。立法、执法、司法都要体现社会主义道德要求，都要把社会主义核心价值观贯穿其中，使社会主义法治成为良法善治，引导全社会崇德向善。要运用法治手段解决道德领域突出问题，依法加强对群众反映强烈的失德行为的整治。

3. 通过此案例，要让学生明晰法治思维的内涵和基本内容，培养社会主义法治思维方式，使学生养成心中有法、自觉守法、解决问题用法的良好习惯，引导大学生树立正确的法治观，妥善处理学习、生活、医疗工作中遇到的法律问题和各种矛盾，不断提高自己的职业能力和法治素养。与公共决策有关的思维方式有政治思维、经济思维、道德思维和法律思维。政治思维以政治上的利弊权衡为重心，经济思维以经济上成本与收益的比较为重心，道德思维以道德上的善恶评价为重心，法律思维以合法性判断为重心。在通常情况下，法律问题往往还包含着政治、经济或道德问题，一旦这些问题被纳入法律调整的范围，就应当优先按照法律的规定、原理和精神来思考与处理。法治思维是指以法治价值和法治精神为导向，运用法律原则、法律规则、法律方法思考和处理问题的思维模式。法治思维将法律作为判断是非和处理事务的准绳，要求崇尚法治、尊重法律，善于运用法律手段协调关系和解决问题。本案例中，以下两个方面就是运用法治思维和法律思维得出的结论：（1）原告是否服用硝酸甘油与心博骤停不存在必然的因果关系；（2）孙向波在给齐老太实施心肺复苏的过程中不违反诊疗规范，不应承担抢救过错。

（三）案例启示

从此案例的司法裁决和审判依据看，其审判结果极为彰显和大力践行了我国社会主义法治的基本原则和人民至上的立场，也秉承和弘扬了我国优秀文化道德传统。医生拥有专业的急救知识和能力，是公共场合紧急救助事件的主要施救者。作为专业人士，医师自愿进行积极救治显然更有利于紧急情况的处理。我国《执业医师法》第二十四条规定：对急危患者，医师应当采取紧急措施进行诊治，不得拒绝急救处置。医师法的该规定与民法典第一百八十四条的精神相一致，均要求紧急救助免责事由应具备三个要件，即救助情形的紧急性、救助行为的自愿性以及针对该救助行为对受助人而非其他人造成的损害免责。但医生救助伤病的高尚行为不仅需要被鼓励，更需要被保障。2017年10月1日起施行的《中华人民共和国民法总则》第一百八十四条规定："因自愿实施紧急救助行为造成受助人损害的，救助人不承担民事责任。"这一善意救助者责任豁免规则，被称作"好人法"。2020年5月28日，第十三届全国人民代表大会第三次会议通过的《民法典》第一百八十四条再次重复了这一条款，从法律层面大大降低见义勇为的好心人所承担的风险，保护善意的救助者。为鼓励医师积极参加公共场所的紧急救治活动，2021年8月发布的《中华人民共和国医师法》第二十七条第三款明确规定："国家鼓励医师积极参与公共交通工具等公共场所急救服务；医师因自愿实施急救造成受助人损害的，不承担民事责任。"与普通人施救相比，医师具有专业技能，以上法条的规定，有利于救助责任的明晰化，有利于弘扬中华美德之救死扶伤精神，有利于医师在紧急情况下更愿意挺身而出。民法典第一百八十四条规定的背后是立法导向的权衡，有助于杜绝"英雄流血又流泪"的现象，也有益于社会形成见义勇为的良好风尚，有益于弘扬社会主义核心价值观。司法裁决对这类案件旗帜鲜明的公正裁判和以案释法树立的是非观念，能让见义勇为者不再瞻前顾后，能让维护社会公序良俗的行为受到法律的保护和鼓励，从而引领社会道德风尚和价值取向，最终诠释社会主义法治的原则和内涵。

参考文献

一、著作

[1]《马克思主义基本原理》编写组．马克思主义基本原理［M］．北京：高等教育出版社，2023．

[2] 爱新觉罗·溥仪．我的前半生［M］．北京：中国友谊出版公司，2020．

[3] 本书编写组．《中共中央关于全面推进依法治国的若干重大问题的决定》辅导读本［M］．北京：人民出版社，2014．

[4] 卜广恩．中国人民解放军后勤史资料选编：解放战争时期［M］．北京：金盾出版社，1992．

[5] 邓小平．邓小平文选：第二卷［M］．北京：人民出版社，1994．

[6] 邓小平．邓小平文选：第三卷．北京：人民出版社，1993．

[7] 恩格斯．路德维希·费尔巴哈和德国古典哲学的终结［M］．北京：人民出版社，2018．

[8] 方朝晖．中西医结合糖尿病学［M］．北京：学苑出版社，2011．

[9] 郭卫东．转折：以早期中英关系和《南京条约》为考察中心［M］．石家庄：河北人民出版社，2003．

[10] 胡绳．从鸦片战争到五四运动（上、下）［M］．北京：人民出版社，2010．

[11] 吉志鹏．新时代医者的形塑：《思想道德修养与法律基础》（2018年版）教学案例集［M］．广州：中山大学出版社，2019．

[12] 建国以来毛泽东文稿：第十二册［M］．北京：中央文献出版社，1988．

[13] 江泽民．江泽民文选：第一卷［M］．北京：人民出版社，2006．

[14] 蒋廷黻．中国近代史［M］．南京：江苏人民出版社，2017．

[15] 军事科学院军事历史研究部. 中国人民解放军全国解放战争史 [M]. 北京：军事科学出版社，1997.

[16] 李洪河. 新中国的疫病流行与社会应对（1949—1959）[M]. 北京：中共党史出版社，2007.

[17] 马克思. 青年在选择职业时的考虑 [M] // 中共中央马克思恩格斯列宁斯大林著作编译局. 马克思恩格斯全集：第一卷. 北京：人民出版社，1995.

[18] 麦斯可. 颠覆性医疗革命：未来科技与医疗的无缝对标 [M]. 北京：中国人民大学出版社，2016.

[19] 毛泽东. 毛泽东选集：第二卷 [M]. 北京：人民出版社，1991.

[20] 毛泽东文集：第一卷 [M]. 北京：中央文献出版社，1993.

[21] 茅海建. 天朝的崩溃：鸦片战争再研究 [M]. 北京：三联书店，1995.

[22] 全国人民代表大会常务委员会法制工作委员会. 中华人民共和国宪法 [M]. 北京：人民出版社，2018.

[23] 司丽静，张玲. 中国近代医学社会史九讲 [M]. 北京：中国社会科学出版社，2021.

[24] 孙中山. 建国方略 [M]. 北京：华夏出版社，2002.

[25] 王清任. 医林改错 [M]. 天津：天津科学技术出版社，1999.

[26] 吴兴勇. 论死生 [M]. 武汉：湖北人民出版社，2006.

[27] 习近平. 论坚持全面依法治国 [M]. 北京：中央文献出版社，2020.

[28] 习近平. 青年要自觉践行社会主义核心价值观：在北京大学师生座谈会上的讲话 [M]. 北京：人民出版社，2014.

[29] 习近平. 人民有信仰，民族有希望，国家有力量 [M] // 习近平. 习近平谈治国理政：第二卷. 北京：外文出版社，2017.

[30] 习近平. 习近平谈治国理政：第三卷 [M]. 北京：外文出版社，2020.

[31] 习近平. 习近平谈治国理政：第一卷 [M]. 北京：外文出版社，2018.

[32] 习近平. 在纪念五四运动 100 周年大会上的讲话 [M]. 北京：人民出版社，2009.

[33] 姚新中，焦国成. 中西方人生哲学比较 [M]. 北京：中国人民大

学出版社，2001.

[34] 宇文利. 中国人的价值观 [M]. 北京：中国人民大学出版社，2012.

[35] 张德良，徐庆儒. 中国人民解放军后勤史 [M]. 北京：金盾出版社，1999.

[36] 张勇安. 医疗社会史研究 [M]. 北京：中国社会科学出版社，2018.

[37] 中共党史研究室. 中国共产党的九十年 [M]. 北京：中共党史出版社，党建读物出版社，2016.

[38] 中共中央办公厅. 关于培育和践行社会主义核心价值观的意见 [M]. 北京：人民出版社，2013.

[39] 中共中央党校（国家行政学院）. 习近平新时代中国特色社会主义思想基本问题 [M]. 北京：中共中央党校出版社，人民出版社，2020.

[40] 中共中央党校. 习近平新时代中国特色社会主义思想基本问题 [M]. 北京：中共中央党校出版社，人民出版社，2020.

[41] 中共中央国务院. 新时代爱国主义教育实施纲要 [M]. 北京：人民出版社，2019.

[42] 中共中央马克思恩格斯列宁斯大林著作编译局. 列宁选集：第二卷 [M]. 北京：人民出版社，2012.

[43] 中共中央马克思恩格斯列宁斯大林著作编译局. 马克思恩格斯文集：第一卷 [M]. 北京：人民出版社，2009.

[44] 中共中央马克思恩格斯列宁斯大林著作编译局. 马克思恩格斯选集：第二卷 [M]. 北京：人民出版社，1995.

[45] 中共中央马克思恩格斯列宁斯大林著作编译局. 马克思恩格斯选集：第二卷 [M]. 北京：人民出版社，2012.

[46] 中共中央文献研究室. 毛泽东 邓小平 江泽民 论世界观人生观价值观 [M]. 北京：人民出版社，1997.

[47] 中共中央文献研究室. 毛泽东文集：第八卷 [M]. 北京：人民出版社，1999.

[48] 中共中央文献研究室. 毛泽东文集：第七卷 [M]. 北京：人民出版社，1999.

[49] 中共中央文献研究室. 习近平关于青少年和共青团工作论述摘编 [M]. 北京：中央文献出版社, 2017.

[50] 中共中央宣传部. 习近平新时代中国特色社会主义思想学习问答 [M]. 北京：学习出版社, 人民出版社, 2022.

[51] 中共中央宣传部. 习近平新时代中国特色社会主义思想学习问答 [M]. 北京：学习出版社, 人民出版社, 2022.

[52] 中共中央宣传部理论局. 法治热点面对面 [M]. 北京：学习出版社, 人民出版社, 2015.

[53] 中国人民革命军事博物馆. 中国战争发展史（下）[M]. 北京：人民出版社, 2001.

[54] 中华人民共和国国务院新闻办公室. 全面建成小康社会：中国人权事业发展的光辉篇章 [M]. 北京：人民出版社, 2021.

[55] 中央档案馆. 中共中央文件选集：第十七册 [M]. 北京：中央党校出版社, 1992.

二、期刊

[1] 常寒婴. 非典大事摘编 [J] 中国减灾, 2003 (2).

[2] 丁建飞. 医学人文精神融入高校思想政治理论课教学研究 [J]. 锦州医科大学学报, 2018 (2).

[3] 杜治政. 医学哲学：不是多余的话 [J]. 医学教育探索, 2005 (1)：1-3.

[4] 郭根凯顾志锋, 朱欣航, 等. 马克思主义理论思维和医学教育 [J]. 考试周刊, 2017 (91).

[5] 黄茂, 曾瑞炎. 论抗战时期医学高校的迁川 [J]. 抗日战争研究, 2005 (1).

[6] 李斌, 于泉蛟. 医学生思想政治理论课教学困惑与破解对策研究 [J]. 成都中医药大学学报（教育科学版）, 2018, 20 (1).

[7] 刘力波, 张子鉴. 新冠疫情背景下美共对资本主义制度的批判与斗争 [J]. 当代世界与社会主义, 2021 (1).

[8] 刘玉. 长征中的红军卫校 [J]. 解放军健康, 2006 (6).

[9] 刘岳. 同仁堂：一段鲜为人知的红色历史 [J]. 百年潮, 2015 (3).

[10] 苏果云. 强化马克思主义哲学在医科生素质教育中的导向作用 [J]. 山西高等学校社会科学学报, 2000 (10).

[11] 孙代尧. 马克思主义"全球化"思想论要 [J]. 北京大学学报（哲学社会科学版）, 2002 (5).

[12] 王胜. 新中国最大一次伤寒疫情及其社会成因：以河北为例 [J]. 河北学刊, 2013 (4).

[13] 温金童. 抗日战争时期陕甘宁边区的合作医疗研究 [J]. 西北民族大学学报（哲学社会科学版）, 2020 (3).

[14] 习近平. 全面提高依法防控依法治理能力健全国家公共卫生应急管理体系 [J]. 求是, 2020 (5).

[15] 习近平. 为打赢疫情防控阻击战提供强大科技支撑 [J]. 求是, 2020 (3).

[16] 杨佳, 李雁. 王清任《医林改错》中的实践与创新 [J]. 中医药信息, 2013, 30 (2).

[17] 张乐人, 李士燕. 站在抗击非典最前沿：记中国工程院院士、广东省非典型肺炎医疗救护专家指导小组组长钟南山 [J] 中国人才, 2003 (5).

[18] 张再良. 改错医林唯求真：从王清任的《医林改错》说起 [J]. 辽宁中医药大学学报, 2007 (3).

[19] 赵进喜, 张昱, 赵志付, 等.《医林改错》, 倡导存疑求真精神；逐瘀妙方, 开创活血化瘀法门 [J]. 环球中医药, 2016, 9 (10).

[20] 赵群, 孙海涛, 李春雨. 红医精神的价值内涵及时代意义 [J]. 中国医学伦理学, 2021, 34 (7).

三、报纸

[1] 国家统计局. 改革开放铸辉煌 经济发展谱新篇：1978年以来我国经济社会发展的巨大变化 [N]. 人民日报, 2013-11-06.

[2] 金振娅, 晋浩天, 刘坤. 把人民的生命安全放在首位：抗击"非典"

精神述评［N］.光明日报，2021-09-09（5）.

［3］王辰.医学、卫生、健康，我们懂其真义吗？［N］.光明日报，2021-07-18（6）.

［4］王琦.加强中西医结合更好守护人民健康［N］.人民日报，2022-04-28（9）.

［5］卫庶，熊建，李一博.中西医结合："2+2=2"［N］.人民日报（海外版），2022-02-22（9）.

［6］习近平.在纪念辛亥革命110周年大会上的讲话［N］.人民日报，2021-10-10（2）.

［7］习近平总书记在庆祝中国共产党成立100周年大会上的讲话［N］.人民日报，2021-07-02（2）.

［8］杨红军.同仁堂乐家小夫妻的红色传奇［N］.文摘报，2018-02-25.

［9］张长乐，谢环驰.习近平主持召开学校思想政治理论课教师座谈会强调用新时代中国特色社会主义思想铸魂育人贯彻党的教育方针落实立德树人根本任务［N］.人民日报，2019-03-29.

四、其他

［1］刘晶晶，聂阳阳.同济大学医学院医学生汪洋：4年积累做成"宝藏笔记"［EB/OL］.学习强国，2021-12-23.

［2］慕课《诺贝尔生理学或医学奖史话94 我国医药界的原创》［EB/OL］.学习强国，2021-04-27.

［3］热解读｜"三孩生育"政策背后关乎这项国家战略［EB/OL］.央视网，2022-05-31.

［4］市场监管总局公布2020年反垄断执法十大典型案例［EB/OL］.人民网，2021-09-04.

［5］宋健.中国进入多孩时代多措并举提振生育水平［EB/OL］.人民网，2022-06-02.

［6］习近平.在全国脱贫攻坚总结表彰大会上的讲话 人民网［EB/OL］.人民网，2022-02-26.

［7］习近平看望参加政协会议的医药卫生界教育界委员［EB/OL］.中国

共产党新闻网，2021-03-07.

［8］中共中央办公厅　国务院办公厅印发《关于进一步把社会主义核心价值观融入法治建设的指导意见》［EB/OL］.新华网，2016-12-25.

［9］中华人民共和国国务院新闻办公室.2020年美国侵犯人权报告［R］.新华社，2021-03-24.

［10］祝君壁."抗疫良方"守护你我［EB/OL］.中国经济网，2020-06-28.